Edwin Lefèvre

Mémoires d'un spéculateur

1923

JDH Éditions

Les Atemporels

Les Atemporels

Qu'il s'agisse d'œuvres du vingtième siècle, du dix-neuvième, du dix-huitième ou encore plus tôt…

Qu'il s'agisse d'essais, de récits, de romans, de pamphlets…

Ces œuvres ont marqué leur époque, leur contexte social, et elles sont encore structurantes dans la pensée et la société aujourd'hui.

La collection « Les Atemporels » de JDH Éditions réunit un choix de ces œuvres qui ne vieillissent pas, qui ont une date de publication (indiquée sur la couverture), mais pas de date de péremption. Car elles seront encore lues et relues dans un siècle.

La plupart de ces atemporels sont préfacés par un auteur ou un penseur contemporain.

© 2024. Edico
Éditions : JDH Éditions pour Edico
77600 Bussy-Saint-Georges
Imprimé par Libri Plureos GmbH, Friedensallee 273, 22763 Hambourg, Allemagne

Préface : James D. Touati, aka « Le Loup de Zurich »

Traduction de l'anglais : Alice Briar

Réalisation et conception couverture : Cynthia Skorupa

ISBN : 978-2-38127-391-4
ISSN : 2681-7616
Dépôt légal : novembre 2024

Préface de James D. Touati,
aka « Le Loup de Zurich »

Dans l'univers tumultueux de la finance, il existe des figures qui transcendent leur époque, laissant une empreinte indélébile sur l'art du trading. Jesse Livermore est incontestablement l'une de ces légendes, un génie dont l'influence perdure bien au-delà de son temps.

Ce livre vous plonge dans l'extraordinaire parcours de celui que beaucoup considèrent comme le plus grand trader de tous les temps. Dès l'âge précoce de 14 ans, Livermore a démontré un talent inné pour décrypter les mouvements du marché, comme doté d'un sixième sens pour les fluctuations boursières.

Un Maître de l'Anticipation

Les exploits de Livermore sont entrés dans la légende de Wall Street. En 1907, il a anticipé le krach imminent, réalisant un profit d'un million de dollars en une seule journée – une somme colossale pour l'époque. Plus impressionnant encore, en 1929, il a de nouveau prévu l'effondrement du marché, engrangeant cette fois-ci 100 millions de dollars. Ces coups de maître témoignent de sa capacité exceptionnelle à lire les tendances et à agir au moment opportun.

Un Innovateur Visionnaire

L'héritage de Livermore va bien au-delà de ses succès personnels. Il a véritablement révolutionné l'approche du trading, introduisant des concepts qui font aujourd'hui partie intégrante de la pratique moderne :

– L'analyse technique : Pionnier dans l'utilisation des graphiques pour comprendre les mouvements de prix.

– La psychologie du marché : Il a compris l'impact crucial des émotions sur les fluctuations boursières.

– Le « tape reading » : Une technique de lecture en temps réel des cotations.

– La gestion du risque : Il a popularisé l'utilisation des stop-loss, un outil essentiel de protection du capital.

– Le suivi de tendance : Il a souligné l'importance de s'aligner sur les grandes tendances du marché.

Une Philosophie du Trading

La méthode de Livermore reposait sur une analyse approfondie du marché global avant toute prise de position. Il mettait en garde contre les dangers de la cupidité, soulignant l'importance de se concentrer sur la gestion du risque plutôt que sur les gains potentiels. Sa patience légendaire et sa capacité à aller à contre-courant du sentiment général du marché sont des leçons précieuses pour tout trader aspirant à l'excellence.

Un Parcours Tumultueux

Il est important de noter que la carrière de Livermore n'a pas été exempte de revers. Il a connu des pertes considérables et des faillites, illustrant les risques inhérents au trading spéculatif. Ces épreuves, loin de diminuer sa légende, renforcent la pertinence de ses enseignements sur la gestion du risque et la discipline mentale.

Un Héritage Durable

Aujourd'hui, Jesse Livermore demeure une source d'inspiration inépuisable pour les traders du monde entier. Ses techniques et sa philosophie continuent d'influencer profondément le trading moderne. Ce livre vous offre une plongée fascinante dans l'esprit d'un génie financier, vous permettant de découvrir les principes qui ont fait de lui une véritable icône de Wall Street.

En vous immergeant dans l'histoire de Jesse Livermore, vous apprendrez que les graphiques ne mentent jamais, que la cupidité est l'ennemie du trader avisé, et que le trading comporte toujours des risques. Ces leçons intemporelles sont le véritable héritage de cet extraordinaire maître du marché.

Préparez-vous à un voyage captivant au cœur de la finance, guidé par l'un de ses plus illustres praticiens. L'histoire de Jesse Livermore n'est pas seulement celle d'un trader exceptionnel, c'est une leçon de vie sur la persévérance, l'innovation et la maîtrise de soi dans l'arène impitoyable des marchés financiers.

À Jesse Lauriston Livermore

1

Je commençai à travailler dès ma sortie du collège. Je trouvai un emploi en tant que commis du tableau des cotations dans un bureau de courtage. J'étais bon en matière de chiffres. À l'école, j'avais condensé trois ans d'arithmétique en une seule. J'étais particulièrement doué en calcul mental. En tant que commis du tableau des cotations, j'inscrivais les nombres sur l'immense tableau dans la salle des clients. Généralement, l'un des clients s'asseyait à côté du téléscripteur et annonçait les derniers prix. Ça n'allait jamais trop vite pour moi ; je me souvenais toujours des chiffres. Sans aucune difficulté.

Il y avait plein d'autres employés dans ce bureau. Bien entendu, je sympathisai avec mes collègues, mais si le marché était actif, mon travail m'occupait pleinement de dix heures à quinze heures, me laissant peu de temps pour bavarder. De toute façon, pendant les heures de travail, cela ne me disait rien.

Mais même un marché très actif ne m'empêchait pas de faire mon travail correctement. Pour moi, ces cotations ne représentaient pas des prix d'actions, chacune d'elles valant tant de dollars. C'étaient des chiffres. Bien sûr, ils signifiaient quelque chose. Ils changeaient constamment. Leurs variations étaient tout ce qui m'intéressait. Pourquoi changeaient-ils ? Je l'ignorais. Je m'en fichais. Je ne réfléchissais pas à cette question. Je voyais simplement qu'ils changeaient. C'était tout ce à quoi je devais penser pendant cinq heures chaque jour et deux heures les samedis : qu'ils changeaient tout le temps.

Voici comment j'ai commencé à m'intéresser à l'évolution des prix. J'avais une très bonne mémoire pour les chiffres. J'arrivais à me rappeler en détail de quelle façon les prix avaient évolué la veille, juste avant qu'ils augmentent ou baissent. Mon penchant pour le calcul mental s'avéra très utile.

Je remarquai, autant à la hausse qu'à la baisse, que les cours boursiers avaient tendance à témoigner de certaines habitudes, si je puis dire. Il y avait sans cesse des cas similaires, et ces derniers créaient des précédents qui me servaient de guide. Je n'avais que quatorze ans, mais après avoir effectué des centaines d'observations dans ma tête, je me retrouvais à tester leur précision, comparer l'évolution des actions d'aujourd'hui avec d'autres jours. Je ne mis pas longtemps à anticiper les changements des prix. Mon seul guide, comme je l'ai dit, était leurs précédentes performances. Je gardais la « feuille de configurations » dans la tête. Je cherchais les correspondances entre les cours des actions. Je les avais « chronométrées ». Vous voyez ce que je veux dire.

On pouvait, par exemple, remarquer des cas où les achats étaient à peine plus élevés que les ventes. Une bataille avait lieu sur le marché boursier, et le téléscripteur servait de télescope. On peut totalement s'en remettre à lui sept fois sur dix.

Une autre leçon que j'appris rapidement fut qu'il n'y avait rien de neuf à Wall Street. Il ne pouvait y en avoir, car la spéculation est aussi vieille que le monde. Quoi qu'il se passe sur le marché boursier aujourd'hui s'est déjà produit avant et se reproduira encore. Je n'ai jamais oublié cela. Je suppose que je m'astreins à me rappeler quand et comment cela s'est produit. Le fait que je m'en souvienne avec une telle précision est ma façon de capitaliser l'expérience.

Je devins si intéressé par mon jeu et tellement impatient d'anticiper les hausses et les baisses de toutes les actions actives que je me procurai un petit carnet. J'y notais mes observations. Ce n'était pas un registre de transactions imaginaires, comme le font tant de personnes pour gagner ou perdre des millions de dollars sans prendre la grosse tête ni se retrouver dans un refuge pour sans-abri. Il s'agissait plutôt d'une sorte de recueil de mes succès et de mes échecs, et mise à part la détermination de changements possibles, ce qui m'intéressait surtout, c'était de vérifier si j'avais correctement anticipé les évolutions du marché ; en d'autres termes, si j'avais eu raison.

Disons qu'après avoir étudié chaque fluctuation de la journée d'une action active, j'en concluais qu'elle se comportait comme toujours avant de perdre 8 ou 10 points. Eh bien, le lundi, je notais l'action et le prix, puis, en me rappelant les précédentes performances, j'inscrivais ce que cela devait donner le mardi et le mercredi. Plus tard, je comparais mes notes avec les véritables cotations du téléscripteur.

C'est ainsi que je commençai à m'intéresser au message du téléscripteur pour la première fois. Dans mon esprit, les fluctuations étaient, dès le départ, associées à des mouvements ascendants ou descendants. Bien sûr, il y a toujours une raison aux fluctuations, mais le téléscripteur ne se préoccupe pas du comment ni du pourquoi. Je n'ai pas demandé pourquoi au téléscripteur quand j'avais quatorze ans, et je ne le demande pas plus aujourd'hui, à quarante ans. La raison pour laquelle une certaine action fait ceci ou cela aujourd'hui peut ne pas être connue avant deux ou trois jours, voire des semaines, ou encore des mois. Quelle importance ? C'est maintenant que le cours de l'action vous intéresse, pas demain. La raison peut attendre. Mais vous devez agir sur-le-champ ou rester en retrait. J'ai vu cela se produire maintes fois. Vous vous souviendrez que Hollow Tube avait baissé de 3 points l'autre jour, alors que le reste du marché s'était fortement redressé. Ça, c'était les faits. Le lundi suivant, vous apprendrez que les administrateurs ont adopté la suppression du dividende. Ça, c'était la raison. Ils savaient ce qu'ils allaient faire, et même s'ils ne vendaient pas les actions eux-mêmes, en tout cas, ils ne les achetaient pas. Il n'y avait aucun achat interne, aucune raison de ne pas chuter.

Donc, je tins mon petit carnet de notes pendant environ six mois. Au lieu de rentrer chez moi après avoir terminé mon travail, j'inscrivais les chiffres qui m'intéressaient et j'étudiais les changements, toujours à la recherche de répétitions et de parallélismes de comportement, apprenant à lire le téléscripteur ; cela dit, je n'en avais pas conscience, à l'époque.

Un jour, l'un des employés, plus âgé que moi, vint me voir où j'étais en train de déjeuner et me demanda discrètement si j'avais de l'argent.

— En quoi cela t'intéresse-t-il ? lui demandai-je.

— Eh bien, j'ai un tuyau sur Burlington. Je vais le jouer si j'arrive à trouver quelqu'un pour me suivre.

— Comment ça, le jouer ? l'interrogeai-je.

Pour moi, les seules personnes qui jouaient ou pouvaient jouer avec des tuyaux étaient les clients : de vieux débris pleins aux as. Et pour cause : cela coûtait des centaines, voire des milliers de dollars pour entrer dans le jeu. C'était comme posséder sa voiture privée avec un chauffeur coiffé d'un chapeau en soie.

— Ben, le jouer, quoi ! s'exclama-t-il. Combien as-tu ?

— De combien as-tu besoin ?

— Eh bien, je peux échanger cinq actions en y mettant cinq dollars.

— Comment vas-tu le jouer ?

— Je vais acheter toutes les actions Burlington que le bookmaker me laissera prendre avec l'argent que je lui donnerai contre une marge, dit-il. Ça va monter, c'est sûr ! C'est aussi facile que ramasser de l'argent par terre : on va doubler notre mise en moins de deux.

— Attends ! lui dis-je avant de sortir mon petit carnet de notes.

Doubler mon argent ne m'intéressait pas ; qu'il ait dit que Burling-ton allait monter, cela, oui. Si c'était le cas, mon carnet devait le montrer. Je regardai donc. Selon mes calculs, il était pratiquement certain que Burlington se comportait comme elle le faisait toujours avant qu'elle connaisse une hausse. Je n'avais jamais rien acheté ou vendu de ma vie et je n'avais jamais joué avec les autres commis. Mais tout ce que je voyais, c'était une occasion en or de tester l'exactitude de mon travail, de mon hobby. Je fus instantanément frappé par le fait que si mes calculs ne fonctionnaient pas dans la pratique, alors rien dans la théorie n'intéresserait qui que ce soit. Je lui donnai donc tout ce que j'avais, et avec nos ressources mises en commun, il se rendit chez l'un des bookmakers les plus proches et acheta du Burlington. Deux jours plus tard, le profit était là : 3,12 dollars pour moi.

Après cette première opération en Bourse, je commençai à spéculer pour mon propre compte chez les bookmakers. J'y allais pendant ma pause déjeuner, et peu m'importait d'acheter ou vendre. Je jouais un système, pas une action préférée ou des opinions appuyées. L'arithmétique était la seule chose que je prenais en compte. En fait, ma façon de faire était le moyen idéal d'opérer chez un bookmaker, où un trader se cantonne seulement à parier sur les fluctuations telles qu'elles apparaissent sur le téléscripteur.

Il ne s'écoula que peu de temps avant que je gagne beaucoup plus d'argent avec les bookmakers que je n'en obtenais avec mon travail dans le bureau de courtage ; j'ai donc démissionné de mon poste. Mes parents ne me soutenaient pas dans cette décision, mais ils ne purent pas dire grand-chose lorsqu'ils virent ce que je gagnais. Je n'étais qu'un enfant et le salaire des commis n'était pas très élevé. Je me débrouillais très bien sans.

J'avais quinze ans lorsque j'eus mon premier millier de dollars ; je déposai alors tout l'argent devant ma mère, engrangé chez les bookmakers en seulement quelques mois, en plus de ce que j'avais ramené chez moi. Ma mère était stupéfaite. Elle me conseilla de le placer sur un compte bancaire, pour l'éloigner de toute tentation. Elle affirma que c'était plus d'argent qu'un garçon de quinze ans avait gagné en partant de rien qu'elle n'avait jamais entendu dire. Elle avait du mal à croire qu'il s'agissait d'argent réel. Elle avait l'habitude de s'inquiéter à ce sujet, mais je ne cherchais rien d'autre qu'à prouver que mes calculs étaient exacts. C'est là tout le plaisir qu'on retire à avoir raison en se servant de sa tête. Si j'avais raison en testant mes convictions avec dix actions, j'aurais dix fois plus raison si je tradais cent actions. Voilà ce qu'obtenir plus de profit signifiait pour moi : que j'avais toujours plus raison. Plus de courage ? Non ! Aucune différence ! Si dix dollars sont tout ce que j'ai et que je les risque, je suis bien plus courageux que lorsque je risque un million avec un autre de côté.

Quoi qu'il en soit, à quinze ans, je gagnais bien ma vie grâce à la Bourse. Je commençai chez les petits bookmakers, où l'homme qui tradait vingt actions à la fois était soupçonné d'être John W. Gates déguisé ou J. P. Morgan venu incognito. À l'époque, les bookmakers n'imposaient que rarement des conditions à leurs clients. Ce n'était pas nécessaire ; il y avait d'autres façons de faire que de forcer les clients à se séparer de leur argent, même lorsqu'ils avaient parié sur le bon cheval. L'entreprise était très rentable. Quand elle était conduite de façon légitime, j'entends par là sans trop de manigances de la part des bookmakers, les fluctuations se chargeaient d'exclure les clients à petit budget. Nul besoin d'une réaction très importante pour balayer une marge de seulement trois quarts de point. Aussi, aucun escroc ne pouvait un jour revenir dans le jeu. Il ne pourrait plus ni vendre ni acheter.

Je n'avais aucun suivi par qui que ce soit. Je gardais tout pour moi. De toute façon, c'était une entreprise solitaire. Tout se passait dans ma tête, non ? Soit les prix allaient dans le sens de mes prévisions, sans aucune aide venant d'amis ou de partenaires, soit ils allaient dans l'autre sens, et personne ne pouvait les arrêter par égard envers moi. Je ne voyais pas en quoi j'avais besoin d'en parler à quelqu'un d'autre. J'avais des amis, bien sûr, mais mon business a toujours été quelque chose de personnel ; c'est pourquoi j'ai toujours joué seul.

À vrai dire, les bookmakers ne mirent pas longtemps à se fâcher contre moi pour les avoir battus. J'entrais et posais ma marge sur le comptoir, mais ils la regardaient sans faire un geste pour la saisir. Ils me disaient qu'il n'y avait rien à faire. C'est à ce moment-là qu'ils m'appelèrent « The Boy Plunger » (« *le gamin qui parie de façon compulsive* »). Je devais changer de courtier tout le temps, naviguant d'un bookmaker à l'autre. C'était à tel point que je finis par devoir me donner un nom fictif. À présent, je commençais petit, seulement à quinze ou vingt actions. Parfois, lorsqu'ils commençaient à nourrir des soupçons, je perdais d'abord exprès, puis je les plumais comme il fallait. Bien entendu, après un certain temps, ils me trouvaient trop coûteux et me disaient, à moi et mon business, d'aller voir ailleurs et de ne pas interférer avec les dividendes des actionnaires.

Un jour, lorsque le grand bookmaker avec lequel je spéculais depuis des mois refusa de continuer à me suivre, je décidai de leur soutirer encore un peu plus d'argent. Ce bookmaker avait des filiales dans toute la ville, dans les halls d'hôtel et la banlieue. Je me rendis donc dans l'une des succursales d'un hôtel, je posai quelques questions au gérant avant de finalement commencer à négocier. Mais dès que je jouai une action active, à ma manière assez spéciale, il commença à recevoir des messages du siège social, lui demandant qui était en train d'opérer. Le directeur me dit ce qu'ils lui demandaient et je lui dis que je m'appelais Edward Robinson, et que je venais de Cambridge. Il annonça la bonne nouvelle au grand chef dans le combiné. Mais celui à l'autre bout du fil voulait savoir à quoi je ressemblais. Lorsque le gérant me répéta cela, je lui répondis :

— Dites-lui que je suis un petit gros avec des cheveux bruns et une barbe broussailleuse !

Mais au lieu de cela, il me décrivit comme j'étais, puis il écouta la réponse ; il rougit, puis raccrocha et me pria de déguerpir.

— Que vous ont-ils dit ? lui demandai-je poliment.

— Ils ont dit : « Espèce d'idiot, ne t'avons-nous pas dit de ne pas faire affaire avec Larry Livingston ? Et tu l'as délibérément laissé nous dépouiller de 700 dollars ! »

Il ne me communiqua pas ce qu'ils lui avaient dit d'autre.

J'ai essayé les autres filiales les unes après les autres, mais elles ont toutes appris à me reconnaître, et mon argent ne valait rien dans aucun de leurs bureaux. Je ne pouvais même pas aller voir les cotations sans que certains commis ne me molestent. J'essayai de les convaincre de me laisser trader à de longs intervalles en répartissant mes visites entre eux, mais cela ne fonctionna pas.

Finalement, il ne m'en restait plus qu'un : c'était le plus grand et le plus riche de toute la Cosmopolitan Stock Brokerage Company.

La Cosmopolitan était notée A-1 et il s'agissait d'une énorme entreprise. Elle avait des filiales dans toutes les villes industrielles de la Nouvelle-Angleterre. Ils acceptèrent de faire affaire avec moi ; j'achetai et vendis des actions, je gagnai et perdis de l'argent pendant des mois, mais finalement, il se passa exactement la même chose avec eux qu'avec les autres. Cela dit, ils ne me jetèrent pas dehors d'un coup, comme l'avaient fait les petits courtiers. Oh, non pas parce que ce n'était pas fairplay, mais parce qu'ils savaient que rendre public dans la presse qu'ils ne voulaient pas faire affaire avec un citoyen uniquement parce qu'il arrivait à gagner un peu d'argent leur ferait beaucoup de tort. Mais ils firent pire, c'est-à-dire qu'ils me forcèrent à mettre une marge de trois points et à payer une prime, d'abord d'un demi-point, puis d'un point, et enfin d'un point et demi. Quel handicap ! En quoi ? C'est simple ! Supposons que Steel se vende à 90 et que vous l'achetiez. Votre bordereau disait, normalement : « Achat 10 Steel à 90-1/8. » Si on mettait une marge d'un point, cela signifiait que si elle descendait à 89-1/4, on était automatiquement éliminé. Chez un courtier, le client n'est pas importuné par plus de marges ou ne ressent pas la douloureuse nécessité de dire à son courtier de vendre tout ce qu'il pouvait avoir.

Mais lorsque la Cosmopolitan ajouta cette prime, elle frappait en dessous de la ceinture. Cela signifiait que si le prix était de 90 au moment où je l'avais acheté, au lieu de lire sur mon bordereau : « Achat 10 Steel à 90-1/8 », il était écrit : « Achat 10 à 91-1/8. » De ce fait, cette action pourrait monter d'un point après que je l'aurais achetée et je perdrais quand même de l'argent si je fermais l'affaire. Et en insistant également pour que je mette une marge de trois points au tout début, ils réduisirent ma capacité de négociation de deux tiers. Cela dit, c'était le seul bookmaker qui acceptait mes opérations, je devais donc accepter ses termes et conditions ou quitter la spéculation.

Bien sûr, j'eus des hauts et des bas, mais finalement, je gagnai. Cependant, les agents de la Cosmopolitan n'étaient pas totalement satisfaits du terrible handicap qu'ils m'avaient attribué, qui, normalement, aurait dû suffire pour battre n'importe qui. Ils essayèrent alors de me doubler. Mais ils n'y arrivèrent en rien. Je m'échappai grâce à l'une de mes intuitions.

Comme je l'ai dit, la Cosmopolitan était mon dernier recours. C'était le bookmaker le plus riche de la Nouvelle-Angleterre, et ils avaient pour principe de n'imposer aucune limite aux affaires. Je pense que j'étais le trader individuel le plus lourd qu'ils avaient, en tout cas parmi leurs clients ordinaires et réguliers. Ils possédaient un beau bureau, ainsi que le tableau de cotation le plus grand et le plus complet que je n'avais jamais vu. Il s'étendait sur toute la longueur de la grande salle et tous les produits imaginables recevaient des cotations. Je parle des actions négociées sur les bourses de New York et de Boston : le coton, le blé, les denrées alimentaires, les métaux, bref, tout ce qu'on pouvait acheter ou vendre à New York, Chicago, Boston et Liverpool.

Vous savez comment ils fonctionnaient, chez les bookmakers. Vous donniez votre argent à un employé et lui indiquiez ce que vous vouliez acheter ou vendre. Il regardait alors le téléscripteur ou le tableau des cotations, puis prenait un prix ; le dernier, bien entendu. Il indiquait aussi l'heure sur le bordereau, de façon qu'il ait presque l'air de celui d'un véritable agent de change, qui mentionnait qu'il avait acheté ou vendu en votre nom tant de parts de telle action, à tel prix, à telle heure, tel jour, et combien d'argent il avait reçu de votre part. Lorsque vous vouliez fermer votre position, vous alliez voir le même employé, ou un autre, cela dépendait du bookmaker, et vous l'en informiez. Il inscrivait le dernier prix ou, si l'action n'avait pas été active, il attendait la prochaine cotation qui devait apparaître sur le téléscripteur. Il écrivait ce prix et l'heure sur votre bordereau, le validait et vous le rendait, puis vous alliez voir le caissier et vous obteniez l'argent qui vous revenait selon le bordereau. Bien sûr, lorsque le marché évoluait contre vous et que le prix dépassait la limite fixée par votre marge, votre position se fermait automatiquement et votre bordereau devenait un bout de papier comme un autre.

Chez les bookmakers les plus humbles, où les gens avaient le droit d'échanger aussi peu que cinq actions, les billets étaient de petits coupons de différentes couleurs pour l'achat et la vente, et parfois, comme dans les marchés haussiers, par exemple, les bookmakers étaient durement touchés, car tous les clients étaient haussiers et il se trouvait qu'ils avaient raison. Ensuite, le bookmaker déduisait à la fois les commissions d'achat et de vente, et si vous achetiez une action à 20, le bordereau dirait : 20-1/4. Vous n'en aviez donc que trois quarts de point pour votre argent.

Mais la Cosmopolitan était le meilleur bookmaker de la Nouvelle-Angleterre. Elle comptait des milliers de clients, et je pense vraiment que j'étais le seul homme dont ils avaient peur. Ni la prime assassine ni les trois points de marge qu'ils m'avaient imposés n'avait grandement réduit mon trading. Je continuai à acheter et à vendre autant qu'ils me l'avaient permis. Je me retrouvais parfois avec une ligne de 5 000 actions.

Eh bien, le jour où la chose dont je vais vous parler s'est produite, je possédais 3 500 actions de Sucre. J'avais sept gros bordereaux roses de 500 actions chacun. La Cosmopolitan utilisait de gros bouts de papier avec un encart blanc sur lequel ils pouvaient inscrire une marge supplémentaire. Bien sûr, les bookmakers ne demandaient jamais plus de marge. Plus serré était le budget, le mieux pour eux, car leur profit reposait sur le fait de vous ruiner. Chez les petits bookmakers, si vous souhaitiez encore pousser la marge de votre entreprise, ils vous donnaient un nouveau bordereau, afin qu'ils puissent vous facturer la commission d'achat et vous donner seulement une tendance de 3/4 de point pour chaque baisse d'un point, car ils avaient également compris que la commission de vente était comme une nouvelle transaction.

Ce jour-là, je me souviens que j'avais plus de 10 000 dollars de marge.

Je n'avais que vingt ans quand j'ai accumulé 10 000 dollars en liquide pour la première fois. Et vous auriez dû entendre ma mère. Vous auriez pensé que 10 000 dollars en liquide était plus que quiconque pouvait posséder, sauf ce vieux John D., et elle me conseilla de me contenter de ce que j'avais obtenu jusque-là et de me lancer dans des affaires sérieuses. J'eus du mal à la convaincre que je ne pariais pas en m'en remettant au hasard, mais que je gagnais de l'argent en calculant. Mais tout ce qu'elle voyait était que 10 000 dollars, c'était beaucoup d'argent, et tout ce que je voyais, c'était plus de marge.

J'avais vendu mes 3 500 actions de Sucre à 105-1/4. Il y avait un autre homme dans la salle, Henry Williams, qui avait également vendu 2 500 actions. J'avais pour habitude de m'asseoir près du téléscripteur et de demander les dernières cotations au commis. Le prix se comportait comme je le pensais. Il baissa rapidement de quelques points et s'arrêta un peu pour reprendre son souffle, avant de replonger. Le marché était plutôt mou et tout semblait prometteur. Puis, tout à coup, je n'aimai pas la façon dont le Sucre oscillait. Je commençai à ressentir un malaise. Je pensai que je devais me retirer du marché. Puis il se vendit à 103, ce qui était bas pour la journée, mais au lieu de me sentir plus confiant, l'incertitude m'envahit un peu plus. Je savais que quelque chose n'allait pas, mais je n'arrivais pas à trouver quoi exactement. Mais si quelque chose arrivait et que je ne savais pas d'où cela venait, je ne pouvais pas être sur mes gardes et le contrer. Dans ce cas, j'avais plutôt intérêt à ne plus être sur le marché.

Vous savez, je ne fais pas les choses les yeux fermés ; je n'aime pas ça et je ne l'ai jamais fait. Même lorsque j'étais enfant, j'avais besoin de savoir pourquoi je devais faire certaines choses. Mais cette fois-ci, je n'avais aucune raison précise d'écouter mon instinct, et pourtant, je ressentais un tel malaise que cela en devenait insupportable. J'appelai une de mes connaissances, Dave Wyman, et lui dis :

— Dave, prends ma place ici. Je veux que tu fasses quelque chose pour moi. Attends un peu avant de demander la prochaine cotation du Sucre, tu veux bien ?

Il accepta ; je me levai et lui laissai ma place à côté du téléscripteur pour qu'il puisse demander les prix au commis. J'ai sorti mes sept bordereaux de Sucre de ma poche et je me dirigeai vers le comptoir, à l'endroit où se trouvait le commis qui marquait les bordereaux lorsque vous fermiez vos transactions. Mais je ne savais pas vraiment pourquoi je devais me retirer du marché, alors je restai là, appuyé contre le comptoir, mes bordereaux dans la main pour que le commis ne puisse pas les voir. Assez vite, j'entendis le clic d'un instrument télégraphique, puis je vis Tom Burnham, un employé, tourner rapidement la tête et écouter. Puis je sentis que quelque chose de tortueux était en train d'éclore ; alors, je décidai de ne plus attendre. À ce moment-là, Dave Wyman, près du téléscripteur, commença : « Su… » Aussi rapide qu'un éclair, je plaquai mes bordereaux sur le comptoir devant le greffier et je hurlai : « Clôture Sucre ! » avant que Dave n'ait fini d'annoncer le prix. Donc, bien sûr, la maison dut fermer ma position sur le Sucre à la dernière cotation. Ce que Dave allait annoncer s'avéra être 103 à nouveau…

Selon mes prévisions, le Sucre aurait déjà dû casser les 103. Mes calculs n'avaient pas visé juste ; j'avais l'impression qu'il y avait un piège quelque part. Quoi qu'il en soit, le téléscripteur était en train de devenir fou, et je remarquai que Tom Burnham, le commis, avait laissé mes bordereaux non marqués là où je les avais déposés ; il écoutait le clic du téléscripteur comme s'il attendait quelque chose. Alors, je lui criai dessus :

— Eh, Tom, qu'est-ce que tu attends ? Marque le prix sur mes billets : 103 ! Allez, et que ça saute !

Tout le monde dans la salle m'avait entendu ; ils commençaient à regarder dans notre direction et nous demander quel était le problème, car, vous voyez, alors que la Cosmopolitan n'avait jamais mis la clef sous la porte, on ne pouvait pas parier dessus indéfiniment ; la faillite d'un bookmaker pouvait commencer de la même façon que la faillite d'une banque : si un client commence à nourrir des soupçons, les autres ne tardent pas à suivre. Donc, Tom faisait un peu la tête, mais il vint marquer mes bordereaux « Clôturé à 103 » et les poussa tous les sept vers moi. Il affichait une mine renfrognée.

Le comptoir de Tom se trouvait à peine à trois mètres de la caisse. Mais je ne m'étais pas encore rendu à la caisse pour récupérer mon argent que Dave Wyman, toujours près du téléscripteur, hurla, tout excité :

— Mon Dieu ! Sucre, 108 !

Mais c'était trop tard ; alors, je me contentai de rire et apostrophai Tom :

— Ça n'a pas marché, cette fois, n'est-ce pas, mon vieux ?

Bien entendu, c'était un coup monté. Henry Williams et moi étions à nous deux vendeurs de 6 000 actions de Sucre. Ce bookmaker avait ma marge et celle d'Henry, et il y avait peut-être beaucoup d'autres traders à la baisse sur le Sucre ici ; peut-être 8 000 ou 10 000 actions en tout. Supposons qu'ils aient 20 000 dollars de marge sur le Sucre ; c'était assez pour que le bookmaker soit tenté de manipuler le marché de la Bourse de New York et tous nous ruiner. Par le passé, chaque fois qu'un bookmaker se retrouvait avec trop de traders à la hausse sur une action donnée, il était courant de demander à un courtier de faire baisser le prix de cette action précise, assez pour sortir tous les clients positionnés. Cela avait rarement coûté au bookmaker plus que quelques points sur quelques centaines d'actions, et ils gagnaient des milliers de dollars.

C'est ce que la Cosmopolitan avait fait pour nous avoir, moi, Henry Williams et les autres baissiers sur le Sucre. Leurs courtiers à New York avaient fait monter le prix à 108. Bien entendu, il est retombé instantanément, mais Henry et beaucoup d'autres furent ruinés. Chaque fois qu'il y avait une chute brutale inexpliquée suivie d'un redressement instantané, les journaux de l'époque appelaient ce phénomène un « coup de bookmaker ».

Et le plus drôle, c'est que pas plus de dix jours après que les gens du Cosmopolitan avaient essayé de me doubler, un opérateur new-yorkais les a plumés de plus de 70 000 dollars. Cet homme, qui a été un « facteur de marché » à son époque et membre de la Bourse de New York, s'était fait un nom en tant que baissier lors de la panique de Bryan en 1896. Il se heurtait sans cesse aux règles de la Bourse qui l'empêchaient de réaliser certains de ses projets aux dépens de ses collègues. Un jour, il comprit qu'il n'y aurait pas de plaintes de la part de la Bourse ou des autorités policières s'il prenait chez les bookmakers locaux certains de leurs gains mal acquis. Dans le cas dont je parle, il envoya trente-cinq hommes pour jouer le rôle de clients. Ils se rendirent au bureau principal et dans les plus grandes filiales. À une date précise et heure fixe, les agents achetèrent tous autant d'actions que les gérants le leur permettaient. Ils avaient alors pour instruction de s'éclipser avec un certain profit. Bien sûr, il distribua des conseils haussiers sur ce titre à ses amis, puis il se rendit directement à la Bourse et fit monter le cours, aidé par les cambistes, qui pensaient que c'était un bon pari. Veillant à choisir le bon titre pour exécuter cette manœuvre, il n'y avait aucun problème à augmenter le prix de trois ou quatre points. Ses agents chez les bookmakers encaissèrent leur dû comme prévu.

Un type m'a dit que l'auteur de cette manipulation avait empoché 70 000 dollars, en plus des dépenses et de l'intéressement de ses agents. Il joua à ce jeu plusieurs fois dans tout le pays, punissant les plus grands bookmakers de New York, Boston, Philadelphie, Chicago, Cincinnati et Saint-Louis. L'une de ses actions préférées était Western Union, parce qu'il était très facile de faire monter ou baisser une action semi-active de quelques points. Ses agents l'achetaient à un certain prix, vendue à deux points de profit, puis s'en débarrassaient avant de prendre trois points de plus. D'ailleurs, l'autre jour, j'ai lu que cet homme est mort, pauvre et anonyme. S'il était mort en 1896, il aurait eu au moins une colonne sur la première page de chaque journal new-yorkais. De fait, il n'eut que deux lignes à la cinquième page.

2

Entre la découverte que la Cosmopolitan était prête à me battre par des moyens infâmes, si le handicap assassin d'une marge de trois points et d'une prime d'un point et demi n'y parvenait pas, et les indices que, de toute façon, ils ne voulaient pas de mes affaires, je pris rapidement la décision de me rendre à New York, où je pourrais trader chez de vrais agents de change new-yorkais. Je ne voulais pas de filiale à Boston, où les cotations devaient être télégraphiées. Je voulais être proche de la source originale. J'arrivai à New York à l'âge de 21 ans, emportant avec moi tout ce que j'avais : 2 500 dollars.

Je vous ai dit que j'avais 10 000 dollars quand j'avais vingt ans, et mes gains sur le trade du Sucre étaient de plus de 10 000 dollars. Mais je n'ai pas toujours gagné. Mon plan de trading était assez solide et entraînait plus souvent des gains que des pertes. Si je m'y étais tenu, j'aurais peut-être eu raison jusqu'à sept fois sur dix. En fait, j'ai toujours gagné de l'argent quand j'étais sûr d'avoir raison avant de commencer la manœuvre. Ce qui m'a battu, c'est de ne pas avoir été assez intelligent pour m'en tenir à mon propre jeu, c'est-à-dire de jouer sur le marché uniquement lorsque j'étais convaincu que les précédents jouaient en ma faveur. Il y a un temps pour tout, mais je ne le savais pas. Et c'est précisément ce qui bat tant d'hommes à Wall Street, qui sont parfois très loin de faire partie de la classe des pigeons. Il y a l'imbécile lambda qui fait toujours ce qu'il ne faut pas faire, mais il y a aussi l'imbécile de Wall Street, qui pense qu'il doit trader sans arrêt. Aucun homme ne peut toujours avoir des raisons acceptables d'acheter ou de vendre des actions quotidiennement, ni des connaissances suffisantes pour gagner à tous les coups.

Je l'ai prouvé : chaque fois que je lisais le téléscripteur à la lumière de l'expérience, je gagnais de l'argent, mais quand je jouais bêtement, je perdais. Je n'étais pas une exception, si ? Il y avait l'énorme tableau de cotation qui me regardait droit dans les yeux, le téléscripteur qui continuait à tourner, et les gens qui tradaient et regardaient leurs bordereaux se changer en argent liquide ou en papiers gaspillés. Bien sûr, je laissais parfois l'excitation prendre le dessus sur mon jugement. Chez un bookmaker, où votre marge de manœuvre est serrée, vous ne jouez pas pour de longues périodes. Vous êtes trop facilement et rapidement ruiné. Le désir d'agir en permanence, peu importe les conditions sousjacentes, est responsable de nombreuses pertes à Wall Street, même parmi les professionnels, qui estiment qu'ils doivent ramener de l'argent chez eux tous les jours, comme s'ils touchaient un salaire normal. Je n'étais qu'un enfant, ne l'oubliez pas. Je ne savais pas alors ce que j'appris plus tard, avec quinze ans de plus ; je dus attendre deux longues semaines et voir une action sur laquelle je me positionnais de façon très haussière monter de 30 points avant de me dire que je pouvais l'acheter en toute sécurité. J'étais fauché et j'essayais de revenir dans le jeu, donc je ne pouvais pas me permettre de jouer imprudemment. Je devais avoir raison, alors j'attendis. C'était en 1915. Une longue histoire ; je la raconterai plus tard, au moment voulu. Maintenant, nous allons poursuivre à partir du moment où, après des années de pratique où je battais les bookmakers, je les laissai me reprendre la plupart de mes gains.

Et juste sous mon nez, en plus ! Ce ne fut pas non plus la seule période de ma vie où je fis cela. Un spéculateur doit combattre intérieurement bon nombre d'ennemis coûteux. Quoi qu'il en soit, je suis arrivé à New York avec 2 500 dollars. Là-bas, on ne pouvait faire confiance à aucun bookmaker. Ensemble, la Bourse et la police avaient réussi à en contraindre un grand nombre à fermer boutique. De plus, je voulais trouver un endroit où la seule limite à mon trading serait la taille de ma mise. Je n'avais pas grand-chose, mais je ne prévoyais pas que cela dure. Tout d'abord, le plus important était de trouver un endroit où le fait d'obtenir un arrangement honnête équitable serait chose entendue. Je me rendis donc chez un bookmaker de New York qui avait une filiale où je connaissais certains des commis. Ils ont mis la clef sous la porte depuis longtemps. Je n'y restai pas longtemps, je n'aimais pas l'un des associés ; puis j'allai chez Fullerton & Co. Quelqu'un avait dû leur raconter mes premières expériences, parce qu'ils ne tardèrent pas à m'appeler le « Boy Trader » (« le gamin spéculateur »). J'avais toujours eu l'air jeune. C'était un handicap à certains égards, mais cela m'obligeait à me battre pour me faire une place, car tant de personnes essayaient de tirer parti de ma jeunesse. Les types chez les bookmakers, voyant que je n'étais qu'un gamin, ont toujours pensé que j'avais une chance incroyable, et que c'était uniquement pour cette raison que je les battais si souvent.

Six mois suffirent pour que je me retrouve à sec. J'étais un spéculateur plutôt actif et plus ou moins réputé pour être un gagnant. Je suppose que le montant de mes commissions y était pour quelque chose. J'augmentai un peu mon capital, mais, bien entendu, je finis par perdre. J'avais joué prudemment, mais je devais perdre. En voici la raison : mon succès remarquable chez les bookmakers !

Je ne pouvais gagner à ma façon que chez un bookmaker, où je misais sur des fluctuations. Ma lecture du téléscripteur ne concernait rien d'autre. Quand j'achetais, le prix était inscrit sur le tableau de cotation, juste devant mes yeux. Avant même d'acheter, je savais exactement le prix que je devrais payer pour mes actions, et je pouvais toujours vendre dans la minute. Je pouvais réussir à revendre mes actions, car j'étais rapide comme l'éclair. Je pouvais suivre ma chance ou arrêter les frais en une seconde. Par exemple, il m'arrivait d'être certain qu'une action varierait d'au moins un point. Eh bien, je n'avais pas besoin de sauter dessus, je pouvais mettre une marge d'un point, ou un demi-point, et doubler ma mise en un rien de temps. Avec 100 ou 200 actions par jour, ce ne serait pas mal à la fin du mois, n'est-ce pas ?

Bien sûr, le problème pratique avec cet arrangement était que même si le bookmaker avait les ressources nécessaires pour supporter une grosse perte constante, il ne le ferait pas. Il ne garderait pas près de lui un client qui aurait le mauvais goût de gagner tout le temps.

En tout cas, ce qui était un système parfait pour le trading chez les bookmakers ne marchait pas dans le bureau de Fullerton. En réalité, là-bas, j'achetais et je vendais des actions. Le prix du Sucre sur le téléscripteur pouvait être de 105 et je pressentais une prochaine chute de trois points. En fait, au moment même où le téléscripteur imprimait 105, le prix réel sur le parquet de la Bourse pouvait être de 104 ou 103. Au moment où mon ordre de vendre un millier d'actions était exécuté par un courtier de Fullerton, le prix pouvait être encore plus bas. Je ne pouvais dire à quel prix j'allais vendre mes 1 000 actions avant d'avoir reçu un rapport du commis. Alors que j'aurais certainement obtenu 3 000 dollars sur la même transaction chez un bookmaker, je n'aurais peut-être pas gagné un centime chez un réel agent de change. Bien sûr, j'ai pris un cas extrême, mais le fait est que chez A. R. Fullerton, le téléscripteur me parlait toujours au passé, en ce qui concernait mon système de trading, et je ne m'en étais pas rendu compte.

En outre, si ma commande était assez conséquente, ma propre vente avait tendance à faire encore baisser le prix. Chez le bookmaker, je n'avais pas à calculer l'effet de mon propre trading. J'ai perdu à New York parce que le jeu était totalement différent. Ce n'était pas parce que je jouais de façon légitime que j'avais perdu, mais parce que je jouais de façon ignorante. On m'avait dit que je lisais bien le téléscripteur ; mais lire le téléscripteur comme un expert ne m'avait pas sauvé. J'aurais pu faire beaucoup mieux si j'avais été moi-même sur le parquet, en tant qu'opérateur. Parmi cette foule, j'aurais peut-être pu adapter mon système aux conditions que j'aurais eues devant les yeux. Mais, bien sûr, si, par exemple, j'avais été amené à opérer à une telle échelle comme je le fais maintenant, le système m'aurait également laissé tomber, en raison de l'effet de mes propres spéculations sur les prix.

En bref, je ne connaissais pas le jeu de la spéculation boursière. J'en connaissais une partie, assez importante, qui m'a toujours été très précieuse. Mais si, avec tout ce que j'avais, je continuais à perdre, quelle chance avais-je de gagner, ou plutôt d'encaisser ?

Il ne me fallut que peu de temps pour me rendre compte qu'il y avait quelque chose qui n'allait pas dans mes prévisions, mais je ne pus repérer d'où venait exactement le problème. Parfois, mon système marchait à merveille, et puis, tout à coup, rien d'autre qu'un enchaînement de pertes. Je n'avais que vingt-deux ans, je vous le rappelle ; ce n'était pas dû au fait que j'étais tellement borné que je ne voulais pas admettre mes erreurs, mais qu'à cet âge, personne ne sait grand-chose.

Les gens du bureau étaient très gentils avec moi. Je ne pouvais pas vendre à découvert comme je le voulais à cause de leurs exigences concernant les marges, mais le vieux A. R. Fullerton et le reste de l'équipe étaient si aimables avec moi qu'après six mois de spéculation active, non seulement j'avais perdu tout ce que j'avais apporté et gagné là-bas, mais je devais même quelques centaines de dollars à la firme.

Et voilà où j'en étais, moi, un simple enfant qui ne s'était jamais trouvé loin de chez lui, totalement ruiné, mais je savais que ce n'était pas moi qui avais un problème ; le seul problème, c'était la façon dont je misais. J'ignore si je suis clair dans ce que je dis, mais je ne perdais jamais mon sang-froid sur le marché boursier. Je ne discutais jamais les chiffres du téléscripteur. Être en colère contre le marché ne mène nulle part.

J'avais tellement hâte de reprendre le trading que je ne perdis pas une minute ; j'allai voir le vieux Fullerton et lui dis :

— Hey, A. R., prêtez-moi 500 dollars.

— Pourquoi ? m'interrogea-t-il.

— J'ai besoin d'argent.

— Pour quoi faire ? demanda-t-il encore.

— Pour spéculer, évidemment, répondis-je.

— 500 dollars ? répéta-t-il avant de froncer les sourcils. Tu sais qu'ils attendront de toi 10% de marge, cela représente 1 000 dollars sur 100 actions. Il vaut mieux que je te fasse un crédit…

— Non, le coupai-je, je ne veux pas de crédit ici ; je dois déjà de l'argent à l'entreprise. Ce que je veux, c'est que vous me prêtiez 500 dollars pour que je puisse aller chercher de l'argent et revenir.

— Comment comptes-tu faire ça ? demanda le vieux A. R.

— Je vais aller trader chez un bookmaker, lui assurai-je.

— Trade plutôt ici, répliqua-t-il.

— Non, je ne suis pas encore sûr de pouvoir battre le marché dans ce bureau, mais je suis sûr que je peux prendre de l'argent chez les bookmakers. Je connais ce jeu. J'ai l'impression de savoir exactement où je me suis trompé dans cette affaire.

Il me prêta l'argent, et je sortis de ce bureau où « le gamin terrifiant les bookmakers », comme ils m'appelaient, avait été ruiné. Je ne pouvais pas rentrer chez moi, car les bookmakers ne voudraient pas faire affaire avec moi. New York ? Hors de question ; à l'époque, il n'y avait rien à y gagner. J'avais entendu dire que Broad Street et New Street en regorgeaient, mais il n'y en avait aucun lorsque j'avais besoin d'eux pour des affaires. Donc, après réflexion, je décidai de me rendre à Saint-Louis. J'avais entendu parler de deux entreprises implantées là-bas, qui géraient des affaires énormes dans tout le Middle West. Leurs profits devaient être immenses. Elles possédaient des filiales dans des dizaines de villes. En fait, on m'avait dit qu'il n'y avait aucune limitation dans l'Est en ce qui concernait le volume d'affaires. Ils étaient totalement transparents et tout le monde pouvait y trader sans scrupule. Un collègue m'avait même dit que le propriétaire de l'une des entreprises était vice-président de la chambre de Commerce, mais ce ne devait pas être à Saint-Louis. En tout cas, c'est là que je me rendis avec mes 500 dollars pour rapporter des intérêts qui serviraient de marge dans le bureau d'A. R. Fullerton & Co, membres de la Bourse new-yorkaise.

Lorsque j'arrivai à Saint-Louis, je me rendis à l'hôtel, me lavai, puis partis à la recherche de bookmakers. L'un d'eux était la J. G. Dolan Company, et un autre H. S. Teller & Co. Je savais que je pouvais les battre. J'allais donc jouer la sécurité et la prudence. Ma seule crainte était que quelqu'un me reconnaisse et me trahisse, car tous les bookmakers du pays avaient entendu parler du « gamin spéculateur ». Ils fonctionnent comme des casinos et répandent des rumeurs. Dolan était plus proche que Teller, donc je m'y rendis en premier. J'espérais être autorisé à mener des affaires quelques jours avant qu'on me dise d'aller voir ailleurs. J'y entrai. C'était un endroit gigantesque et il devait y avoir au moins quelque deux cents personnes qui regardaient les cotations. Cela me réjouit, car j'avais plus de chances de passer inaperçu dans une telle foule. Je me levai et regardai attentivement le tableau jusqu'à ce que je choisisse l'action pour ma première session.

Je regardai autour de moi et aperçus le préposé aux ordres au guichet où l'on déposait son argent et prenait son bordereau. Il me regardait, alors je m'approchai de lui avant de lui demander :

— C'est ici pour le commerce du coton et du blé ?

— Oui, fiston, répondit-il.

— Je peux aussi acheter des actions ?

— Si tu as de l'argent, oui.

— Oh, ça oui, j'en ai, dis-je, tel un garçon sûr de lui.

— Vraiment ? s'étonna-t-il en souriant.

— Combien d'actions puis-je acheter pour 100 dollars ? demandai-je, légèrement agacé.

— Si tu as 100 dollars, 100.

— J'en ai 100, oui, et 200 aussi ! lui lançai-je.

— Oh, mon Dieu ! s'exclama-t-il.

— Achetez-moi 200 actions, exigeai-je sèchement.

— 200 actions de quoi ? demanda-t-il.

Il avait pris un air sérieux, cette fois. On parlait affaires.

Je regardai de nouveau le tableau, comme pour deviner judicieusement, et lui dis :

— 200 Omaha.

— Très bien !

Il prit mon argent, le compta et griffonna le bordereau.

— Quel est votre nom ? me demanda-t-il.

— Horace Kent, lui répondis-je.

Il me donna le bordereau, puis je partis m'asseoir parmi les clients pour attendre que mon capital augmente.

Les cours augmentèrent rapidement et je négociai plusieurs fois, ce jour-là, ainsi que le lendemain. En deux jours, j'avais gagné 2 800 dollars, et j'espérais qu'ils me laisseraient finir la semaine. À ce rythme, le résultat des courses ne serait pas trop mal. Puis je m'attaquerais à l'autre bookmaker, et si j'avais la même chance, je rentrerais à New York avec une liasse de billets qui pourrait me servir à trader de nouveau.

Durant la matinée du troisième jour, alors que je me rendais timidement au guichet pour acheter 500 actions B. R. T., le commis me dit :

— Hey, M. Kent, le patron veut vous voir.

Je savais que le jeu était fini. Mais je lui demandai tout de même :

— Pourquoi veut-il me voir ?

— Je ne sais pas.

— Où est-il ?

— Dans son bureau personnel. Allez par là.

Il me désigna alors une porte du doigt. J'entrai dans la pièce. Dolan était assis derrière son bureau. Il se retourna et dit :

— Assieds-toi, Livingston.

Il pointa une chaise du doigt. Mon dernier espoir s'envola. Je ne sais pas comment il avait découvert qui j'étais ; peut-être grâce au registre de l'hôtel.

— Pourquoi vouliez-vous me voir ? lui demandai-je.

— Écoute, petit. Je n'ai plus rien, tu comprends ? Plus rien du tout. Tu vois ?

— Non, je ne vois pas.

Il se leva de sa chaise pivotante. C'était un homme immense. Il me dit :

— Viens ici, Livingston, tu veux ?

Il se dirigea vers la porte, l'ouvrit, puis me désigna les clients présents dans la grande pièce.

— Tu les vois ? demanda-t-il.

— Quoi donc ?

— Ces types. Regarde-les, petit. Il y en a trois cents ! Trois cents pigeons ! Ils me nourrissent, moi et ma famille. Tu vois ? Trois cents pigeons ! Et toi, tu arrives, et en deux jours, tu te fais plus que moi en deux semaines sur le dos de ces trois cents idiots. Ce n'est pas du business, petit, pas pour moi ! Je n'ai rien contre toi. Je te laisse ce que tu as gagné, mais tu n'en auras pas plus. Il n'y a plus rien pour toi ici !

— Eh bien, je…

— C'est tout. Je t'ai vu arriver avant-hier et je n'ai pas aimé ton attitude. Je sentais que tu n'étais pas honnête. Je t'ai pris pour un imposteur. J'ai appelé cet abruti, dit-il en pointant son doigt vers le commis, et je lui ai demandé ce que tu avais fait, et quand il m'a répondu, je lui ai dit : « Je n'aime pas l'attitude ce type. C'est un imposteur ! » Et cet abruti m'a répondu : « Imposteur mon cul, patron ! Il s'appelle Horace Kent, et c'est un gamin qui joue à faire semblant d'être habitué aux affaires. Y a aucun souci avec lui ! » Je lui ai donc fait confiance et j'ai laissé faire. Cette connerie m'a coûté 2 800 dollars. Je ne t'en veux pas, mon petit. Mais le coffre-fort est fermé à clef pour toi.

— Écoutez… commençai-je.

— Non, toi, écoute. Je sais tout sur toi. Je gagne ma vie sur le dos des pigeons ; tu n'as pas ta place ici. Je suis sympa, je ne te demande pas de me rendre l'argent que tu as gagné chez nous. Mais si je faisais plus que ça, maintenant que je sais qui tu es, ça ferait de moi un pigeon comme les autres. Alors, file, fiston !

Je quittai le bureau de Dolan avec mes 2 800 dollars de bénéfices. La maison Teller se trouvait dans la même rue. J'avais appris que Teller était un homme très riche qui gérait également de nombreux bureaux de paris. Je décidai alors de me rendre également chez ce bookmaker. Je me demandais s'il serait sage de commencer modérément et de monter graduellement jusqu'à un millier d'actions ou de faire directement le grand saut, sachant que je ne pourrais sûrement pas être en mesure de spéculer plus d'une journée. Ils comprennent rapidement à qui ils ont affaire quand ils perdent, et je voulais acheter 1 000 B. R. T. J'étais sûr de pouvoir en retirer 4 ou 5 points. Mais s'ils commençaient à nourrir des soupçons ou si trop de clients étaient positionnés sur cette action, ils ne me laisseraient peut-être pas spéculer du tout. Je pensai qu'il vaudrait peut-être mieux diversifier mes opérations au début et commencer petit.

Cet endroit n'était pas aussi grand que chez Dolan, mais les installations étaient plus agréables et la foule appartenait visiblement à une classe plus élevée. Cela me convenait parfaitement ; aussi, je décidai d'acheter mes 1 000 B. R. T. Alors, je m'approchai du guichet prévu à cet effet et dis au commis :

— J'aimerais acheter des B. R. T. Quelle est la limite ?

— Il n'y en a pas, répondit-il. Vous pouvez acheter tout ce que vous voulez si vous avez l'argent pour.

— Achetez-moi 1 500 actions B. R. T., dis-je en sortant la liasse de billets de ma poche pendant que le commis commençait à écrire sur le bordereau.

Puis je vis un homme roux éloigner mon interlocuteur du comptoir en le poussant. Il se pencha vers moi et me dit :

— Écoute, Livingston, retourne chez Dolan. On ne veut pas de tes affaires.

— Attendez que j'aie mon bordereau. Je viens d'acheter un peu de B. R. T.

— Tu n'as aucun bordereau, ici, rétorqua-t-il.

À ce moment-là, d'autres commis s'étaient rassemblés derrière lui et me regardaient.

— Ne reviens jamais spéculer ici. Nous ne prenons pas tes affaires. Compris ?

Il ne servait à rien de m'énerver ou d'essayer d'argumenter, donc je retournai à l'hôtel, réglai ma note, puis je pris le premier train pour rentrer à New York. C'était un coup dur ; je voulais regagner de l'argent, et ce Teller ne me laissait même pas faire un seul trade.

Je retournai à New York, rendis ses 500 dollars à Fullerton, puis je recommençai à négocier avec l'argent que j'avais gagné à Saint-Louis. Je connus des moments positifs et négatifs, mais je rentrai dans mes frais, et même plus. Après tout, je n'avais pas grand-chose à savoir ; je devais seulement m'en tenir au fait qu'il y avait plus dans le jeu de la spéculation boursière que ce que j'avais envisagé avant de me rendre au bureau de Fullerton pour trader. J'étais comme l'un de ces fans de casse-tête, en train de faire les mots croisés dans le supplément du dimanche : il n'est pas satisfait tant qu'il ne le résout pas. De fait, je voulais pour sûr trouver la solution à mon casse-tête. Je croyais en avoir fini avec le trading chez les bookmakers. Mais je me trompais.

Environ deux mois après mon retour à New York, un vieux briscard entra dans le bureau de Fullerton. Il connaissait A. R. Quelqu'un raconta que, par le passé, ils avaient possédé une série de chevaux de course ensemble. Il était évident qu'il avait connu des jours meilleurs. On me présenta donc le vieux McDevitt. Il parlait aux clients d'une bande d'escrocs des hippodromes de l'Ouest qui venait de sortir un jeu de dupes à Saint-Louis. Le diable en chef, disait-il, était un propriétaire de bureaux de paris, répondant au nom de Teller.

— Quel Teller ? lui demandai-je.

— H. S. Teller.

— Je le connais ; c'est un drôle d'oiseau, lui dis-je.

— C'est un voyou, répliqua McDevitt.

— Il est pire que cela, répondis-je, et j'ai une petite affaire à régler avec lui.

— Comment ça ?

— La seule façon d'atteindre ces petits escrocs, c'est en passant par leur porte-monnaie. Je ne peux pas le faire à Saint-Louis maintenant, mais un jour, j'y arriverai.

Puis je racontai mon injustice à McDevitt.

— Eh bien, dit le vieux Mac, il a essayé de s'implanter ici, à New York, mais il n'a pas réussi, alors il a ouvert un bureau à Hoboken. Le bruit court qu'il n'y a pas de limite de mise et que la montagne d'argent que la maison encaisse fait passer le rocher de Gibraltar pour l'ombre d'une minuscule puce.

— C'est quel genre de bureau ?

Je pensais qu'il s'agissait d'un bureau de paris.

— Un bookmaker, répondit McDevitt.

— Êtes-vous sûr que ce soit ouvert ?

— Oui, j'ai vu plusieurs gars qui m'en ont parlé.

— Ce ne sont que des on-dit. Pourriez-vous essayer de savoir s'il est bien ouvert, et également le volume qu'un homme pourrait réellement trader avec eux ?

— Bien sûr, fiston, répondit McDevitt. Je m'y rendrai moi-même demain matin et je reviendrai ici te dire tout ça.

Ce qu'il fit. Il semblait que Teller menait déjà une grosse affaire et qu'il prendrait tout ce qu'il pourrait. C'était un vendredi. Le marché avait été à la hausse toute la semaine – c'était il y a 20 ans, rappelez-vous – et c'était du gâteau de savoir que le relevé bancaire du samedi indiquerait une forte diminution de la réserve d'unités excédentaires. Cela donnerait l'excuse idéale aux traders pour sauter sur le marché et essayer de se débarrasser de quelques comptes faibles de la maison de commission. On assisterait aux réactions habituelles pendant la dernière demi-heure du trading, en particulier dans les actions où le public avait été le plus actif. Bien entendu, cela concernerait également des actions dont les clients de Teller seraient les plus haussiers, et le bookmaker serait sans doute heureux d'y voir quelques ventes à découvert. Il n'y a rien de plus agréable pour un bookmaker que de rouler les pigeons dans les deux sens, et rien de plus facile avec des marges d'un point.

Ce samedi matin, je me rendis à Hoboken, chez Teller. Ils avaient aménagé une grande salle avec un tableau de cotation très chic, où déambulaient un grand nombre de commis ainsi qu'un vigile portant un uniforme gris. Il y avait environ vingt-cinq clients.

J'allai parler au directeur. Il me demanda ce qu'il pouvait faire pour moi, et je lui répondis qu'on pouvait gagner bien plus d'argent aux courses hippiques, en comptant sur la chance et la liberté de miser tout son capital, et finir par gagner des milliers en quelques minutes, plutôt que de jouer petit en achetant des actions et de devoir attendre sans doute des journées entières. Il commença par me dire à quel point le jeu boursier était bien plus sûr que les courses et combien certains de ses clients pouvaient gagner ; on aurait juré qu'il s'agissait là d'un courtier tout ce qu'il y avait de plus normal, qui achetait et vendait vos actions à la Bourse. Il me dit également que si un homme misait gros, il pouvait gagner une somme d'argent suffisant à satisfaire qui que ce soit. Il devait penser que j'étais intéressé par quelques paris hippiques, et il voulait sans doute faire main basse sur ma liasse de billets avant qu'elle ne se fasse grignoter par des poneys, car il m'informa alors que je devais me dépêcher, car le samedi, le marché fermait à midi. Cela me laisserait libre de consacrer tout l'après-midi à d'autres activités. Je repartirais avec une liasse encore plus grosse si je choisissais les bonnes actions.

Je le fixai, comme si je ne le croyais pas, et il continua à faire bourdonner ses paroles. Je regardai l'horloge. À 11h15, je dis :

— Très bien.

Puis je commençai à lui ordonner de réaliser des ventes dans différentes actions. Je sortis 2 000 dollars en liquide, et il fut très content de les recevoir. Il me dit qu'il pensait que je gagnerais beaucoup d'argent et espérait que je reviendrais souvent.

Tout se déroula comme je l'avais prévu : les traders vendirent les actions dans lesquelles ils s'attendaient à découvrir les plus grosses baisses et, bien sûr, les prix chutèrent. Je clôturai mes transactions juste avant le rallye des cinq dernières minutes où les traders essayaient toujours tant bien que mal de sauver les meubles.

J'avais alors gagné 2 500 dollars. J'allai les encaisser.

— Je suis content d'être passé, dis-je au gérant avant de lui donner mes bordereaux.

— Écoute, me dit-il, je ne peux pas te donner la totalité. Je ne m'attendais pas à ce que tu gagnes autant. Je t'assure que j'aurai ton argent d'ici lundi matin.

— Très bien, mais en attendant, je vais prendre tout ce que vous avez en caisse, annonçai-je.

— Tu dois me laisser payer les petits clients, dit-il. Je te donnerai ce que tu as misé et tout ce qu'il restera. Attends que j'encaisse les autres bordereaux.

Alors j'attendis qu'il paie les autres gagnants. Je savais que mon argent était en sécurité. Teller ne se tirerait pas sans me payer alors que le bureau faisait de si bonnes affaires. Et même s'il le faisait, qu'est-ce que je pourrais faire de mieux que prendre tout ce qu'il possédait à cet instant ? Je récupérai mes 2 000 dollars et environ 800 de plus ; c'était tout ce qu'il restait en caisse. Je l'informai que je reviendrais le lundi matin. Il jura que l'argent m'attendrait.

J'arrivai à Hoboken le lundi un peu avant midi. Je vis un type parler au directeur, que j'avais vu au bureau de Saint-Louis le jour où Teller m'avait dit de retourner chez Dolan. Je sus tout de suite que le directeur avait envoyé un télégraphe à la maison-mère et qu'ils avaient fait venir un de leurs hommes pour enquêter sur l'affaire. Les escrocs ne font confiance à personne.

— Je suis là pour récupérer mon solde restant, dis-je au gérant.

— C'est cet homme ? demanda le gars de Saint-Louis.

— Oui, répondit le directeur, avant de sortir un tas de billets jaunes de sa poche.

— Attendez ! lui ordonna le gars de Saint-Louis avant de se tourner vers moi. Dis, Livingston, on ne t'avait pas dit qu'on ne voulait pas de tes affaires ?

— Donnez-moi d'abord mon argent, dis-je au gérant.

Il débours plus de 2 500 dollars.

— Que disiez-vous ? demandai-je à l'homme de Saint-Louis.

— On t'a dit qu'on ne voulait pas que tu trades chez nous.

— Oui, c'est pourquoi je suis venu ici.

— Eh bien, ne reviens plus. Garde tes distances ! grogna-t-il.

Le vigile à l'uniforme gris s'approcha, d'une démarche tranquille. Le type de Saint-Louis brandit son poing devant les yeux du directeur et hurla :

— Pauvre idiot, vous auriez dû savoir qu'il ne fallait pas laisser ce type vous amadouer. C'est Livingston. Vous aviez des ordres !

— Vous, écoutez-moi, dis-je à l'homme. On n'est pas à Saint-Louis, ici. Vous ne pouvez pas mener vos magouilles comme votre patron avec le « gamin de Belfast ».

— Dégage de là ! Tu ne peux pas trader ici ! s'écria-t-il.

— Si je ne peux pas trader ici, personne d'autre ne le fera. Vous ne pouvez pas vous en tirer avec ce genre de pratiques ici.

L'homme de Saint-Louis changea tout de suite de ton.

— Écoute, mon garçon, dit-il, agacé. Fais-nous une faveur. Sois raisonnable ! Tu sais qu'on ne peut pas subir ça tous les jours. Le vieux va sauter au plafond quand il saura qui était derrière tout ça. Aie pitié, Livingston !

— J'irai doucement, promis-je.

— Écoute la raison, d'accord ? Pour l'amour de Dieu, ne remets pas les pieds ici ! Donne-nous une chance de bien démarrer. On est nouveaux, ici. Tu veux bien ?

— Je ne veux voir aucune de ces magouilles quand je reviendrai, annonçai-je avant de le laisser parler au gérant avec un débit d'un million de mots par minute.

Ils m'avaient donné un peu d'argent pour se faire pardonner de la façon dont ils m'avaient traité à Saint-Louis. Cela n'aurait servi à rien que je m'échauffe ou que j'essaie de leur faire fermer boutique. Je retournai au bureau de Fullerton et je racontai à McDevitt ce qu'il s'était passé. Puis je lui dis que si cela ne le dérangeait pas, j'aimerais qu'il se rende chez Teller et qu'il commence à trader vingt ou trente actions, pour qu'ils s'habituent à lui. Puis, dès que je verrais une bonne occasion de rafler le jackpot, je l'appellerais et il pourrait alors se positionner.

Je donnai 1 000 dollars à McDevitt, puis il se rendit à Hoboken et fit ce que je lui avais dit. Il devait devenir un habitué des lieux. Puis, un jour, quand j'aperçus une baisse imminente, je passai le mot à Mac et il vendit autant que le lui permettaient les limites. Je gagnai 2 800 dollars ce jour-là, après avoir donné à Mac sa commission et payé ses dépenses ; d'ailleurs, je soupçonne Mac d'avoir fait un petit pari à côté. Moins d'un mois plus tard, Teller fermait sa filiale à Hoboken. La police s'en chargea. Et, de toute façon, elle ne rapportait plus rien, bien que je n'y aie tradé que deux fois. Un incroyable marché haussier démarra : les actions ne réagissaient pas suffisamment pour éliminer ne serait-ce que les marges d'un point et, bien sûr, tous les clients étaient haussiers et gagnaient de plus en plus. Un nombre infini de bookmakers firent faillite dans tout le pays.

Les règles du jeu avaient changé. La spéculation à l'ancienne chez les bookmakers avait quelques avantages incontestables par rapport à celle opérée chez les agents de change officiels. D'une part, la fermeture automatique de votre transaction lorsque la marge atteignait le point d'épuisement était le meilleur type d'ordre stop-loss. On ne pouvait pas se faire piquer plus que ce que l'on avait investi, il n'y avait aucun risque d'ordres exécutés de façon malhonnête, etc. À New York, les bookmakers avaient la réputation de ne pas être aussi libéraux avec leurs clients que dans l'Ouest, d'après ce que j'en avais entendu. Ici, ils avaient l'habitude de limiter le bénéfice possible sur certaines actions à deux points. Le Sucre, le Tennessee Coal et le Fer en faisaient partie. Peu importe s'ils changeaient de dix points en dix minutes, vous ne pouviez gagner que deux points par bordereau. Ils avaient compris que sinon, le client avait trop de chances de gagner ; il pouvait perdre un dollar et en gagner dix. Et puis il y avait des moments où tous les bookmakers, y compris les plus grands, refusaient de prendre des positions sur certaines actions. En 1900, la veille du jour des élections, alors qu'il était évident que McKinley remporterait la victoire, pas un bookmaker dans le pays ne laissa ses clients acheter des actions. Les chances pour les élections étaient de trois contre un pour McKinley. En achetant des actions le lundi, vous partiriez avec trois à six points, voire plus. Un homme pourrait parier sur Bryan, acheter des actions et être pratiquement sûr de gagner de l'argent Ce jour-là, les bookmakers refusèrent les transactions.

Si les bookmakers n'avaient pas refusé de prendre mes positions, je n'aurais jamais arrêté de trader avec eux. Et alors, je n'aurais jamais appris qu'il y avait beaucoup plus dans le jeu de la spéculation boursière qu'en jouant sur de simples fluctuations de quelques points.

3

Il faut beaucoup de temps à un homme pour apprendre de ses erreurs et en tirer des leçons. On dit qu'il y a deux côtés à tout. Mais il n'y a qu'un côté au marché boursier, et ce n'est pas le côté haussier ou baissier, mais le bon côté, celui où il faut se trouver. Il me fallut plus de temps encore pour que ce principe général soit ancré dans mon esprit que pour la plupart des phases plus techniques du jeu de la spéculation boursière.

J'ai entendu parler de gens qui s'amusaient à réaliser des opérations imaginaires sur le marché boursier pour prouver avec des dollars fictifs à quel point ils avaient raison. Parfois, ces joueurs fantômes remportaient des millions. C'est très facile d'être un as de cette façon. C'est comme la vieille histoire de l'homme qui allait se battre en duel le lendemain.

Son second lui demanda :

— Es-tu un bon tireur ?

— Eh bien, je peux casser net le pied d'un verre à vin à vingt pas, répondit le duelliste, l'air modeste.

— C'est très bien, dit le second, qui n'était pas impressionné. Mais peux-tu casser la tige du verre à vin alors que ce dernier pointe un pistolet chargé droit sur ton cœur ?

Moi, je dois soutenir mes opinions avec mon argent. Mes pertes m'ont appris que je ne dois pas commencer à progresser avant d'être sûr de ne pas avoir à battre en retraite. Mais si je ne peux pas avancer, je ne bouge pas du tout. Je ne veux pas dire par là qu'un homme ne devrait pas limiter ses pertes lorsqu'il a tort. C'est bien le cas. Mais cela ne devrait pas engendrer l'indécision. J'ai fait des erreurs tout au long de ma vie, mais en perdant de l'argent, j'ai gagné de l'expérience et accumulé beaucoup d'erreurs à ne pas faire, un savoir qui m'a été précieux. J'ai été complètement ruiné plusieurs fois, mais ma perte n'a jamais été totale. Sinon, je ne serais pas là aujourd'hui. Je savais toujours que j'aurais une autre chance et que je ne commettrais pas la même erreur deux fois. Je croyais en moi.

Un homme doit croire en lui-même et en son jugement s'il prévoit de gagner sa vie avec ce jeu. C'est pourquoi je ne crois pas aux tuyaux.

Si j'achète des actions sur les conseils de Smith, je dois vendre ces mêmes actions selon l'opinion de Smith. Je dépends de lui. Et supposons que Smith soit parti en vacances loin d'ici quand le moment de la vente approche ? Non, Monsieur, personne ne peut gagner beaucoup d'argent en se basant sur ce que quelqu'un d'autre lui dit de faire. Je sais par expérience que personne ne peut me donner un tuyau ou une série d'astuces qui me rapporteront plus d'argent que mon propre jugement. Il me fallut cinq ans pour apprendre à jouer ce jeu assez intelligemment pour gagner beaucoup d'argent quand j'avais raison.

Je n'eus pas autant d'expériences intéressantes que vous pourriez l'imaginer. J'entends par là qu'apprendre à spéculer ne semble pas vraiment dramatique à cette échelle. J'ai fait faillite de nombreuses fois, et ce n'est jamais agréable, mais la façon dont j'ai perdu de l'argent est celle dont tout le monde perd de l'argent à Wall Street. La spéculation est une entreprise difficile et éprouvante, et un spéculateur doit travailler tout le temps, ou bien il n'aura bientôt plus rien à miser.

Ma tâche, comme j'aurais dû le savoir après mes premiers revers chez Fullerton, était très simple : regarder la spéculation sous un autre angle. Mais j'ignorais qu'il y avait beaucoup plus à jouer que tout ce que je pouvais apprendre chez les bookmakers. Là-bas, je pensais que je battais le jeu, alors qu'en réalité, je ne faisais que battre le bookmaker. En même temps, la capacité à lire le téléscripteur que la spéculation chez les bookmakers a développée en moi et mon entraînement de mémorisation ont été extrêmement précieux. J'ai appris ces deux choses très facilement. C'est à elles que je dois mon succès prématuré en tant que trader, et non à mes méninges ou à un savoir, car mon esprit n'était pas formé à cela et mon ignorance était colossale. Le jeu m'a appris le jeu. Et il ne m'a pas épargné les coups de bâton pendant qu'il me l'enseignait.

Je me rappelle mon premier jour à New York. Je vous ai raconté comment les bookmakers, en refusant de faire affaire avec moi, m'ont conduit à chercher une maison de change réputée. L'un des commis du bureau où j'avais occupé mon premier emploi travaillait à présent chez Harding Brothers, membres de la Bourse de New York. J'étais arrivé dans cette ville le matin, et avant treize heures ce même jour, j'avais ouvert un compte dans cette entreprise et étais prêt à spéculer.

Je ne vous ai pas expliqué combien il était naturel pour moi d'y trader exactement comme je l'avais fait chez les bookmakers, où tout ce que je faisais était parier sur les fluctuations et attraper des changements de prix, minimes, certes, mais assurés. Personne ne me proposa de souligner les principales différences ou de me corriger. Si quelqu'un m'avait dit que ma méthode ne fonctionnerait pas, je l'aurais tout de même essayée pour m'en assurer moi-même, car lorsque j'ai tort, une seule chose peut me convaincre que c'est le cas : perdre de l'argent. Et je n'ai raison que quand j'en gagne. C'est ça, la spéculation.

Nous vivions des temps assez animés et le marché était très actif ; cela réjouit toujours les clients. Je me sentis tout de suite à ma place. Il y avait le vieux tableau de cotation familier devant moi, parlant une langue que j'avais apprise avant d'avoir quinze ans. Il y avait aussi un commis qui faisait exactement la même chose que moi lorsque j'avais travaillé dans mon tout premier bureau. Il y avait les mêmes clients qui regardaient le tableau ou qui se tenaient devant le guichet, en train de demander les prix et de parler du marché. Selon toute vraisemblance, la mécanique était la même que celle à laquelle j'étais habitué. L'atmosphère était celle que j'avais respirée depuis que j'avais gagné mes 3,12 premiers dollars en Bourse à Burlington. Le même type de téléscripteur et le même genre de traders, donc le même style de jeu. Et, rappelez-vous, je n'avais que 22 ans. Je suppose que je pensais connaître le jeu de A à Z. Pourquoi en aurait-il été autrement ?

Je regardai le tableau et vis quelque chose qui me semblait bien. Cette action affichait un bon comportement. J'en achetai cent à 84, puis je sortis à 85 en moins d'une demi-heure. Puis je vis autre chose qui me plaisait, et je fis la même chose : je pris les trois quarts d'un point dans un laps de temps très court. Je commençais bien, n'est-ce pas ?

Maintenant, notez ceci : ce jour-là, mon premier jour en tant que client d'un agent de change réputé, et seulement deux heures plus tard, je négociai 1 100 actions, sautant d'un marché à l'autre. Et le résultat net des opérations de la journée fut que j'avais perdu exactement 1 100 dollars. C'est-à-dire qu'à ma première tentative, près de la moitié de mon capital avait disparu. Et, souvenez-vous, certaines transactions me rapportèrent des bénéfices. Mais j'avais perdu 1 100 dollars dans la journée.

Cela ne m'inquiéta pas, parce que je ne voyais pas ce qui posait problème chez moi. Mes positions étaient aussi assez bonnes, et si j'avais tradé chez l'ancien bookmaker Cosmopolitan, j'aurais fait beaucoup mieux. La mécanique n'était pas telle qu'elle aurait dû être, mes 1 100 dollars envolés me le disaient clairement. Mais tant que le machiniste allait bien, nul besoin de se mettre dans tous ses états. L'ignorance à 22 ans n'est pas un défaut structurel.

Après quelques jours, je me dis : « Je ne peux pas trader de cette façon ici. Le téléscripteur n'aide pas comme il le devrait ! » Mais je laissai faire sans reprendre les bases. Je continuai, connaissant de bons et de mauvais jours, jusqu'à ce que je sois ruiné. J'allai voir le vieux Fullerton et lui demandai de me prêter à nouveau 500 dollars. Et je revins de Saint-Louis, comme je vous l'ai dit, avec de l'argent que j'avais gagné chez des bookmakers, à un jeu où je pouvais toujours gagner.

Je jouai plus prudemment et fis mieux pendant un certain temps. Dès que je me trouvai dans des circonstances favorables, je commençai à vivre plutôt bien. Je me fis des amis et je m'éclatais. Je n'avais pas tout à fait 23 ans, n'oubliez pas ; tout seul à New York avec de l'argent facile plein les poches et l'intime conviction que je commençais à comprendre la nouvelle mécanique de spéculation.

Je prenais en compte l'exécution réelle de mes ordres sur le parquet de la Bourse et j'avançais un peu plus prudemment. Mais je m'en tenais toujours au téléscripteur, c'est-à-dire que j'ignorais encore les principes généraux ; et tant que j'agissais de la sorte, je ne pouvais pas repérer quel était le problème exact avec mon fonctionnement.

Nous arrivâmes au grand boom de 1901 et je gagnai beaucoup d'argent ; pour un jeune homme, en tout cas. Vous souvenez-vous de ce temps-là ? La prospérité du pays était sans précédent. Non seulement nous entrions dans une ère de consolidations industrielles et de mobilisations de capitaux qui dépassaient tout ce que nous avions connu jusqu'alors, mais le public était également devenu fou des marchés boursiers. Par le passé, durant des périodes où les affaires marchaient bien, j'avais entendu dire que Wall Street se vantait de gérer 250 000 actions par jour, lorsque les fonds d'une valeur nominale de 25 millions de dollars changeaient de main. Mais en 1901, nous en étions à 3 millions d'actions par jour. Tout le monde gagnait de l'argent. La foule est arrivée en ville, une horde de millionnaires qui n'accordaient pas plus d'importance à l'argent que des marins ivres. Le seul jeu qui les satisfaisait était le marché boursier. Nous avions parmi les plus gros parieurs que Wall Street n'avait jamais vus : John W. Gates, ayant pour réputation de miser 1 million à chaque fois, ainsi que ses amis, John A. Drake, Loyal Smith et les autres ; les membres du groupe Reid-Leeds-Moore, qui avaient vendu des parts de leurs actions sur l'Acier et, avec leurs bénéfices, avaient acheté la majorité des actions du grand système Rock Island sur le marché ; il y avait aussi la clique des Schwab, Frick, Phipps et Pittsburgh ; et je ne parle pas du nombre ahurissant d'hommes qui s'étaient perdus dans la masse mais qui auraient été qualifiés de gros parieurs à n'importe quelle autre période. Un homme pouvait acheter et vendre toutes les actions possibles. Keene établit un marché pour les actions d'American Steel. Un courtier vendit 100 000 actions en quelques minutes. Une époque merveilleuse ! Il y eut des gains époustouflants. Pas d'impôts à payer sur les ventes d'actions ! Et aucun jugement dernier en vue.

Bien entendu, après quelque temps, j'entendis bon nombre de personnes qui hurlaient au désastre, et les vieux de la vieille affirmaient que le monde était devenu fou, sauf eux. Mais tout le monde gagnait, sauf eux. Bien sûr, je savais qu'il devait y avoir une limite aux hausses et une fin à l'achat dément d'A.O.T. (*Any Old Thing*, c'est-à-dire n'importe quoi) ; je savais également que j'étais baissier. Mais chaque fois que je vendais, je perdais de l'argent, et si je n'avais pas clôturé rapidement, j'aurais perdu bien plus. Je cherchai une faille, mais continuai à jouer des coups sûrs : je gagnais de l'argent lorsque j'achetais et en perdais lorsque je vendais à découvert. De cette façon, je ne profitais pas autant du boom que vous pourriez le croire, surtout en prenant en compte combien j'avais l'habitude de trader, même quand j'étais encore un gamin.

Il y avait une seule action sur laquelle je n'étais pas baissier : Northern Pacific. Ma lecture du téléscripteur me fut alors utile. Je pensais que la plupart des actions avaient été achetées et se trouvaient désormais au point mort, mais Little Nipper se comportait comme s'il allait encore monter. Nous savons à présent qu'à la fois les gens lambda et les privilégiés étaient régulièrement étouffés par la combinaison Kuhn-Loeb-Harriman. Eh bien, je me retrouvai avec un millier d'actions Northern Pacific, et je les gardai, contre l'avis de tout le monde dans le bureau. Quand l'action atteignit environ 110, j'eus trente points de profit, et je fis main basse dessus. Cela me permit d'empocher près de 50 000 dollars auprès de mes courtiers, la plus grosse somme que j'avais accumulée jusqu'à ce jour. Ce n'était pas si mal pour un type qui avait perdu chaque centime à trader dans ce même bureau quelques mois auparavant.

Si vous vous rappelez bien, Harriman avait signalé à Morgan et Hill leur intention d'être représenté dans la combinaison Burlington-Great Northern-Northern Pacific, puis ceux de Morgan ordonnèrent tout d'abord à Keene d'acheter 50 000 actions de N.P. pour qu'ils puissent garder le contrôle. J'ai entendu dire que Keene avait conseillé à Robert Bacon de faire un ordre de 150 000 actions, et c'est ce que les banquiers firent. En tout cas, Keene envoya l'un de ses courtiers, Eddie Norton, parmi les clients de N.P., et il acheta 100 000 actions du marché. Cette opération fut suivie d'un autre ordre de 50 000 autres actions, me semble-t-il, et le célèbre quasi-monopole suivit. Après la fermeture du marché le 8 mai 1901, le monde entier savait qu'une bataille de géants financiers avait lieu. Harriman contre Morgan : une force irrésistible rencontrant un roc inflexible.

J'étais là le matin du 9 mai avec près de 50 000 dollars en liquide et sans actions. Comme je vous l'ai dit, j'avais été très baissier pendant quelques jours, et ma chance se présentait enfin. Je savais ce qui allait se passer : une baisse terrible, puis de merveilleuses aubaines. Il y aurait une reprise rapide et de gros profits pour ceux qui avaient repris les affaires. Nul besoin d'être Sherlock Holmes pour comprendre cela. Nous allions avoir l'occasion d'aller et venir, non seulement pour gagner beaucoup d'argent, mais surtout pour être sûr d'en gagner.

Tout se passa comme je l'avais prédit. J'avais tout à fait raison et je perdis chaque centime que j'avais ! Je fus anéanti par quelque chose d'inhabituel. Si l'inhabituel n'arrivait jamais, il n'y aurait aucune différence entre les personnes, et donc la vie serait bien ennuyeuse. Le jeu deviendrait simplement une question d'addition et soustraction. Cela ferait de nous une race de comptables aux esprits laborieux. C'est la supposition qui développe le pouvoir cérébral de l'homme.

Le marché bouillonnait assez, comme je l'avais prévu. Les transactions étaient énormes et les fluctuations d'une ampleur sans précédent. Je passai beaucoup d'ordres de vente au marché. Lorsque je vis les prix d'ouverture, j'eus un choc : les écarts étaient terribles. Mes courtiers étaient tous au travail. Ils étaient aussi compétents et consciencieux que n'importe quels autres ; mais le temps qu'ils exécutent mes ordres, les actions avaient chuté de vingt points supplémentaires. Le téléscripteur était très en retard sur le marché et les rapports tardaient à arriver à cause de l'affreuse ruée vers les affaires. Lorsque je découvris que les actions que j'avais s'étaient vendues quand le téléscripteur disait que le prix était, disons, de 100 et qu'ils avaient fait baisser le mien à 80, soit une baisse totale de 30 ou 40 points par rapport à la clôture de la nuit précédente, il me sembla que je tradais à un niveau tel que les actions que je vendais devenaient justement les occasions en or que je prévoyais d'acheter. Le marché n'allait pas chuter indéfiniment. Je décidai donc derechef de couvrir mes shorts et de me positionner à la hausse.

Mes courtiers achetèrent, non pas au niveau qui m'avait fait me décider, mais aux prix qui prévalaient à la Bourse lorsque le superviseur reçut mes ordres. Ils payèrent en moyenne 15 points de plus que ce que j'avais calculé. Une perte de 35 points en une journée était plus que n'importe qui d'autre ne pouvait le supporter.

Le téléscripteur me battit en traînant bien loin derrière le marché. J'avais l'habitude de considérer le téléscripteur comme le meilleur ami que j'avais, car je pariais selon ce qu'il me disait. Mais cette fois-ci, le téléscripteur m'avait doublé. La différence entre les prix affichés et ceux qui étaient réels causa ma ruine. C'était la sublimation de mon échec précédent, la même chose qui m'avait déjà battu auparavant. Aujourd'hui, il me semble tellement évident que la lecture de la bande du téléscripteur n'était pas suffisante, indépendamment de l'exécution des courtiers, que je me demande pourquoi je n'ai pas vu alors à la fois mon problème et la solution à ce dernier.

Je fis pire que ne pas le voir : je continuai à trader, à entrer et à me retirer, peu importe l'exécution. Vous voyez, je n'ai jamais pu trader avec une limite. Je dois tenter ma chance avec le marché. J'essaie de battre le marché, pas un prix en particulier. Quand je pense que je dois vendre, je vends ; quand je pense que les actions vont monter, j'achète. Mon adhésion à ce principe général de spéculation m'a sauvé. Trader à des prix limités aurait simplement été mon ancienne méthode employée chez les bookmakers, inefficace et inadaptée dans le bureau d'un courtier réputé. Je n'aurais jamais appris ce qu'est la vraie spéculation boursière dans toute sa complexité, mais continué à parier sur quelque chose de sûr ; en tout cas, selon mon expérience limitée.

Chaque fois que j'essayais de limiter les prix afin de minimiser les inconvénients de la spéculation sur le marché lorsque le téléscripteur était à la traîne, je constatais simplement que le marché s'éloignait de moi. Cela arriva si souvent que j'arrêtai d'essayer. Je ne peux pas expliquer pourquoi il me fallut tant d'années pour comprendre qu'au lieu de parier sur ce que pouvaient être les quelques prochaines fluctuations, ma façon de faire devait consister à anticiper ce qui allait se passer à plus grande échelle.

Après ma mésaventure du 9 mai, je m'y replongeai en employant une méthode modifiée mais toujours défectueuse. Si je n'avais pas gagné de l'argent de temps en temps, j'aurais peut-être acquis la sagesse du marché plus rapidement. Mais je gagnais assez pour me permettre d'avoir un niveau de vie confortable. J'aimais passer du bon temps avec mes amis. Je vivais sur la côte du New Jersey, cet été-là, comme des centaines d'hommes prospères de Wall Street. Mes gains n'étaient pas tout à fait suffisants pour compenser mes pertes et mes dépenses de tous les jours.

J'arrêtai de trader comme je le faisais obstinément Je n'étais tout simplement pas en mesure de me rendre compte de mon propre problème, et, bien sûr, il était totalement sans espoir d'essayer de le résoudre. Je parle beaucoup de ce sujet pour montrer par quoi j'ai dû passer avant de vraiment arriver à gagner de l'argent.

Au début de l'automne, non seulement j'étais de nouveau ruiné, mais j'en avais aussi tellement marre du jeu que je n'arrivais plus à battre que je décidai de quitter New York et d'essayer autre chose à un autre endroit. J'exerçais le trading depuis mes quatorze ans. J'avais gagné mes premiers 1 000 dollars quand j'en avais quinze, et mes premières dizaines de milliers avant mes vingt-et-un ans. J'avais gagné et perdu 10 000 dollars plus d'une fois. À New York, j'en avais gagné des milliers et je les avais également perdus. J'étais monté jusqu'à 50 000 dollars et, deux jours plus tard, ils avaient disparu. Je ne menais pas d'autres affaires et je ne connaissais pas d'autre jeu. Après de nombreuses années, j'étais de retour au point de départ. Pire encore, car j'avais acquis des habitudes et un style de vie qui nécessitaient de l'argent, bien que cela ne me dérangeât pas autant que d'avoir constamment tort.

4

Donc, je rentrai chez moi. Mais dès mon retour, je sus que je n'avais qu'une seule mission dans la vie : regagner de l'argent et retourner à Wall Street. C'était le seul endroit du pays où je pouvais trader gros. Un jour, quand mon jeu serait parfait, j'aurais besoin d'un tel endroit. Quand un homme a raison, il veut saisir toutes les opportunités qui se présentent à lui.

Je n'avais pas beaucoup d'espoir, mais, bien entendu, j'essayai de faire mon retour chez les bookmakers. Ils étaient moins nombreux et certains étaient tenus par des étrangers. Ceux qui se souviendraient de moi ne me donneraient pas l'occasion de leur montrer si j'étais revenu en trader ou non. Je leur dis la vérité : que j'avais perdu à New York tout ce que j'avais réussi à gagner ici, que je n'en savais pas autant que ce que je pensais alors et qu'il n'y avait à présent aucune raison pour qu'il ne soit pas rentable pour eux de me laisser trader chez eux. Mais ils n'étaient pas d'accord, et les nouveaux bureaux n'étaient pas fiables. Leurs propriétaires pensaient que vingt actions était tout ce qu'un gentleman devait acheter, s'il avait une quelconque raison de penser qu'il allait parier sur le bon cheval.

J'avais besoin d'argent et les grands bookmakers en gagnaient beaucoup grâce à leurs clients réguliers. Je demandai à un ami de se rendre dans un certain bureau et d'y trader. J'y entrai nonchalamment, juste pour observer. J'essayai de nouveau d'amadouer le commis pour qu'il accepte un petit ordre de ma part, même s'il ne s'agissait que de cinquante actions. Bien sûr, il refusa. J'avais élaboré un langage codé avec cet ami pour qu'il achète ou vende ce que je lui disais et quand. Mais cela ne me fit gagner qu'une misère. Puis le bureau commença à râler lorsqu'il devait prendre les ordres de mon ami. Finalement, un jour, il essaya de vendre une centaine d'actions St. Paul et ils arrêtèrent de conclure des transactions avec lui.

Nous apprîmes par la suite que l'un des clients nous avait vus parler ensemble à l'extérieur, puis il était entré et en avait informé le bureau, et quand mon ami était allé voir le commis au comptoir pour vendre cette centaine d'actions St. Paul, le type avait dit :

— Nous ne prenons pas d'ordres de vente St. Paul, pas de votre part.

— Pourquoi ? Quel est le problème, Joe ? demanda mon ami.

— Nous n'en prenons pas, c'est tout, répondit ce dernier.

— Cet argent n'est-il pas bon ? Regardez, tout est là.

Et mon ami lui passa des dizaines de billets de 100. Il essayait d'avoir l'air indigné et j'adoptai une attitude détachée ; mais la plupart des autres clients se rapprochaient des combattants, comme ils le faisaient toujours lorsque le ton montait ou au moindre semblant de bagarre entre le book-maker et un client. Ils voulaient obtenir des informations sur le fond de l'affaire afin de connaître la solvabilité du problème.

Le commis, dénommé Joe, qui était en quelque sorte un directeur adjoint, sortit de derrière sa cage, s'approcha de mon ami, puis le regarda, avant de tourner les yeux vers moi.

— C'est drôle, dit-il lentement, c'est vraiment drôle que vous ne fassiez jamais rien ici quand votre ami Livingston n'est pas dans les parages. Vous vous contentez de vous asseoir et de regarder le tableau pendant une heure, sans un mot. Mais après son arrivée, tout d'un coup, vous vous remuez. Peut-être agissez-vous à votre compte, mais en tout cas, plus dans ce bureau. On ne tombera pas dans le piège de Livingston qui vous file des tuyaux.

Donc, cet épisode mit fin à mes commissions. Cela dit, j'avais gagné quelques centaines de plus que ce que j'avais investi, et je me demandais comment les utiliser, car le besoin de gagner assez d'argent avec lequel repartir à New York était plus urgent que jamais. Je pressentais que je ferais mieux la prochaine fois. J'avais eu le temps de penser calmement à certains de mes paris imprudents ; et puis, quand on regarde de loin, on peut avoir une meilleure vue d'ensemble. Le problème immédiat était de regagner de l'argent.

Un jour, je me trouvais dans le hall d'un hôtel, en train de parler à quelques gars que je connaissais, qui étaient des traders assez réguliers. Tout le monde parlait de la Bourse. Je fis la remarque que personne ne pouvait battre le jeu à cause de l'exécution pourrie qu'il obtenait de ses courtiers, surtout quand il négociait au marché, comme je le faisais.

Un type me demanda alors de quels courtiers je parlais.

— Les meilleurs du pays ! répondis-je.

Et il me demanda qui ils étaient. Je devinais qu'il n'allait pas croire que je m'étais déjà frotté à des bureaux réputés.

— Je veux dire n'importe quel membre de la Bourse de New York. Ce n'est pas qu'ils soient malhonnêtes ou négligents, mais quand un homme donne un ordre d'achat au marché, il ne sait jamais ce que cette action va lui coûter jusqu'à ce qu'il obtienne un rapport des courtiers. Il y a plus de mouvements d'un ou deux points que de dix ou quinze. Mais le trader externe ne peut pas attraper les petites hausses ou baisses à cause de l'exécution. Je préfèrerais trader chez un bookmaker n'importe quel jour de la semaine, si seulement ils laissaient quelqu'un jouer gros.

C'était la première fois que je voyais l'homme qui m'avait parlé. Il s'appelait Robert et paraissait très amical. Il me prit à part et me demanda si j'avais déjà tradé sur l'une des autres Bourses, à quoi je répondis que non. Il me confia qu'il connaissait quelques maisons qui étaient membres de la Cotton Exchange, de la Produce Exchange et d'autres plus petites. Ces entreprises étaient très prudentes et accordaient une attention particulière à l'exécution. Il avançait qu'elles avaient des liens confidentiels avec les plus grandes et les meilleures maisons de la Bourse de New York, et que grâce à leur approche personnalisée et en garantissant une activité de centaines de milliers d'actions par mois, elles offraient un bien meilleur service qu'un client individuel pouvait obtenir.

— Ils s'occupent avec attention du plus petit client, dit-il. Ils sont spécialisés dans les affaires extérieures et se donnent autant de mal avec une commande de 10 actions qu'avec une de 10 000. Ils sont très compétents et honnêtes.

— Ok, mais s'ils paient la traditionnelle commission de 8 % à leur courtier, comment s'en sortent-ils ?

— Eh bien, ils sont censés payer le huitième. Mais, vous voyez… me dit-il en m'adressant un clin d'œil.

— Oui, je vois. Mais s'il y a bien une chose qu'un courtier ne fera pas, c'est partager les commissions. Les directeurs préfèreraient qu'un de leurs membres commette un meurtre, soit responsable d'un incendie et pratique la bigamie plutôt que de faire affaire avec des étrangers pour moins d'un honnête huitième. La vue de la Bourse repose sur le fait qu'ils n'enfreignent pas cette seule règle.

Il dut comprendre que j'avais parlé avec des gens intérieurs à la Bourse, car il répondit :

— Écoutez ! De temps à autre, l'une de ces maisons de courtage pieuses est fermée pendant un an pour avoir enfreint cette règle, n'est-ce pas ? Il existe bien des manières d'appliquer une réduction afin que personne ne moucharde.

Il lut sans doute de l'incrédulité sur mon visage, car il continua :

— En plus, dans certains business, les maisons dont je vous parle font payer un trente-deuxième en plus du huitième. Ils sont sympas pour ça. Ils ne font jamais payer la commission supplémentaire sauf dans des cas inhabituels, et seulement si le client a un compte inactif. Sinon, ça ne leur rapporterait rien, vous voyez. Ils ne sont pas dans les affaires uniquement pour la survie de l'entreprise.

À ce moment-là, je sus qu'il me faisait l'article de bookmakers bidons, d'imposteurs.

— Connaissez-vous une maison fiable de ce genre ? lui demandai-je.

— Je connais la plus grande société de courtage des États-Unis, répondit-il. J'y trade d'ailleurs moi-même. Ils ont des filiales dans 78 villes aux États-Unis et au Canada. C'est une énorme affaire et ils ne pourraient pas le faire année après année s'ils n'étaient pas à la hauteur, n'est-ce pas ?

— Certainement que non, confirmai-je Est-ce qu'ils échangent les mêmes actions que celles de la Bourse de New York ?

— Bien sûr, et même celles de tout le pays, ou même d'Europe. Ils vendent du blé, du coton, des denrées, tout ce que vous voulez. Ils ont des correspondants partout et des membres dans tous les marchés, soit sous leur propre appellation, soit en catimini.

Je savais déjà tout de ce qu'il manigançait, mais j'envisageai de le mener en bateau.

— Certes, continuai-je, mais cela ne change rien au fait que les ordres doivent être exécutés par quelqu'un et qu'aucun être humain ne peut garantir la façon dont le marché se comportera ou bien à quel point les prix du téléscripteur seront proches des cours réels sur le parquet de la Bourse. Le temps qu'un homme reçoive la cotation ici, qu'il remette un ordre et qu'il soit télégraphié à New York, un temps précieux s'est écoulé. Je ferais mieux de retourner à New York et d'y perdre mon argent en compagnie respectable.

— Je ne connais rien à la perte d'argent ; nos clients n'acquièrent pas cette habitude. Ils gagnent de l'argent. On y veille.

— Vos clients ?

— Eh bien, j'ai quelques intérêts dans l'entreprise, et si je peux leur apporter quelques affaires qui leur seront bénéfiques, je n'hésite pas, car ils m'ont toujours bien traité et j'ai gagné beaucoup d'argent grâce à eux. Si vous le souhaitez, je vous présenterai au directeur.

— Quel est le nom de cette entreprise ? lui demandai-je.

Il me le donna ; j'en avais entendu parler. Ils avaient fait paraître des annonces dans tous les journaux, attirant l'attention sur les profits importants réalisés par les clients qui suivaient leurs informations internes sur les actions actives. C'était la grande spécialité de la maison. Il ne s'agissait pas d'un bookmaker ordinaire, mais d'une sorte de bookmaker douteux qui arnaquait les clients, mais qui se servait d'un camouflage complexe pour convaincre le monde entier qu'il était un véritable agent de change engagé dans une activité légitime. C'était l'une des plus anciennes de cette catégorie d'entreprises.

À l'époque, c'était le prototype parfait des courtiers qui avaient fait faillite par dizaines cette année-là. Les principes généraux et les méthodes étaient les mêmes, même si les dispositifs particuliers pour escroquer le public différaient quelque peu, certains détails ayant été modifiés lorsque les vieilles pratiques étaient devenues trop connues.

Ces gens avaient l'habitude de transmettre des tuyaux pour acheter ou vendre une action, ainsi que des centaines de télégrammes conseillant l'achat instantané d'une certaine action et des centaines d'autres recommandant à d'autres clients de vendre la même action, se basant sur la méthode vieille comme le monde de compter sur les conseils d'un pronostiqueur. Ensuite, les ordres d'achat et de vente arrivaient. L'entreprise achetait et vendait, disons, un millier de ces actions par l'intermédiaire d'une société boursière réputée et obtenait un rapport régulier sur ces transactions. Ce rapport, ils le montraient à tout homme dubitatif assez impoli pour affirmer qu'ils escroquaient les clients.

Ils avaient aussi pour habitude de former des pools facultatifs dans leur bureau et, présentant cela comme une grande faveur, demandaient à leurs clients de les autoriser, par écrit, à trader avec l'argent du client et en son nom, comme ils le jugeaient le plus approprié. De cette façon, le client le plus acariâtre n'avait aucun recours légal lorsque son argent avait disparu. Ils faisaient monter le cours d'une action, sur le papier, et poussaient les clients à se positionner dessus, puis ils faisaient un de leurs coups de bookmakers vieux comme le monde afin de les ruiner avec des marges très serrées. Ils n'épargnaient personne, les femmes, les instituteurs et les vieillards étant leurs proies favorites.

— J'en veux à tous les courtiers, dis-je au racoleur. Je vais devoir y réfléchir.

Et je le quittai pour qu'il arrête de me parler.

Je me renseignai sur ce cabinet. J'appris qu'ils avaient des centaines de clients, et bien qu'il y eût les histoires habituelles, je ne trouvai aucun cas où un client n'aurait pas obtenu son argent d'eux s'il en avait gagné. La difficulté était de trouver quelqu'un qui avait déjà gagné dans ce bureau ; mais j'y arrivai. À ce moment-là, les choses semblaient parfaitement se dérouler, et cela signifiait qu'ils ne refuseraient probablement pas de payer un dû si un échange allait à leur encontre. Bien sûr, la plupart des affaires de ce genre finissent par faire faillite un jour. Il est des périodes où des épidémies de faillites chez les imposteurs surviennent régulièrement, comme ces courses démodées de plusieurs banques après que l'une d'elles est montée. Dès lors, les clients des autres prenaient peur et courraient retirer leur argent. Mais il y a de nombreux bookmakers à la retraite dans ce pays.

En tout cas, je n'entendis rien d'alarmant à propos de l'entreprise du racoleur, sauf qu'ils gagnaient toujours et n'étaient pas toujours honnêtes. Leur spécialité était de plumer les pigeons qui voulaient s'enrichir rapidement. Mais ils demandaient toujours la permission à leurs clients, par écrit, de leur retirer leur pactole.

Un type que j'avais rencontré me raconta qu'une fois, il avait vu 600 télégrammes sortir le même jour conseillant aux clients de se positionner sur une certaine action et 600 autres pour inciter fortement d'autres clients à vendre cette même action.

— Oui, je connais cette technique, lui dis-je.

— Ouais, mais le lendemain, ils ont envoyé des télégrammes aux mêmes personnes pour leur conseiller de fermer leurs positions et d'acheter ou vendre une autre action. J'ai demandé à l'associé principal, qui était dans le bureau : « Pourquoi faites-vous cela ? La première partie, je comprends. Certains de vos clients se doivent de faire de l'argent sur papier pendant un certain temps, même si eux et les autres finissent par perdre. Mais en envoyant des télégrammes comme ça, vous les tuez tous, c'est aussi simple que ça. Quel est le but ? » « Eh bien », a-t-il dit, « les clients sont tenus de perdre leur argent de toute façon, peu importe ce qu'ils achètent, comment, où et quand. Quand ils perdent leur argent, je perds mes clients. Je dois donc obtenir le plus d'argent possible d'eux, puis chercher de nouveaux clients. »

Eh bien, j'avoue franchement que je n'adhérais pas à l'éthique des affaires du cabinet. Je vous ai déjà dit que les magouilles à la Teller m'agaçaient et à quel point cela me démangeait de me venger d'eux. Mais je ne ressentais pas la même chose envers ce cabinet. Ils pouvaient être des escrocs, mais également ne pas être aussi noirs qu'ils étaient dépeints. Je ne leur proposai pas de les laisser trader pour moi, ni de suivre leurs conseils ou de croire à leurs mensonges. Ma seule préoccupation était de rassembler un peu d'argent et de retourner à New

York pour jouer gros dans un vrai bureau de change, là où vous n'aviez pas à craindre que la police fasse une descente, comme chez les bookmakers, ou que les autorités se précipitent et gèlent votre argent ; dans ce cas, vous pourriez vous estimer heureux de gagner huit centimes sur le dollar que vous aviez investi un an et demi auparavant.

Quoi qu'il en soit, je pris la décision de voir quels avantages sur les échanges cette société offrait en comparaison à ce que l'on pourrait appeler les courtiers légitimes. Je n'avais pas beaucoup d'argent pour faire de la marge, et les bureaux qui magouillaient les ordres étaient naturellement beaucoup plus libéraux à cet égard, afin qu'ils puissent tout de même faire rentrer quelques centaines de dollars.

Je me rendis chez eux et discutai avec le directeur lui-même. Quand il découvrit que j'étais un vieux trader et que j'avais eu des comptes à New York avec des maisons de la Bourse et que j'avais perdu tout ce que j'avais amené avec moi, il arrêta de me promettre de gagner un million par minute si je les laissais investir mes économies. Il se dit que j'étais un imbécile fini, le genre qui joue et perd toujours : un fournisseur de revenu stable pour les courtiers, qu'ils soient du genre à magouiller les ordres ou à se contenter plus modestement des commissions.

Je dis seulement au directeur que ce que je recherchais, c'était une exécution honnête, parce que j'avais toujours négocié au marché et que je ne voulais pas avoir des rapports qui montraient une différence d'un demi-point ou d'un point entier par rapport au prix du téléscripteur.

Il me donna sa parole d'honneur qu'ils feraient tout ce que j'estimerais bien. Ils voulaient de mes affaires car ils souhaitaient me montrer ce qu'était le courtage de haute qualité. Ils possédaient le meilleur talent du business. En fait, ils étaient célèbres pour leur exécution. S'il y avait la plus infime différence entre le prix du téléscripteur et le rapport, elle était toujours en faveur du client, mais, bien entendu, ils ne le garantissaient pas. Si j'ouvrais un compte chez eux, je pourrais acheter et vendre au prix qu'ils recevaient : ils avaient une grande confiance en leurs courtiers.

Naturellement, cela signifiait que je pouvais y trader comme bon me semblait, comme si j'étais chez un bookmaker, c'est-à-dire qu'ils me laisseraient spéculer à la prochaine cotation. Je ne voulais pas paraître trop nerveux, alors je secouai la tête et lui dis que je n'ouvrirais pas de compte ce jour-là, mais que je lui ferais savoir quand ce serait le cas. Il m'encouragea fortement à commencer tout de suite, car c'était un bon marché pour gagner de l'argent. En tout cas, ça l'était pour eux : un marché ennuyeux avec des prix qui oscillaient légèrement, juste ce qu'il fallait pour faire entrer les clients dans la danse et ensuite les plumer avec les actions conseillées en chute libre. J'eus du mal à sortir de là.

Je lui avais donné mon nom et mon adresse, et le jour même, je commençai à recevoir des télégrammes pré-timbrés et des lettres m'incitant à me positionner sur une action ou une autre dans lesquelles ils disaient savoir qu'une opération secrète était en cours pour une hausse de 50 points.

J'étais occupé à découvrir tout ce que je pouvais au sujet de plusieurs autres sociétés de courtage du même genre. Il me semblait que si je pouvais être sûr de retirer mes gains de leurs griffes, la seule façon de réunir de l'argent était de trader chez ce genre de bookmakers.

Lorsque j'eus appris autant que possible, j'ouvris des comptes dans trois bureaux. J'avais pris un petit bureau à louer et fait installer des lignes directes chez les trois courtiers.

Je réalisai un petit échange pour qu'ils n'aient pas peur dès le début. Je gagnai tout de même de l'argent, et ils ne tardèrent pas à me dire qu'ils s'attendaient à de vraies affaires de la part de clients qui avaient des lignes directes avec leurs bureaux. Ils ne veulent pas de rapiats. Ils pensaient que plus j'en ferais, plus je perdrais, et plus vite je serais ruiné. C'était une théorie assez crédible si l'on considérait que ces personnes traitaient nécessairement avec des clients moyens, et que le client moyen n'avait jamais vécu longtemps financièrement parlant. Un client en faillite ne peut pas trader. Un client à moitié ruiné peut se plaindre ou insinuer des choses et créer des problèmes de quelque nature que ce soit qui nuirait aux affaires.

J'établis aussi une ligne avec une société locale qui avait un lien direct avec son correspondant new-yorkais, qui étaient également membres de la Bourse. Je fis installer un téléscripteur et je commençai à négocier prudemment. Comme je vous l'ai dit, c'était un peu comme trader chez les bookmakers, mais en un peu plus lent.

C'était un jeu que je pouvais battre, et je le fis. Je n'atteignis jamais un tel point où je pus gagner dix fois sur dix, mais au final, je gagnais, semaine après semaine. Je vivais de nouveau assez bien, mais j'économisais toujours quelque chose pour augmenter la somme que je prévoyais de rapporter à Wall Street. J'avais également deux lignes directes dans deux autres maisons de courtage peu scrupuleuses, ce qui m'en faisait cinq en tout, et, bien entendu, mon bon cabinet.

Il y eut des moments où mes plans tournaient mal et où mes actions ne se comportaient pas comme prévu ; elles faisaient le contraire de ce qu'elles étaient supposées faire si elles avaient gardé leurs anciens comportements. Heureusement, elles ne m'impactèrent pas fatalement, du fait de mes faibles marges. Mes relations avec mes courtiers étaient assez amicales. Leurs comptes et rapports ne concordaient pas toujours avec les miens, et les différences se produisaient uniformément contre moi. Curieuse coïncidence, n'est-ce pas ? Mais je me battis et réussis généralement à tirer mon épingle du jeu. Ils avaient toujours l'espoir de récupérer ce que je leur avais pris. Je crois qu'ils considéraient mes gains comme des prêts temporaires…

Ils n'étaient vraiment pas fairplay, étant dans le business pour faire de l'argent par tous les moyens possibles au lieu de se contenter de la commission touchée par la maison. Puisque les pigeons perdent toujours de l'argent lorsqu'ils parient sur des actions sur lesquelles ils n'ont jamais vraiment spéculé, vous pourriez penser que ces gens dirigeraient ce que l'on pourrait appeler une affaire illégitime légitime. Mais ce n'était pas le cas. « Plume tes clients et deviens riche » est un vieil adage tout à fait vrai, mais ils n'avaient pas l'air de l'avoir un jour entendu et ne s'arrêtaient pas aux magouilles de base. Ils essayèrent de nombreuses fois de me doubler avec de vieilles arnaques. Ils m'eurent quelquefois parce que je n'y prêtais pas attention. Ils le faisaient toujours lorsque je n'avais pas pris plus que d'habitude. Je les accusai de ne pas être fairplay, voire pire, mais ils le niaient et cela se terminait par mon retour au trading comme d'habitude. La beauté de faire affaire avec un escroc, c'est qu'il vous pardonne toujours de l'avoir attrapé, à condition que vous ne cessiez pas de faire affaire avec lui. En tout cas, cela fonctionne en ce qui le concerne. Il vous attend au tournant. Pauvres âmes magnanimes !

Donc, je décidai que je ne pouvais pas me permettre de voir le taux d'augmentation normal de ma mise réduit par les combines des escrocs, alors je pris la décision de leur donner une bonne leçon. Je choisis une action qui, après avoir été favorite dans les spéculations, était devenue inactive. Si j'en avais choisi une qui n'avait jamais été active, ils auraient nourri des soupçons. Je donnai donc des ordres d'achat sur cette action à mes cinq courtiers. Lorsque les ordres furent pris et qu'ils attendaient la prochaine cotation sur le téléscripteur, j'envoyai un ordre par l'intermédiaire de ma maison de la Bourse pour vendre une centaine de parts de cette action en particulier au marché. J'insistai également pour que ce soit fait rapidement. Eh bien, vous pouvez imaginer ce qu'il s'est passé lorsque l'ordre de vente est arrivé sur le parquet de la Bourse : une action inactive, sans intérêt, qu'une maison de commission avec de nombreuses filiales extérieures voulait vendre rapidement. Quelqu'un avait eu une action à un faible coût. Mais la transaction telle qu'elle serait imprimée sur la bande du téléscripteur était le prix que je paierais sur mes cinq ordres d'achat. J'étais vendeur de quatre cents actions de ce titre à un bas niveau. La maison-mère me demanda ce que j'avais entendu, et je répondis que j'avais un tuyau à propos de cette action. Juste avant la clôture du marché, j'envoyai un ordre à ma maison réputée pour racheter ces cent parts, sans perdre de temps, car je ne voulais en aucun cas être à découvert, et je me fichais de ce qu'ils payaient. Ils contactèrent donc New York, et l'ordre d'acheter rapidement cette centaine de parts donna lieu à une forte avancée des cours. J'avais bien sûr passé des ordres de vente pour les cinq cents actions que mes amis avaient achetées. Cela fonctionna de manière tout à fait satisfaisante.

Pourtant, ils ne se doutèrent de rien ; je me servis donc de ce tour plusieurs fois. Je n'osais pas les punir aussi sévèrement qu'ils le méritaient, rarement plus d'un ou deux points sur 100 actions. Mais cette combine m'aida à gonfler le petit pécule que j'économisais pour ma prochaine aventure à Wall Street. Je variais parfois le processus en vendant des actions à découvert, sans en faire trop. J'étais satisfait des 600 ou 800 dollars que je dégageais pour chaque opération.

Un jour, la combine fonctionna si bien qu'elle dépassa de loin toutes mes espérances concernant un renversement de 10 points. Je n'avais même pas cherché à obtenir ce résultat. À vrai dire, j'avais 200 actions au lieu de mes 100 habituelles chez un courtier, mais seulement 100 chez les quatre autres. C'était bien trop beau pour eux. Cela les rendit verts de rage et ils commencèrent à se plaindre des lignes directes. J'allai donc voir le directeur, le même homme qui avait eu tellement hâte que j'ouvre mon compte et me pardonnait chaque fois que je le surprenais à essayer de me coincer.

— Cette action était dans un marché truqué, et nous ne vous verserons pas un seul centime ! jura-t-il.

— Ce n'était pas un marché fictif quand vous avez accepté mon ordre d'achat. Vous m'avez laissé entrer, donc, maintenant, vous devez aussi me laisser me retirer. Le contraire ne serait pas juste, et vous ne pouvez pas le faire, si ?

— Si, je peux ! hurla-t-il. Je peux prouver que c'est un coup monté.

— Qui en est responsable ? demandai-je.

— Quelqu'un !

— Mais encore ?

— Je mets ma main à couper que des amis à vous étaient dans le coup, répliqua-t-il.

Mais je choisis de lui dire :

— Vous savez très bien que je joue en solitaire. Tout le monde dans cette ville le sait. Ils le savent depuis que j'ai commencé à trader des actions. Maintenant, je voudrais vous donner un conseil d'ami : payez-moi ce que vous me devez. Je ne veux pas être désagréable. Alors, faites ce que je vous dis.

— Je ne paierai pas, c'était une transaction truquée ! s'écria-t-il.

J'en avais assez de son discours, alors je répondis :

— Vous allez me payer, ici et maintenant !

Eh bien, il fulmina un peu plus et m'accusa catégoriquement d'être le coupable, mais il finit par sortir l'argent. Les autres courtiers n'étaient pas si agités. Dans un bureau, le gérant avait étudié mes manipulations d'actions inactives et, lorsqu'il reçut mon ordre, il acheta des actions pour moi, mais aussi pour lui-même, et avait gagné un peu d'argent. Ces individus n'avaient que faire d'être poursuivis par des clients les accusant de fraude, car ils disposaient généralement d'une bonne défense technique et juridique déjà toute prête. En revanche, ils avaient peur que je dévalise tout ce qu'ils cachaient dans les tiroirs ; ce qui m'était impossible, puisqu'ils veillaient à protéger les fonds de ce danger-là. Cela ne leur ferait rien d'avoir la réputation d'être durs en affaires, mais ne pas payer les dus, cela leur serait fatal. Il n'est pas rare qu'un client perde de l'argent chez son courtier. Mais pour un client, gagner de l'argent et ne pas l'obtenir est le pire crime selon les lois des spéculateurs.

Ils me versèrent tous mon argent, mais ce saut de 10 points mit fin à ce passe-temps agréable qu'était plumer les plumeurs. Ils étaient maintenant à l'affût des petites combines qu'ils avaient eux-mêmes utilisées pour escroquer des centaines de pauvres clients. Je retournai à mon trading habituel ; mais le marché n'était pas toujours adapté à mon système qui, limité par la taille des ordres qu'ils acceptaient, ne me permettait pas de faire un malheur.

J'y spéculais depuis plus d'un an, au cours duquel j'utilisai toutes les techniques auxquelles je pouvais penser pour gagner de l'argent en négociant dans ces maisons. J'avais vécu très confortablement, acheté une automobile et ne m'imposais aucune limite dans mes dépenses. Je devais économiser, mais pendant ce temps-là, je devais aussi vivre. Si ma position sur le marché était bonne, je ne pouvais pas dépenser autant que je gagnais, afin que je puisse toujours mettre de l'argent de côté. Si elle ne l'était pas, je ne gagnais pas d'argent, donc je ne pouvais pas en dépenser. Comme je l'ai dit, j'avais déjà économisé une certaine somme, et il n'y avait pas tant d'argent que cela à gagner dans les cinq maisons ; je décidai donc de retourner à New York.

J'avais ma propre voiture et j'avais invité un de mes amis, qui était aussi trader, à se rendre à New York avec moi. Il accepta et notre périple fut entamé Nous nous arrêtâmes à New Haven pour dîner. À l'hôtel, je rencontrai une vieille connaissance du monde du trading et il me confia, entre autres choses, qu'il y avait un bookmaker en ville qui avait une connexion directe et gérait une assez bonne affaire.

Nous quittâmes l'hôtel pour repartir en direction de New York, mais je passai par la rue où se trouvait le bookmaker pour voir à quoi l'extérieur ressemblait. Nous le trouvâmes et ne pûmes résister à la tentation de nous arrêter pour aller y jeter un coup d'œil. Ce n'était pas très somptueux, mais le vieux tableau noir était là, ainsi que les clients : le jeu était lancé.

Le gérant était un type qui avait l'air d'un ancien acteur ou conférencier. Il était très impressionnant. Il nous souhaita le bonjour avec entrain, comme s'il avait découvert la beauté du matin après dix années de recherches, les yeux vissés à un microscope, et qu'il vous gratifiait de cette découverte, mais en vous offrant également le ciel, le soleil et les fonds de son affaire. Il nous vit monter dans l'automobile à l'allure sportive, et comme nous étions tous les deux jeunes et insouciants – je ne pense pas que j'avais l'air d'avoir vingt ans – il en conclut naturellement que nous étions deux étudiants de Yale. Je ne le contredis pas. Il ne me donna pas ma chance, mais il commença à faire un discours. Il était très content de nous voir. Aurions-nous un siège confortable ? Ce matin-là, nous allions découvrir que le marché était plutôt bienveillant ; en fait, il clamait qu'il allait augmenter l'argent de poche des étudiants. Aucun étudiant de premier cycle doué d'intelligence n'en avait reçu assez depuis la nuit des temps. Mais parfois, grâce à la bonté du téléscripteur, un petit investissement initial rapportait des milliers. Plus d'argent de poche que n'importe qui pourrait en dépenser, c'est ce que le marché boursier aspirait à rapporter.

Eh bien, je pensai que ce serait dommage de ne pas le faire, étant donné que le gentil bookmaker avait tellement hâte de nous initier. Je lui dis donc que je ferais comme il le souhaiterait, car j'avais entendu dire que nombre de gens gagnaient beaucoup d'argent à la Bourse.

Je commençai alors à négocier avec beaucoup de prudence, mais en augmentant la limite à mesure que je gagnais. Mon ami me suivit.

Nous passâmes la nuit à New Haven, et le lendemain matin, nous nous retrouvâmes chez le bookmaker accueillant à dix heures moins cinq. L'orateur était content de nous voir, pensant que son tour était venu de faire fortune. Mais avec quelques dollars, j'en raflai 1 500. Le lendemain matin, lorsque nous passâmes voir le grand orateur et lui donnâmes l'ordre de vendre 500 Sucre, il hésita, mais finit par accepter en silence ! L'action chuta d'un point ; je fermai donc mes positions et lui donnai alors le bordereau. Il y avait exactement 500 dollars qui me revenaient en profits, plus ma marge de 500 dollars. Il prit 20 billets de 50 dollars du coffre-fort, les compta trois fois très lentement, puis de nouveau devant moi. On aurait dit que les billets semblaient lui coller aux doigts, mais finalement, il me tendit l'argent. Il croisa les bras sur sa poitrine, mordit sa lèvre inférieure, sans desserrer la pression, puis leva les yeux vers le haut d'une fenêtre derrière moi.

Je lui dis que j'aimerais vendre 200 Acier, mais il ne bougea pas d'un cil. Il ne m'avait pas entendu. Je répétai ma demande, mais cette fois, je montai à 300. Il tourna la tête. J'attendis qu'il parle. Mais il se contenta de me regarder. Puis il fit claquer ses lèvres et déglutit, comme s'il allait faire une critique de cinquante années de désordre politique par les escrocs sans nom de l'opposition.

Il finit par agiter la main en direction des billets que je tenais dans la mienne et me dit :

— Emporte cette babiole !

— Emporte quoi ? demandai-je.

Je n'avais pas bien compris où il voulait en venir.

— Où allez-vous, les jeunes ?

Il parlait d'une façon très impressionnante.

— New York, répondis-je.

— C'est vrai, dit-il en acquiesçant environ vingt fois. C'est tout à fait exact. Vous allez partir d'ici, d'accord ? Parce que maintenant, je sais deux choses, deux, mes petits ! Je sais ce que vous n'êtes pas, et je sais ce que vous êtes. Oui ! Oui ! Oui !

— Vraiment ? demandai-je très poliment.

— Oui. Vous deux…

Il s'interrompit, puis, abandonnant son allure d'orateur, il grogna :

— Vous êtes les plus gros requins des États-Unis d'Amérique ! Des étudiants ? Ye-eh ! Vous devez être en première année ! Ye-eh !

Nous le laissâmes parler tout seul. L'argent ne devait probablement pas le déranger tant que ça. Ce n'est le cas pour aucun parieur professionnel. Tout est dans le jeu, et la chance va tourner. C'était de s'être fait avoir par deux jeunes comme nous qui blessa son orgueil.

C'est ainsi que je revins à Wall Street pour une troisième tentative. J'avais étudié, bien sûr, en essayant de localiser quel était le problème exact avec mon système, qui avait été responsable de mes déboires dans le bureau de Fullerton. J'avais 20 ans lorsque j'avais gagné mes premiers 10 000 dollars, et j'avais tout perdu. Mais je savais comment et pourquoi : parce que je tradais tout le temps hors saison ; parce que quand je ne pouvais pas jouer selon mon système, qui était basé sur l'étude et l'expérience, j'y allais et je jouais quand même. J'espérais gagner, au lieu de savoir que je devais gagner, selon mon plan. À environ 22 ans, j'avais accumulé 50 000 dollars ; je les avais perdus un fameux 9 mai. Mais je savais exactement pourquoi et comment : c'était le retard du téléscripteur et la violence sans précédent des mouvements qui eurent lieu ce triste jour. Mais j'ignorais pourquoi j'avais perdu après mon retour de Saint-Louis ou après la panique du 9 mai. J'avais des théories, c'est-à-dire des corrections pour certains des défauts que je pensais avoir trouvés dans mon système. Mais j'avais surtout besoin de m'entraîner.

Il n'y a rien de tel que de perdre absolument tout pour apprendre ce qu'il ne faut pas faire. Et lorsque vous savez ce qu'il ne faut pas faire pour ne pas perdre d'argent, vous commencez à apprendre ce qu'il faut faire pour en gagner. Vous comprenez cela ? Alors, vous commencez à apprendre !

5

Je pense que le fou du téléscripteur, ou, comme ils avaient l'habitude de l'appeler, le rat du téléscripteur, a généralement tort à cause d'une surspécialisation, plus que quoi que ce soit d'autre. Cela implique une inélasticité qui coûte très cher. Après tout, le jeu de la spéculation n'est pas que des mathématiques ou des règles établies, peu importe l'inflexibilité des lois générales. Même dans mon journal de trading, il y a quelque chose qui joue, plus qu'une simple arithmétique. Il y a ce que j'appelle le comportement du titre, des actions qui vous permettent de juger s'il va se comporter conformément aux précédents que vos observations avaient notés. Si un titre n'agit pas comme prévu, n'y touchez pas, car, étant incapable de dire exactement ce qui ne va pas, vous ne pouvez pas dire quelle direction il prendra. Pas de diagnostic, pas de pronostic ; pas de pronostic, pas de profit.

C'est une chose très ancienne de noter le comportement d'une action et d'étudier ses performances passées. Quand j'étais arrivé pour la première fois à New York, il y avait un courtier où un Français avait l'habitude de parler de ses graphiques boursiers. Au début, je pensais que c'était une sorte de monstre gardé par le bureau parce qu'ils étaient gentils. Puis j'appris qu'il était un orateur persuasif et très impressionnant. Il avait dit que la seule chose qui ne mentait pas, parce qu'elle ne le pouvait tout simplement pas, c'était les mathématiques. Grâce à ses courbes, il pouvait prévoir les mouvements du marché. Il pouvait également les analyser et dire, par exemple, pourquoi Keene avait fait ce qu'il fallait lors de sa fameuse manipulation haussière du titre Atchison et, plus tard, pourquoi il n'avait pas fait ce qu'il fallait avec son pari sur Southern Pacific. À différents moments, l'un ou l'autre des traders professionnels avait essayé le système du Français, puis était revenu à ses anciennes méthodes non scientifiques pour gagner sa vie. Leur système coûtait moins cher, disaient-ils. J'entendis dire le Français que Keene avait admis que le graphique était exact à 100 %, mais il avait clamé que la méthode était trop lente pour une utilisation pratique dans un marché actif.

Puis il y avait un bureau qui conservait un graphique de l'évolution quotidienne des prix. Il montrait en un coup d'œil ce que chaque action avait fait pendant des mois. En comparant les courbes individuelles

55

avec la courbe générale du marché et en gardant à l'esprit certaines règles, les clients pouvaient dire si le titre sur lequel ils avaient reçu un conseil d'achat non scientifique était disposé à connaître une hausse. Ils se servaient du graphique comme d'une sorte de tuyau complémentaire. Aujourd'hui, il y a des tas de maisons de courtage où vous trouverez des graphiques boursiers. Ils arrivent déjà prêts de bureaux d'experts en statistiques et comprennent non seulement les actions, mais aussi les denrées.

Je devrais dire qu'un graphique aide ceux qui peuvent le lire, ou plutôt qui peuvent assimiler ce qu'ils lisent. Cependant, le lecteur de graphiques moyen est susceptible de devenir obsédé par l'idée que les creux et les pics, ainsi que les mouvements primaires et secondaires sont tout ce qui représente la spéculation boursière. S'il pousse son assurance jusqu'à la limite de sa logique, il est voué à faire faillite. Il y a un homme extrêmement compétent, ancien partenaire d'une maison boursière réputée, qui est un véritable mathématicien de formation. Il est diplômé d'une célèbre école technique et a conçu des graphiques basés sur une étude très minutieuse et consciencieuse du comportement des prix dans de nombreux marchés d'actions : obligations, céréales, coton, argent, etc. Il est remonté des années en arrière et a tracé les corrélations, les mouvements saisonniers, tout. Il a utilisé ses graphiques pour ses transactions boursières pendant des années. Ce qu'il a vraiment fait, c'était profiter d'un calcul de moyenne très intelligent. On m'a dit qu'il gagnait régulièrement jusqu'à ce que la Guerre mondiale mette fin à tous les précédents comportements. J'ai entendu dire que lui et ses nombreux adeptes avaient perdu des millions de dollars avant qu'ils n'abandonnent. Mais même une Guerre mondiale ne peut empêcher le marché boursier d'être un marché haussier lorsque les conditions sont haussières, ou un marché baissier lorsque les conditions sont baissières. Et tout ce dont un homme a besoin pour gagner de l'argent, c'est d'évaluer les conditions du marché.

Je n'avais pas l'intention de m'éloigner du sujet de l'histoire comme cela, mais je ne peux m'en empêcher lorsque je repense à mes premières années à Wall Street. Je sais dorénavant ce que j'ignorais à l'époque, et je pense aux erreurs de mon manque de connaissances, car ce sont les mêmes que le spéculateur boursier moyen commet année après année.

Après mon retour à New York pour essayer pour la troisième fois de battre le marché chez un véritable agent de change, je négociai plutôt activement. Je ne m'attendais pas à faire aussi bien que chez les bookmakers, mais je pensais qu'au bout d'un moment, je ferais beaucoup mieux car je serais capable de balancer une ligne bien plus lourde. Pourtant, je peux voir maintenant que mon principal problème était mon incapacité à saisir la différence vitale entre le pari et la spéculation boursière. Pourtant, en raison de mes sept années d'expérience à lire le téléscripteur et d'une certaine aptitude naturelle pour le jeu, mon système ne rapportait pas une fortune, mais un taux d'intérêt très élevé. Je gagnais et perdais, comme avant, mais je finissais quand même par gagner. Plus je gagnais, plus je dépensais. C'est l'expérience habituelle de la plupart des hommes ; pas forcément ceux qui veulent gagner de l'argent facile, mais en tout cas chaque être humain qui n'est pas esclave de l'instinct de thésaurisation. Certains hommes, comme le vieux Russell Sage, ont à la fois l'instinct de gagner de l'argent et celui de l'économiser, le premier aussi développé que l'autre, et, bien sûr, ils meurent horriblement riches.

Chaque jour, de 10 h à 15 h, seul le jeu de battre le marché m'intéressait, et après 15 h, le jeu de vivre ma vie. Ne vous méprenez pas, je n'ai jamais laissé le plaisir s'immiscer dans les affaires. Quand j'ai perdu, c'était parce que j'avais tort et non parce que je souffrais de dispersion ou d'excès. Il n'y a jamais eu de nerfs ébranlés ou de membres secoués de spasmes à cause d'un abus de rhum pour gâcher mon jeu. Je ne pouvais rien me permettre qui m'empêcherait de me sentir physiquement et mentalement en forme. Même aujourd'hui, je suis généralement au lit à 22 h. Lorsque j'étais jeune, je ne me couchais jamais tard, parce que je ne pouvais pas mener des affaires correctement si je n'avais pas assez dormi. Je faisais mieux que rentrer dans mes frais, et c'est pourquoi je n'estimais pas nécessaire de me priver des bonnes choses de la vie. Le marché a toujours été là pour me les apporter. J'avais acquis l'assurance qu'apporte à un homme une attitude professionnelle sereine en ce qui concerne sa méthode pour se procurer du pain et même faire son beurre.

Le premier changement que je fis dans mon système de spéculation était une question de temps. Je ne pouvais pas attendre une opération sûre et en tirer un ou deux points comme je pouvais le faire chez les bookmakers. Je devais commencer bien plus tôt si je voulais attraper un mouvement intéressant dans le bureau de Fullerton. En d'autres termes, je devais étudier ce qui allait se passer, anticiper les mouvements des actions. Cela peut paraître banal et idiot, mais vous voyez ce que je veux dire. C'était le changement de mon attitude à l'égard du jeu qui était d'une importance capitale. Petit à petit, il m'a appris la différence essentielle entre parier sur les fluctuations et anticiper les hausses et les baisses inévitables, entre le pari et la spéculation.

Je dus remonter très loin dans mes études du marché, ce que je n'aurais jamais appris à faire chez le plus grand bookmaker du monde. Je m'intéressais aux rapports commerciaux, aux revenus des chemins de fer et aux statistiques financières et commerciales. Bien sûr, j'aimais trader gros et ils m'appelaient le « Boy Plunger », mais j'aimais aussi étudier les mouvements. Je n'ai jamais pensé que quoi que ce soit était agaçant si cela m'aidait à trader de façon plus intelligente. Avant de pouvoir résoudre un problème, je dois me le présenter. Quand je pense avoir trouvé la solution, je dois prouver que j'ai raison. Et je ne connais qu'une seule façon de le faire : avec mon propre argent.

Aussi lents que mes progrès semblent à ce moment-là, je suppose que j'ai appris aussi vite que j'ai pu, prenant en compte que j'arrivais à rentrer dans mes frais. Si j'avais perdu plus souvent, cela m'aurait peut-être incité à poursuivre mes études du marché. J'aurais certainement eu plus d'erreurs à repérer. Mais je ne suis pas sûr de la valeur exacte de la perte, car si j'avais perdu plus, je n'aurais pas eu assez d'argent pour tester les améliorations dans mes méthodes de trading.

En étudiant mes paris gagnants dans le bureau de Fullerton, je découvris que même si j'avais souvent raison à 100 % sur le marché, c'est-à-dire dans mon diagnostic des conditions et de la tendance générale, je ne gagnais pas autant d'argent que mon marché « limité » me le permettait. Pourquoi donc ?

Il y a autant à apprendre d'une victoire partielle que d'une défaite.

Par exemple, j'avais été haussier dès le début d'un marché haussier, et j'avais soutenu mon opinion en achetant des actions. Une hausse a suivi, comme je l'avais clairement prédit. Jusque-là, tout allait très bien. Mais qu'ai-je fait d'autre ? Eh bien, j'ai écouté des vétérans des marchés et bridé mon impétuosité de jeunesse. J'ai décidé d'être sage et de jouer de façon prudente et réfléchie. Tout le monde savait que ce qu'il fallait faire était de prendre des profits et de racheter ses actions sur des réactions. Et c'est précisément ce que j'ai fait, ou plutôt ce que j'ai essayé de faire, car j'ai souvent pris des profits et attendu une réaction qui ne venait jamais. Et j'ai vu mes actions grimper de 10 points de plus, et je me retrouvais avec mes 4 points de profit en sécurité dans ma poche conservatrice. On dit souvent qu'on ne devient jamais pauvre en prenant des profits. Non, en effet. Mais on ne s'enrichit pas non plus en prenant un profit de 4 points dans un marché haussier.

Là où j'aurais dû gagner 20 000 dollars, je n'en ai reçu que 2 000. C'est ce que ma prudence a fait pour moi. À peu près au moment où j'ai découvert quel petit pourcentage je recevais par rapport à ce que j'aurais dû obtenir, je découvris autre chose : que les pigeons se différenciaient des autres selon leur degré d'expérience.

Le débutant ne sait rien, et tout le monde, y compris lui-même, le sait. Mais l'année suivante, ou la deuxième année, il pense qu'il sait beaucoup de choses et fait en sorte que les autres le ressentent aussi. C'est alors le pigeon expérimenté, qui n'a pas étudié le marché lui-même, mais seulement quelques remarques sur le marché faites par des pigeons un peu plus haut placés. Le benêt de deuxième année sait comment éviter de perdre son argent selon certaines façons qui font de lui un débutant à l'état brut. C'est ce semi-pigeon qui soutient véritablement les commissions des courtiers tout au long de l'année. Il dure en moyenne environ trois ans et demi, par rapport à une saison de trois à trente semaines, qui représente la vie habituelle à Wall Street pour les inexpérimentés. C'est naturellement le semi-pigeon qui cite toujours les célèbres adages sur le trading et les différentes règles du jeu. Il connaît toutes les choses à ne pas faire qui sont un jour tombées des lèvres de vieux traders oracles, à l'exception de la principale, qui est :

« Ne fais pas l'idiot ! »

Ce semi-benêt est le genre d'homme qui pense avoir la sagesse innée car il aime acheter lorsque les actions chutent. Il les attend. Il mesure ses prix avec le nombre de points qui se sont vendus depuis le début. Dans les grands marchés haussiers, le pigeon pur et simple, ignorant totalement les règles et les précédents, achète aveuglément parce qu'il espère aveuglément. Il gagne la plus grande partie de l'argent jusqu'à ce que l'une des réactions saines le lui enlève d'un seul coup. Mais le pigeon de base fait ce que j'ai fait lorsque je pensais que je jouais intelligemment, selon l'intelligence des autres. Je savais que je devais changer mes méthodes chez les bookmakers, et j'étais persuadé de résoudre mon problème avec n'importe quelle modification, une en particulier qui analysait les fortes valeurs de l'or selon les traders expérimentés qui se mélangeaient aux autres clients.

La plupart des gens – appelons-les « clients » – se ressemblent. Vous trouverez très peu de gens qui peuvent dire sincèrement que Wall Street ne leur doit pas d'argent. Chez Fullerton, il y avait la foule habituelle. Que des pigeons ! Mais il y avait aussi un vieux qui n'était pas comme les autres. Tout d'abord, il s'agissait d'un homme beaucoup plus âgé. Autre différence encore : il n'avait jamais donné de tuyaux et ne s'était jamais vanté de ses gains. Il était très doué pour écouter les autres avec une grande attention. Il ne semblait pas très désireux d'obtenir des tuyaux ; il n'avait jamais demandé aux orateurs ce qu'ils avaient entendu ou ce qu'ils savaient. Mais quand quelqu'un lui en livrait un, il remerciait toujours l'informateur très poliment. Parfois, il le remerciait à nouveau lorsque l'information s'était révélée exacte. Mais si cela s'avérait faux, il ne se plaignait jamais, de sorte que personne ne pouvait dire s'il l'avait suivie ou s'il l'avait laissé passer. C'était une légende du bureau que le vieil homme était riche et qu'il pouvait prendre de sacrées positions. Mais il ne rapportait pas grand-chose au courtier en termes de commissions ; en tout cas, c'était ce qu'on supposait. Il s'appelait Partridge, mais on le surnommait Dindon derrière son dos, parce qu'il avait une très grosse poitrine et qu'il avait l'habitude de se pavaner dans les différentes salles, la pointe du menton reposant sur son torse.

Les clients, qui étaient tous désireux d'être poussés et forcés à faire les choses pour rejeter la faute sur les autres dans le cas où ils perdraient, avaient l'habitude d'aller voir le vieux Partridge pour lui dire ce que l'ami d'un ami d'un initié leur avait conseillé de faire sur un certain titre. Ils lui racontaient qu'ils n'avaient pas encore joué le tuyau car ils attendaient qu'il leur dise quoi faire. Mais que leur conseil porte sur l'achat ou la vente, la réponse du vieil homme était toujours la même.

Le client finissait d'étaler l'état de perplexité dans lequel il se trouvait et demandait ensuite :

— Que pensez-vous que je doive faire ?

Le vieux Dindon penchait la tête sur le côté, contemplait son collègue-client avec un sourire paternel et, finalement, disait de façon très impressionnante :

— Vous savez, c'est un marché haussier !

Je l'entendais toujours dire : « Eh bien, c'est un marché haussier, vous savez ! », comme s'il vous offrait un talisman d'une valeur inestimable enveloppé dans une police d'assurance-accident d'un million de dollars.

Et, bien sûr, je ne comprenais pas ce qu'il voulait dire.

Un jour, un certain Elmer Harwood se précipita dans le bureau, rédigea un ordre et le remit au greffier. Puis il se rua près de M. Partridge, qui écoutait poliment l'histoire de John Fanning, où il racontait qu'il avait entendu Keene donner un ordre à l'un de ses courtiers, et tout ce que John avait fait était un maigre 3 points sur 100 actions, et, bien entendu, l'action devait monter de 24 points en trois jours juste après que John avait vendu. C'était au moins la quatrième fois que John lui racontait cette triste histoire, mais le vieux Dindon souriait avec autant de sympathie que si c'était la première fois qu'il l'entendait.

Donc, Elmer se dirigea vers le vieil homme et, sans un mot d'excuse pour John Fanning, lui dit :

— M. Partridge, je viens de vendre mes Climax Motors. Mes contacts disent que le marché va avoir droit à une réaction et que je pourrai les racheter moins cher. Vous feriez mieux d'en faire autant. En tout cas, si vous les avez toujours.

Elmer regarda avec suspicion l'homme à qui il avait à l'origine conseillé d'acheter ces actions. L'informateur amateur, ou gratuit, pense toujours que celui qui reçoit son conseil lui appartient corps et âme, avant même qu'il ne sache si ce conseil s'avèrera bon ou mauvais.

— Oui, M. Harwood, je les ai toujours. Bien entendu ! dit le vieil homme avec reconnaissance.

C'était gentil de la part d'Elmer de penser au vieux.

— Eh bien, c'est le moment de prendre votre profit et d'entrer à nouveau à la prochaine baisse, dit Elmer, comme s'il venait d'établir le bordereau pour le vieil homme.

Ne percevant aucune gratitude enthousiaste sur le visage du bénéficiaire, il continua :

— Je viens de vendre toutes les actions que je possédais !

D'après sa voix et son attitude, vous auriez estimé, avec prudence, la position à 10 000 actions, Mais M. Partridge secoua la tête avec regret et gémit :

— Non ! Non ! Je ne peux pas faire ça !

— Pourquoi ? hurla Elmer.

— Je ne peux pas, c'est tout ! dit M. Partridge.

Il se trouvait dans une très mauvaise posture.

— Ne vous avais-je pas conseillé de les acheter ?

— En effet, M. Harwood, et je vous en suis très reconnaissant. Vraiment, je le suis, Monsieur, mais...

— Attendez ! Laissez-moi parler ! Et cette action avait pris 7 points en dix jours, n'est-ce pas ?

— Oui, et je vous en remercie, mon cher garçon. Mais je ne peux pas songer à vendre ces actions.

— Comment ça, vous ne pouvez pas ? demanda Elmer, qui commençait à douter de lui.

C'est une habitude pour la plupart des informateurs d'être également preneurs de tuyaux.

— Non, je ne peux pas.

— Pourquoi cela ? demanda Elmer en s'approchant.

— Eh bien, c'est un marché haussier !

Le vieil homme donna cette réponse comme s'il avait donné une explication longue et détaillée.

— Ce n'est pas grave, dit Elmer, visiblement en colère à cause de sa déception. Je sais que c'est un marché haussier aussi bien que vous. Mais vous feriez mieux de vendre vos actions et de les racheter sur une réaction. Cela vous reviendra également moins cher.

— Mon cher garçon, dit le vieux Partridge en détresse, mon cher petit, si je vendais ces actions maintenant, je perdrais ma position ; et alors, où serais-je ?

Elmer Harwood leva les mains en l'air, secoua la tête et s'approcha de moi pour obtenir de la sympathie :

— Que voulez-vous faire ? me murmura-t-il. Je vous le demande…

Je ne répondis rien, alors il continua :

— Je lui donne un tuyau sur Climax Motors. Il achète 500 actions. Il obtient un bénéfice de 7 points, puis je lui conseille de sortir et de les racheter sur une réaction qui aurait déjà dû arriver il y a longtemps. Et qu'est-ce qu'il dit quand je l'en informe ? Il dit que s'il vend, il perdra son travail. Qu'est-ce que vous en dites ?

— Je vous demande pardon, M. Harwood. Je n'ai pas dit que je perdrais mon emploi, le coupa le vieux Dindon. J'ai dit que je perdrais ma position. Et quand on est aussi vieux que moi et qu'on a traversé autant de booms et de paniques que moi, on sait que perdre sa position est quelque chose que personne ne peut se permettre, pas même John D. Rockefeller. J'espère que les actions auront une réaction et que vous serez en mesure de racheter votre ligne avec une concession substantielle, Monsieur. Mais moi, je ne peux trader qu'en me basant sur l'expérience de mes nombreuses années passées. J'ai payé le prix fort pour cela et je n'ai pas envie d'avoir des frais supplémentaires. Cela dit, je vous suis aussi reconnaissant que si j'avais l'argent à la banque. C'est un marché haussier, vous savez.

Puis il s'éloigna en se pavanant, laissant Elmer abasourdi.

Ce que le vieux M. Partridge avait dit ne signifiait pas grand-chose pour moi jusqu'à ce que je commence à penser à mes nombreux échecs à gagner autant que je le devais lorsque j'avais raison sur la tendance générale du marché. Plus j'étudiais, plus je me rendais compte à quel point ce vieil homme était sage. Il avait évidemment souffert du même défaut dans ses jeunes années et connaissait ses propres faiblesses humaines. Il ne se laisserait pas aller à une tentation à laquelle l'expérience lui avait appris qu'il était difficile de résister et qui lui avait toujours coûté cher, comme à moi.

Je pense que c'était un grand pas en avant dans ma formation en trading quand je réalisai enfin que lorsque le vieux M. Partridge n'arrêtait pas de dire aux autres clients : « Eh bien, c'est un marché haussier, vous savez », il voulait en réalité leur dire qu'on ne gagnait pas beaucoup d'argent en se basant sur les fluctuations individuelles, mais sur les grandes tendances, à savoir non pas en lisant le téléscripteur, mais en analysant tout le marché et sa tendance.

Et maintenant, laissez-moi vous dire une chose : après avoir passé de nombreuses années à Wall Street et avoir gagné et perdu des millions de dollars, je tiens à vous dire que ce ne sont pas mes réflexions qui m'ont fait gagner beaucoup d'argent ; c'était toujours ma patience. Vous comprenez ? Ma patience étriquée ! Ce n'est pas difficile d'avoir raison sur le marché. On trouve toujours beaucoup de haussiers précoces dans les marchés haussiers et de baissiers précoces dans les marchés baissiers. J'ai connu beaucoup d'hommes qui avaient raison exactement au bon moment, et qui ont commencé à acheter ou vendre des actions lorsque les prix étaient exactement au niveau qui leur apportait le plus grand profit. Leur expérience correspondait invariablement à la mienne, c'est-à-dire qu'ils n'en tiraient aucun profit réel. Les hommes qui peuvent à la fois avoir raison et ne rien faire sont rares : c'est l'une des choses les plus difficiles à apprendre. Mais ce n'est qu'après qu'un spéculateur l'a bien comprise qu'il peut gagner gros. Il est tout à fait vrai que les millions viennent plus facilement à un trader après qu'il a compris comment trader que les centaines au temps de son ignorance.

La raison à cela est qu'un homme peut avoir une analyse pertinente et pourtant devenir impatient ou incertain quand le marché prend son temps pour faire ce qu'il pensait qu'il ferait. C'est pourquoi tant d'hommes à Wall Street, loin d'être mauvais, loin d'être des pigeons, perdent tout de même de l'argent. Le marché ne les bat pas. Ils se battent eux-mêmes, car bien qu'ils sachent réfléchir, ils sont incapables d'attendre. Le vieux Dindon avait totalement raison dans ce qu'il disait et faisait. Non seulement avait-il le courage de ses convictions, mais également la patience et l'intelligence de ne rien faire.

Ne pas tenir compte de la grande tendance et essayer de rentrer et sortir m'a été fatal. Personne ne peut saisir toutes les fluctuations. Dans un marché haussier, votre jeu consiste à acheter et conserver les actions jusqu'à ce que vous croyiez que le marché haussier va bientôt prendre fin. Pour ce faire, vous devez prendre en compte les conditions générales et non les tuyaux ou les facteurs spéciaux qui affectent les actions individuellement. Alors, sortez de toutes vos actions ; sortez pour de bon ! Attendez de voir ou, si vous préférez, de deviner le tournant du marché, le début d'un renversement des conditions générales. Vous devez utiliser votre cerveau et votre vision pour accomplir cela ; sinon, mon conseil serait aussi stupide que de vous dire d'acheter bas et de vendre haut. L'une des choses les plus utiles que quiconque puisse apprendre est d'arrêter d'essayer d'attraper le dernier ou le premier huitième. Ces deux-là sont les huitièmes les plus chers au monde. Dans l'ensemble, ils ont coûté aux spéculateurs suffisamment de millions de dollars pour construire une autoroute en béton d'un bout à l'autre du continent.

Je remarquai autre chose en étudiant mes anticipations dans le bureau de Fullerton après avoir commencé à trader plus intelligemment : mes transactions initiales étaient rarement perdantes, ce qui me poussa naturellement à miser plus gros. Cela me donna confiance en mon propre jugement avant que je ne lui permette d'être corrompu par les conseils des autres ou même parfois par ma propre impatience. Sans foi en son propre jugement, aucun homme ne peut aller très loin dans ce jeu. C'est à peu près tout ce que j'ai appris : étudier les conditions générales, prendre une position et s'y tenir. Je peux attendre sans une once d'impatience. Je peux voir un revers sans trembler, sachant qu'il n'est que temporaire. Je vendais 100 000 actions à découvert et j'avais vu venir une importante amélioration. J'ai compris à juste titre qu'une telle réaction, comme je la pressentais, était inévitable et même saine ; elle créerait une différence d'un million de dollars dans mes bénéfices sur papier. Et pourtant, j'ai quand même tenu bon et j'ai vu la moitié de mes profits fictifs anéantis, sans songer une seule fois à l'opportunité de couvrir mes ventes à découvert pour pouvoir les racheter avec l'amélioration. Je savais que si je le faisais, je risquais de perdre ma position et, avec elle, la certitude d'un grand profit. C'est la grande tendance qui vous rapporte beaucoup d'argent !

Si j'ai appris tout cela si lentement, c'est parce que j'ai appris de mes erreurs, et il s'écoule toujours un certain temps entre le moment où je commets une erreur et celui où je m'en rends compte, et plus de temps encore entre le moment où je m'en rends compte et celui où je la détermine avec exactitude. Mais en même temps, je me débrouillais plutôt bien et j'étais très jeune, je progressais d'autres façons. La plupart de mes gains ont été en partie réalisés grâce à ma lecture du téléscripteur, car le type de marchés que nous avions à ce moment-là se prêtait assez bien à ma méthode. Je ne perdais plus aussi souvent ni aussi gros qu'au début de mes expériences new-yorkaises. Il n'y avait pas de quoi en être fier, quand on pense que j'avais été fauché trois fois en moins de deux ans. Et, comme je vous l'ai dit, être fauché est une école très efficace.

Je n'augmentais pas ma mise très rapidement, parce que j'étais toujours sans économies. Je ne me privais pas des nombreuses choses qu'un homme de mon âge et de mes goûts désirerait. J'avais ma propre voiture et je ne voyais pas l'intérêt de lésiner sur mes conditions de vie lorsque je me retirais du marché. Le téléscripteur ne s'arrêtait que le dimanche et les jours fériés, ce qui était tout à fait normal. Chaque fois que je trouvais la raison d'une perte ou le pourquoi et le comment d'une autre, je notais un tout nouveau « À ne pas faire ! » sur mon carnet d'actifs. Et la meilleure façon de capitaliser mes actifs qui augmentaient n'était pas de me serrer la ceinture. Bien sûr, j'ai vécu des expériences amusantes et d'autres moins, mais si je les racontais toutes en détail, je n'en finirais pas. À vrai dire, les seuls incidents dont je me souviens sans effort particulier sont ceux qui m'ont appris quelque chose d'une certaine valeur pour mon trading ; quelque chose qui s'est rajouté à mes connaissances sur le jeu et sur moi-même !

6

Au printemps 1906, je me trouvais à Atlantic City pour de courtes vacances. J'étais en rupture avec les marchés financiers et ne pensais qu'à changer d'air et me reposer. D'ailleurs, j'étais retourné chez mes premiers courtiers, Harding Brothers, et mon compte était devenu plutôt actif. Je pouvais gérer 3 000 ou 4 000 actions. Ce n'était pas beaucoup plus que ce que j'avais fait chez l'ancien bookmaker Cosmopolitan lorsque j'avais à peine 20 ans, mais il y avait une certaine différence entre ma marge d'un point chez les bookmakers et la marge exigée par les courtiers qui achetaient ou vendaient des actions pour mon compte à la Bourse de New York.

Vous vous souvenez peut-être de l'histoire que je vous avais racontée quand je possédais des actions Sucre chez Cosmopolitan, que j'avais eu l'intuition que quelque chose n'allait pas et que je ferais mieux de fermer ma position ? Eh bien, j'ai souvent connu ce curieux sentiment. En règle générale, je m'y fie. Mais, parfois, je faisais abstraction de l'idée et je me disais que c'était tout simplement stupide de suivre ces coups de tête aveugles pour inverser ma position. J'attribuais mon pressentiment à un état de nervosité résultant d'un trop grand nombre de cigares, d'un sommeil insuffisant, d'un foie léthargique ou de quelque chose de ce genre. Lorsque je me suis fait violence pour ne pas tenir compte de mon intuition et que je n'ai pas modifié ma position, j'ai toujours eu des raisons de le regretter. Une dizaine de cas me viennent à l'esprit lorsque je ne vendais pas selon mon intuition, et le lendemain, je me rendais dans le centre-ville et le marché était fort, ou peut-être même en progression, et je me disais à quel point il aurait été idiot d'obéir à l'impulsion aveugle de vendre. Mais le lendemain, il y avait une assez mauvaise chute. Quelque chose s'était passé quelque part et j'aurais gagné de l'argent en n'étant pas aussi sage et logique. La raison n'était manifestement pas physiologique, mais psychologique.

Je ne veux vous parler que d'un seul de ces cas à cause de ce qu'il m'a causé. Cela arriva quand j'étais en vacances à Atlantic City, au printemps 1906. Un ami était avec moi, également un client de Harding Brothers. Je ne nourrissais aucun intérêt pour le marché de quelque façon que ce soit, et je profitais de mon repos. Je peux toujours aban-

66

donner le trading pour me reposer, à moins, bien sûr, qu'il ne s'agisse d'un marché exceptionnellement actif sur lequel mes engagements sont assez lourds. C'était un marché haussier, si je me souviens bien. Les perspectives étaient favorables pour les affaires générales et le marché boursier avait ralenti, mais le ton était ferme et tout indiquait une hausse des prix.

Un matin, après avoir petit-déjeuné et fini de lire tous les journaux matinaux de New York, alors que nous nous étions lassés de regarder les mouettes ramasser des palourdes et voler avec elles à vingt pieds de haut, avant de les laisser tomber sur le sable dur pour les ouvrir, leur révélant leur petit-déjeuner, mon ami et moi allâmes marcher sur la promenade. C'était la chose la plus excitante que nous avions fait de la journée.

Il n'était pas encore midi et nous marchions lentement pour tuer le temps et respirer l'air salé. Harding Brothers possédait une filiale sur la promenade et nous venions voir tous les matins comment ils avaient ouvert. C'était plus une habitude qu'autre chose, car je n'y faisais rien.

Nous constatâmes que le marché était fort et actif. Mon ami, qui était plutôt haussier, détenait une ligne modérée qu'il avait achetée plusieurs points plus bas. Il commença à me dire à quel point il était sage de garder ses actions pour des prix beaucoup plus élevés. Je ne faisais pas assez attention à lui pour prendre la peine d'afficher mon acquiescement. Je regardais le tableau de cotation, notant que les changements étaient surtout des progressions, jusqu'à ce que j'arrive aux actions Union Pacific. J'eus l'impression que je devais les vendre. Je ne peux pas vous en dire plus. Je sentais juste que je devais les vendre. Je me demandai alors pourquoi j'avais cette impression, mais je n'y trouvai aucune raison valable.

Je regardai le dernier prix sur le tableau jusqu'à ce que je ne puisse plus voir aucun chiffre, aucun tableau ou quoi que ce soit d'autre. Tout ce que je savais, c'était que je voulais vendre des actions Union Pacific et que je n'arrivais pas à comprendre pourquoi. Je dus afficher un air bizarre, car mon ami, qui se tenait à côté de moi, me donna un soudain coup de coude et me demanda :

— Eh, qu'est-ce qu'il y a ?

— Je ne sais pas, répondis-je.

— Tu vas t'endormir ?

— Non, je ne vais pas m'endormir. Ce que je vais faire, c'est vendre ces actions.

J'avais toujours gagné de l'argent en suivant mes intuitions. Je m'approchai d'une table où étaient posés des bordereaux vierges. Mon ami me suivit jusque-là. Je rédigeai un ordre de vente de 1 000 Union Pacific au marché et le remis au gérant. Il souriait quand je l'avais écrit et quand il l'avait pris. Mais lorsqu'il lut l'ordre, son sourire s'évanouit et il me regarda fixement.

— Vraiment ? me demanda-t-il.

Mais je me contentai de le regarder, puis il se précipita vers l'opérateur.

— Qu'est-ce que tu fais ? m'interrogea mon ami.

— Je les vends ! lui répondis-je.

— Tu vends quoi ? s'écria-t-il.

S'il était haussier, comment pouvais-je être baissier ? Quelque chose n'allait pas.

— 1 000 Union Pacific, répondis-je.

— Pourquoi ? me demanda-t-il, très enthousiaste.

Je secouai la tête, ce qui voulait dire que je n'avais aucune raison valable à lui donner. Mais il dut penser que j'avais reçu un tuyau, car il m'attrapa le bras et me conduisit à l'extérieur de la pièce, dans le hall, où les clients et autres petits malins cupides ne pouvaient ni nous voir ni nous entendre.

— Qu'as-tu entendu ? me demanda-t-il.

Il était très excité. Il détenait des actions Union Pacific, sur lesquelles il était haussier en raison de ses bénéfices et de ses perspectives. Mais il était prêt à prendre un tuyau baissier là-dessus, même de seconde main.

— Rien ! rétorquai-je.

— T'es sûr ?

Il était sceptique et le montra clairement.

— Je n'ai rien entendu du tout.

— Alors, pourquoi diable vends-tu ?

— Je ne sais pas, répondis-je.

J'étais sincère.

— Oh, viens par-là, Larry, me dit-il.

Il savait que j'avais l'habitude de savoir pourquoi je tradais. J'avais vendu un millier d'actions Union Pacifi ; je devais donc avoir une très bonne raison de vendre autant d'actions face à la vigueur du marché.

— Je ne sais pas, répétai-je. J'ai seulement l'impression que quelque chose va arriver.

— Que va-t-il se passer ?

— Je ne sais pas. Je ne peux pas te donner une raison particulière. Tout ce que je sais, c'est que je veux vendre ces actions. Et je vais leur en vendre 1 000 de plus.

Je retournai dans le bureau et donnai l'ordre d'en vendre un autre millier. Si j'avais raison de vendre les 1 000 premières, ce serait également le cas pour les 1 000 suivantes.

— Qu'est-ce qu'il pourrait bien arriver ? insista mon ami, qui n'arrivait pas à se décider à me suivre.

Si je lui avais dit que j'avais entendu qu'Union Pacific descendrait, il aurait vendu ses actions sans me demander pourquoi ou de qui je tenais cette information.

— Qu'est-ce qu'il pourrait bien arriver ? demanda-t-il à nouveau.

— Un million de choses pourraient arriver. Mais je ne peux pas te promettre que l'une d'elles va se produire. Je ne peux pas te donner de raison et je ne peux pas te dire la bonne aventure, lui répondis-je.

— Alors, tu es fou ! s'exclama-t-il. C'est de la folie de vendre ces actions sans aucune raison. Tu ne sais pas pourquoi tu veux les vendre ?

— Non, en effet. Je sais seulement que j'en ai envie, dis-je. Je sens seulement que je dois le faire.

L'envie était si forte que j'en vendis 1 000 autres.

C'en était trop pour mon ami. Il me saisit par le bras et me dit :

— Allez ! Partons d'ici avant que tu ne vendes tout ton capital.

J'avais vendu tout ce dont j'avais besoin pour satisfaire mon pressentiment, alors je le suivis sans attendre un rapport des deux derniers milliers d'actions. J'avais vendu un sacré paquet d'actions, même pour les meilleures raisons du monde. Cela semblait fou d'être baissier sans aucune raison, surtout quand le marché était si fort et que rien ne semblait prédire qu'il passerait du côté baissier. Mais je me souvins qu'en de précédentes occasions, lorsque j'avais la même envie irrépressible de vendre et que je ne le faisais pas, j'avais toujours des raisons de le regretter.

J'avais raconté certaines de ces histoires à des amis, notamment une où un homme avait misé un million. Jim Fisk s'était contenté de le regarder et de lui dire :

— Vas-y ! Fais-le ! Vends-le à découvert et invite-moi à tes funérailles.

— Oui, répondis-je, et si ce mec avait vendu à découvert, regarde tout ce qu'il aurait empoché ! Vends quelques Union Pacific toi-même.

— Pas moi ! Je ne suis pas du genre à ramer contre vents et marée.

Le lendemain, lorsque des rapports plus complets arrivèrent, le marché avait commencé à s'effondrer, mais pas aussi violemment qu'il aurait dû. Sachant que rien sous le soleil ne pouvait éviter une rupture substantielle, je doublai et vendis 5 000 actions. Oh, à ce moment-là, c'était évident pour la plupart des gens, et mes courtiers étaient assez disposés. Ce n'était imprudent ni de leur part ni de la mienne ; en tout cas, étant donné la façon dont j'évaluais le marché. Le jour suivant, le marché commença à devenir plus clair. Bien sûr, je provoquai ma chance le plus possible. Je doublai à nouveau et vendis 10 000 actions de plus. C'était le seul jeu possible.

Je ne pensais à rien d'autre qu'avoir raison à 100 % et que c'était une occasion en or. Il ne tenait qu'à moi d'en profiter, alors j'en vendis plus. Pensais-je qu'avec une telle ligne de shorts, il ne faudrait pas une grande reprise pour effacer mes profits sur papier et peut-être même mon capital ? Je ne sais pas si j'y ai pensé ou non, mais si je l'ai fait, cela n'a pas beaucoup pesé dans la balance. Je ne shortais pas imprudemment ; je jouais vraiment prudemment. Personne ne pouvait rien faire pour empêcher le tremblement de terre après coup, n'est-ce pas ? Ils ne pouvaient pas restaurer les bâtiments froissés dans la nuit, sans rien demander en retour, gratuitement, pour rien, n'est-ce pas ? Ah, tout l'argent du monde ne pouvait pas être d'une grande aide dans les quelques prochaines heures, si ?

Je ne pariais pas aveuglément ; je n'étais pas un baissier fou. Je n'étais pas ivre de succès et je ne pensais pas que, parce que San Francisco avait été plus ou moins rayée de la carte, tout le pays se dirigeait tout droit vers la casse. Non, en effet ! Je ne cherchais pas un mouvement de panique. Le lendemain, je liquidai tout. J'avais gagné 250 000 dollars ; c'était mon plus gros gain jusque-là. J'avais gagné tout cela en seulement quelques jours. Wall Street ne prêta pas attention au tremblement de terre les deux premiers jours. Ils vous diront que c'était parce que les premières dépêches n'étaient pas si alarmantes, mais je pense que c'était parce qu'il fallut beaucoup de temps pour changer le point de vue du public sur les marchés boursiers. Même les traders professionnels, pour la plupart, étaient lents et myopes.

Je n'ai aucune explication à vous donner, ni scientifique ni enfantine ; je vous dis ce que j'ai fait, pourquoi et ce qui en est ressorti. J'étais beaucoup moins préoccupé par le mystère de mon pressentiment que par le fait que j'en avais tiré un quart de million. Cela signifiait qu'à présent, je pouvais balancer une ligne plus importante que jamais, au bon moment, si ou quand il arriverait.

Cet été-là, je me rendis à Saratoga Springs. C'était censé être des vacances pour moi, mais je gardais un œil sur le marché. Pour commencer, je n'étais pas fatigué au point que cela me dérangeât d'y penser. Ensuite, tous ceux que je connaissais là-bas s'y intéressaient ou s'y étaient activement intéressés. Naturellement, nous en avons donc parlé. J'ai remarqué qu'il y a une grande différence entre parler et trader. Certains de ces gars vous rappellent le commis téméraire qui parle à son employeur irascible comme à un chien ; du moins, c'est ce qu'il prétend…

Harding Brothers possédait une filiale à Saratoga. Nombre de leurs clients se trouvaient là. Mais je suppose que la véritable raison était la valeur publicitaire. Avoir une filiale dans une station touristique est simplement une publicité chic. J'avais pour habitude de passer au bureau et de m'asseoir avec le reste de la foule. Le directeur était un homme très aimable venu du bureau de New York ; il était là pour tendre la main aux amis et aux étrangers et, si possible, pour conclure des affaires. C'était un endroit merveilleux pour obtenir toutes sortes de tuyaux : courses de chevaux, placements boursiers, etc. Le bureau savait que les tuyaux ne m'intéressaient pas, alors le directeur ne vint pas me murmurer à l'oreille les informations secrètes qu'il venait d'obtenir du bureau de New York. Il me passait simplement les télégrammes en disant : « Voilà ce qu'ils envoient », ou quelque chose de ce genre.

Bien sûr, je surveillais le marché. Regarder le tableau de cotation et voir les signes étaient pour moi un seul processus. Je remarquai que mon bon ami « Union Pacific » avait l'air d'augmenter. Le prix était élevé, mais l'action agissait comme si elle était dans une phase d'accumulation. Je la regardai quelques jours sans la négocier, et plus je l'observais, plus je devenais convaincu qu'elle était finalement achetée par quelqu'un qui dépensait sans compter ; non seulement il avait un gros rouleau de billets, mais il savait également ce qu'il faisait. Une accumulation très intelligente, pensai-je.

Dès que j'en eus la certitude, je commençai naturellement à l'acheter, vers 160. Puis elle continua à monter, donc je continuai à en acheter : je pris 500 actions d'un coup. Plus j'en achetais, plus elles augmentaient, sans que le prix fasse un bond, et je me sentais très à l'aise. Je ne voyais aucune raison pour laquelle ce titre ne devrait pas augmenter encore plus ; pas avec ce que j'avais lu sur le téléscripteur.

Tout à coup, le directeur vint me voir et me dit qu'il avait reçu un message de New York – bien entendu, ils avaient une ligne directe avec lui – qui demandait si j'étais dans ce bureau, et quand ils avaient répondu par l'affirmative, un autre avait dit : « Ne le laissez pas partir. Dites-lui que M. Harding veut lui parler. »

Je dis que j'attendrais, et j'achetai 500 Union Pacific de plus. Je n'arrivais pas à deviner ce dont Harding pouvait bien vouloir m'entretenir. Je ne pensais pas que ce fût à propos des affaires. Ma marge était plus que suffisante pour ce que j'achetais. Très vite, le directeur vint me dire que M. Ed Harding désirait me parler au téléphone.

— Bonjour, Ed, commençai-je.

Mais il répondit :

— Qu'est-ce qui ne va pas chez toi ? T'es fou ou quoi ?

— Et toi ? continuai-je.

— Qu'est-ce que tu fais ? demanda-t-il.

— Que veux-tu dire ?

— À acheter toutes ces actions.

— Pourquoi ? Ma marge n'est pas bonne ?

— Ce n'est pas une question de marge, mais d'être un pauvre pigeon.

— Je ne comprends pas où tu veux en venir.

— Pourquoi achètes-tu autant d'Union Pacific ?

— Ça monte, répondis-je simplement.

— Ça monte, hein ? Tu ne sais pas que ce sont les initiés qui te l'envoient ? Tu es seulement la proie la plus facile ici. Autant perdre ton argent sur des poneys, ce sera plus amusant pour toi. Ne tombe pas dans leur piège.

— Personne ne me tend un piège, lui dis-je. Je n'en ai parlé à personne.

Mais il revint à la charge :

— Tu ne peux pas t'attendre à ce qu'un miracle te sauve à chaque fois que tu chutes sur cette action. Sors tant que tu en as encore l'occasion, dit-il. C'est un crime d'être positionné de cette façon sur ces actions, à un tel niveau, alors que ces escrocs les engloutissent par tonnes.

— Le téléscripteur dit qu'ils l'achètent, insistai-je.

— Larry, j'ai failli avoir une attaque quand tes ordres ont commencé à arriver. Pour l'amour de Dieu, ne fais pas l'idiot. Sors ! Tout de suite !

Ça risque d'exploser d'une minute à l'autre. J'ai fait ce que j'avais à faire. Au revoir !

Et il raccrocha.

Ed Harding était un type très intelligent, exceptionnellement bien informé et un véritable ami, désintéressé, avec un grand cœur. Et en plus, je savais qu'il était en position d'entendre des choses. Tout ce que j'avais fait, en achetant des Union Pacific, c'était suivre mes années d'étude du comportement des actions et ma perception de certains symptômes que l'expérience m'avait apprise, qui étaient généralement synonymes d'une hausse importante. Je ne sais pas ce qu'il m'est arrivé, mais je suppose que j'ai dû conclure que ma lecture du téléscripteur était fausse ; qu'elle m'avait dit que cette action était absorbée simplement à cause d'une manipulation très intelligente des initiés. J'ai peut-être été impressionné par les efforts qu'Ed Harding avait déployés pour m'empêcher de faire ce qu'il considérait pour sûr être une erreur colossale de ma part. Ni son génie ni ses motifs ne devaient être remis en question. Je ne peux pas vous dire ce qui m'a poussé à suivre ses conseils ; mais je l'ai fait. Je les ai suivis.

Je vendis toutes mes actions Union Pacific. Bien sûr, s'il n'était pas sage d'être haussier sur ce titre, il l'était tout autant d'être baissier. Donc, après m'être débarrassé de mes actions, je vendis 4 000 actions à découvert, pour la plupart à environ 162.

Le lendemain, les responsables d'Union Pacific déclarèrent un dividende de 10 % sur les actions. Au départ, personne à Wall Street ne le crut. C'était trop gros à avaler, comme la manœuvre désespérée des parieurs qui monopolisaient ce titre. Tous les journaux sautèrent sur les directeurs de la compagnie. Mais alors que les talents de Wall Street hésitaient à agir, le marché s'envola. Union Pacific menait le jeu et, avec d'importantes transactions, atteignit un nouveau record de prix. Certains traders du bureau firent fortune en une heure et, plus tard, je me rappelle avoir entendu parler d'un spécialiste plutôt obtus : il avait fait une erreur qui avait mis 350 000 dollars dans sa poche. Il vendit son siège la semaine suivante et devint un « gentleman farmer » le mois suivant.

Bien sûr, dès que j'appris la nouvelle de la déclaration de ce dividende sans précédent de 10 %, je compris que j'avais eu ce que je méritais, car je n'avais pas écouté la voix de l'expérience mais celle d'un analyste. J'avais mis de côté mes propres convictions au profit des soupçons d'un ami, simplement parce qu'il était désintéressé et, en général, savait ce qu'il faisait.

Dès que je vis Union Pacific atteindre de nouveaux records, je me dis : « Il ne faut pas que je reste vendeur sur ce titre. »

Tout ce que j'avais au monde, c'était une marge dans le bureau de Harding. Reconnaître cela ne m'apportait ni encouragement ni obstination. Ce qui était clair, c'était que j'avais lu le téléscripteur correctement et que j'avais été idiot de laisser Ed Harding ébranler ma propre résolution. Les récriminations n'auraient servi à rien, car je n'avais pas de temps à perdre ; et d'ailleurs, ce qui était fait était fait. Alors, je donnai l'ordre de stopper mes ventes. L'action était à environ 165 lorsque j'envoyai cet ordre d'achat pour les 4 000 Union Pacific au marché. Je connus une perte de 3 points à ce chiffre. Mes courtiers payèrent 172 et 174 pour une partie avant d'avoir fini. Quand je reçus mes rapports, je découvris que l'ingérence bien intentionnée d'Ed Harding m'avait coûté 40 000 dollars. Un petit prix à payer pour un homme qui n'a pas eu le courage de suivre ses propres convictions ! C'était une leçon gratuite !

Je n'étais pas inquiet, parce que le téléscripteur donnait des prix encore plus élevés. C'était un comportement inhabituel et il n'y avait aucun précédent pour anticiper l'action des responsables, mais cette fois-ci, je fis ce que je pensais devoir faire. Dès que je donnai le premier ordre d'acheter 4 000 actions pour couvrir mes ventes à découvert, je décidai de profiter de ce que le téléscripteur indiquait ; je continuai donc. J'achetai 4 000 actions et les conservai jusqu'au lendemain matin. Non seulement je récupérai les 40 000 dollars que j'avais perdus, mais j'en gagnai environ 15 000 de plus. Si Ed Harding n'avait pas essayé de m'empêcher de perdre de l'argent, j'aurais amassé une vraie fortune. Mais il m'avait rendu un très grand service, car ce fut la leçon de cet épisode qui, j'en suis fermement convaincu, compléta ma formation de trader.

Tout ce que j'avais besoin d'apprendre n'était pas uniquement de ne pas prendre des tuyaux et de suivre ma propre intuition, mais aussi que j'avais pris confiance en moi et que j'avais finalement réussi à me débarrasser de l'ancienne méthode de trading. Cette expérience à Saratoga a été ma dernière opération hasardeuse, imprévisible. À partir de ce moment, je commençai à penser à des conditions de base plutôt qu'à des actions individuelles. Je me promus à un rang supérieur à la rude école de la spéculation. Ce fut un pas long et difficile à faire.

7

Je n'hésite jamais à dire à un homme que je suis haussier ou baissier. Mais je ne dis pas aux gens d'acheter ou de vendre telle ou telle action. Dans un marché baissier, toutes les actions baissent, et dans un marché haussier, elles montent. Bien sûr, je ne veux pas dire par là que dans un marché baissier causé par une guerre, les actions de fournisseurs de munitions ne montent pas ; je parle en général. Mais l'homme lambda ne veut pas qu'on lui dise que c'est un marché haussier ou baissier. Ce qu'il désire, c'est qu'on lui dise précisément quelle action acheter ou vendre. Il veut obtenir quelque chose avec rien : il ne veut pas travailler, il ne veut même pas avoir à réfléchir. Compter l'argent qu'il ramasse sur le sol représente beaucoup d'efforts pour peu de choses.

Eh bien, je n'étais pas paresseux à ce point, mais je trouvais qu'il était plus facile de penser à des actions en particulier plutôt qu'au marché en général, et donc à des fluctuations individuelles plutôt qu'à des mouvements généraux. Je devais changer, et je l'ai fait.

Les gens ne semblent pas comprendre facilement les principes fondamentaux de la spéculation. J'ai souvent dit qu'acheter dans un marché haussier est la façon la plus confortable d'acheter des actions. Maintenant, le but n'est pas tant d'acheter le moins cher possible ou d'être short aux plus hauts prix, mais d'acheter ou vendre au bon moment. Lorsque je suis baissier et que je vends un titre, chaque vente doit être à un niveau inférieur à celui de la vente précédente. Lorsque j'achète, c'est l'inverse qui s'applique. Je dois acheter sur une échelle croissante. Je n'achète pas des actions à une échelle inférieure ; j'achète toujours à un niveau supérieur.

Supposons, par exemple, que j'achète une certaine action. J'achèterai 2 000 parts. Si l'action monte drastiquement après que je l'ai achetée, je suis, du moins temporairement, sur la bonne voie, car cela représentera un gain d'un point ; cela me montre un profit. Eh bien, comme j'ai raison, je continue et vais acheter 2 000 actions de plus. Si le marché est toujours en hausse, j'achète un troisième lot de 2 000 actions. Disons que le prix passe à 114 ; je pense que c'est suffisant pour le moment. J'ai maintenant une base de négociation avec laquelle travailler. Je suis haussier de 6 000 actions à une moyenne d'environ 112, et l'action se vend à 114 ; je n'en achèterai plus à ce moment-là. J'attends de voir ce qu'il se passe. Je comprends qu'à un moment donné, il va y avoir une réaction. Je veux voir comment le marché se comporte après cette réaction. Il va probablement réagir là où j'ai eu mon troisième lot. Disons qu'après être monté plus haut, il redescend, puis reprend. Eh bien, comme cela revient à 113, bien entendu, je passe un ordre d'achat de 4 000 au marché. Eh bien, si j'obtiens ces 4 000 actions à 113, je saurai que quelque chose ne va pas et je donnerai un ordre pour tester le marché, c'est-à-dire que je vendrai 1 000 actions pour voir comment le marché le prend. Mais supposons que, de l'ordre d'achat des 4 000 actions que j'ai passé quand le prix était à 113 ¼, je reçoive 2 000 actions à 114, puis 500 à 114 ¼ et le reste en montant de sorte que pour les 500 dernières, je paie 115 ¼, alors je sais que j'ai raison. C'est la façon dont j'obtiens les 4 000 actions qui me dit si j'ai raison d'acheter ce titre en particulier à ce moment-là, car, bien sûr, je pars du principe que j'ai assez bien vérifié les conditions générales et qu'elles sont haussières. Je ne veux jamais acheter des actions trop peu chères ou trop facilement.

Je me souviens d'une histoire que j'ai entendue sur le diacre S. V. White lorsqu'il était l'un des grands opérateurs de Wall Street. C'était un vieil homme très gentil, intelligent et courageux. Il a fait des choses merveilleuses en son temps, d'après ce que j'ai entendu.

C'était à l'époque où le Sucre était l'un des principaux titres à faire des étincelles sur le marché.

H. O. Havemeyer, président de la compagnie, était à l'apogée de sa gloire. En discutant avec des anciens, j'avais entendu que H. O. et ses disciples avaient toutes les ressources financières et l'intelligence nécessaires pour mener à bien n'importe quel trade sur leur propre titre. Ils m'avaient dit que Havemeyer accueillait plus de petits traders professionnels sur ce titre qu'aucun autre initié sur n'importe quel autre titre. En général, les traders en Bourse sont plus enclins à contrecarrer le jeu des initiés qu'à le rendre meilleur.

Un jour, un homme qui connaissait le diacre White se précipita dans le bureau, tout excité, et dit :

— Deacon, vous m'avez dit que si jamais j'avais une bonne information à vous donner, je devais venir vous en faire part immédiatement, et que si vous l'utilisiez, vous m'offririez quelques centaines d'actions.

Il s'arrêta pour reprendre son souffle et pour attendre la confirmation de ce qu'il venait de dire.

Le diacre le regarda de son habituel air méditatif, puis lui répondit :

— Je ne sais pas si je vous ai exactement dit cela, mais je suis prêt à payer pour des informations que je pourrais utiliser.

— Eh bien, j'en ai pour vous.

— Oh, voilà une bonne chose, répliqua le diacre.

Il prononça cette phrase avec tant de douceur que l'informateur bomba le torse et enchaîna :

— Oui, Monsieur le Diacre.

Puis il s'approcha pour que personne d'autre n'entende et poursuivit :

— H. O. Havemeyer achète le Sucre.

— Vraiment ? demanda calmement le diacre.

Cela agaça l'informateur, qui répondit, en se donnant un air impressionnant :

— Oui, Monsieur. Il achète tout ce qu'il peut.

— En êtes-vous sûr, mon ami ? demanda le vieux S. V.

— Cher Diacre, j'en suis sûr à 100 %. Les vieux initiés achètent tout ce sur quoi ils arrivent à mettre la main. Ça a un rapport avec le tarif, et il va y avoir une fortune à en tirer. Ça va contrer les actions privilégiées. Et ça veut dire 30 points de plus-value assurés dès le démarrage.

— Vous le pensez vraiment ?

Le vieil homme le regarda par-dessus les lunettes démodées à monture argentée qu'il avait mises pour regarder le téléscripteur.

— Est-ce que je le pense ? Non, je ne le pense pas, je le sais. Absolument ! À vrai dire, Diacre, quand H. O. Havemeyer et ses amis achètent le Sucre comme ils le font maintenant, ils ne se contentent jamais de moins de 40 points. Je ne serais pas surpris de voir le marché s'envoler d'une minute à l'autre et de grimper en flèche avant qu'ils aient leurs lignes complètes. Cela ne malmènerait pas autant les bureaux de courtage qu'il y a un mois.

— Il achète du Sucre, hein ? répéta le diacre, l'air absent.

— L'acheter ? Il le ramasse aussi vite qu'il le peut sans augmenter ses prix.

— Et donc ? dit le diacre.

Il n'ajouta rien de plus. C'était suffisant pour agacer l'analyste, qui répondit :

— Oui, cher Monsieur ! Et j'appelle cela une très bonne information. Tout à fait sérieuse, qui plus est.

— Vraiment ?

— Oui, et ça devrait valoir beaucoup. Allez-vous vous en servir ?

— Oh que oui. Et plutôt deux fois qu'une.

— Quand ? demanda l'informateur de façon suspecte.

— Tout de suite.

Et le diacre appela :

— Frank !

C'était le prénom du courtier le plus rusé qui se trouvait alors dans la pièce voisine.

— Oui, Monsieur ? répondit Frank.

— J'aimerais que tu ailles vendre 10 000 Sucre.

— Vendre ? s'écria l'informateur.

Il y avait tellement de souffrance dans sa voix que Frank, qui avait commencé à courir, s'arrêta net.

— Eh bien, oui, dit doucement le diacre.

— Mais je viens de vous dire que H. O. Havemeyer l'achetait !

— Je le sais, mon ami, dit le diacre calmement.

Puis il se tourna vers le courtier :

— Dépêche-toi, Frank !

Le courtier se précipita pour exécuter l'ordre ; l'informateur devint écarlate.

— Je suis venu ici avec la meilleure information que je n'aie jamais collectée, dit-il, furieux. Je vous l'ai rapportée parce que je pensais que vous étiez un ami honnête. Je m'attendais à ce que vous agissiez en conséquence.

— J'agis en conséquence, l'interrompit le diacre d'une voix apaisante.

— Mais je vous ai dit que H. O. et son gang achètent !

— C'est exact. Je l'ai entendu.

— Ils achètent ! Achètent ! J'ai dit « achètent » ! hurla l'informateur.

— Oui, « achètent » ! C'est bien ce qu'il m'a semblé entendre, lui assura le diacre.

Il se tenait près du téléscripteur, les yeux rivés sur ce dernier.

— Mais vous le vendez !

— Oui, 10 000 actions, répondit le diacre en hochant la tête. Je le vends, bien entendu.

Il s'arrêta de parler pour se concentrer sur le téléscripteur et l'informateur s'approcha pour voir ce que le diacre voyait, car le vieil homme était très malin. Pendant qu'il regardait par-dessus l'épaule du diacre, un commis arriva avec un bout de papier, évidemment le rapport de

Frank. Le diacre le regarda à peine. Il avait vu sur le téléscripteur comment son ordre avait été exécuté.

Cela lui fit dire au commis :

— Dis-lui de vendre 10 000 autres Sucre.

— Cher Diacre, je vous jure qu'ils achètent vraiment les actions !

— M. Havemeyer vous l'a dit en personne ? demanda doucement le diacre.

— Bien sûr que non ! Il ne dit jamais rien à personne. Il ne bougerait pas d'un cil pour aider son meilleur ami à gagner un centime. Mais je sais que c'est vrai.

— Ne soyez pas si agité, mon ami.

Le diacre leva une main. Il regardait le téléscripteur. L'informateur lui dit, de l'amertume dans la voix :

— Si j'avais su que vous feriez le contraire de ce que j'attendais, je ne vous aurais jamais fait perdre votre temps ni le mien. Mais je ne me sentirai pas bien quand vous couvrirez ces actions à perte. Je suis désolé pour vous, Diacre. Honnêtement ! Si vous voulez bien m'excuser, je vais me rendre ailleurs et j'agirai selon ma propre information.

— J'agis en conséquence. Je crois que je connais un peu le marché, peut-être pas autant que vous et votre ami H. O. Havemeyer, mais un peu tout de même. Je fais ce que mon expérience me dit être sage de faire avec l'information que vous m'avez rapportée. Lorsqu'un homme a été à Wall Street aussi longtemps que moi, il est reconnaissant envers tous ceux qui ont pitié de lui. Calmez-vous, mon ami.

L'homme se contenta de regarder le diacre, dont il respectait beaucoup le jugement et le sang-froid.

Très vite, le commis revint et remit un rapport au diacre, qui l'examina et dit :

— Maintenant, dis-lui d'acheter 30 000 Sucre. 30 000 !

Le commis fila et l'informateur se mit à grogner en regardant le vieux renard grisonnant.

— Mon ami, expliqua gentiment le diacre, je ne doutais pas que vous me disiez la vérité telle que vous la voyiez. Mais même si j'avais entendu H. O. Havemeyer vous le dire lui-même, j'aurais quand même agi comme je l'ai fait. Car il n'y avait qu'un seul moyen de savoir si quelqu'un achetait les actions de la façon dont vous prétendiez que H. O. Havemeyer et ses amis le faisaient : c'était de faire ce que j'ai fait. Les 10 000 premières actions se sont vendues assez facilement ; ce n'était pas très convaincant. Mais les 10 000 secondes actions ont été absorbées par un marché qui n'arrêtait pas d'augmenter. La façon dont les 20 000 actions ont été prises par quelqu'un m'a prouvé qu'une personne était en vérité prête à prendre toutes les actions qui étaient proposées. Il n'est pas particulièrement important à ce stade de savoir qui elle peut être. J'ai donc couvert mes shorts et je suis haussier de 10 000 actions, et je pense que votre information était bonne jusqu'ici.

— À quel point était-elle bonne ? demanda l'informateur.

— Vous avez 500 actions dans ce bureau au prix moyen des 10 000 actions, dit le diacre. Bonne journée, mon ami. Soyez plus calme, la prochaine fois.

— Dites-moi, Diacre, commença l'informateur, ne voulez-vous pas vendre les miennes en même temps que les vôtres ? Je n'en sais pas autant que je le pensais.

Ça, c'est la théorie. C'est la raison pour laquelle je n'achète jamais d'actions à bas prix. Bien sûr, j'essaie toujours d'acheter efficacement afin d'aider ma position sur le marché. Lorsqu'il s'agit de vendre des actions, il est évident que personne ne peut vendre à moins que quelqu'un veuille ces actions.

Si vous opérez à grande échelle, vous devrez toujours garder cela à l'esprit. Un homme étudie les conditions, planifie soigneusement ses opérations et passe à l'action. Il balance une ligne assez favorable et il accumule un gros profit sur papier. Cet homme ne peut pas vendre comme il le voudrait. Vous ne pouvez pas vous attendre à ce que le marché absorbe 50 000 actions d'un titre aussi facilement qu'il en absorbe 100. Il devra attendre qu'il y ait un marché pour les prendre, qu'un moment arrive où il pense que le pouvoir d'achat nécessaire est là. Quand cette occasion se présente, il doit la saisir. En règle générale, il l'aura attendue. Il doit vendre quand il le peut, pas quand il le veut. Pour comprendre quel sera ce moment, il doit regarder et tester ; il n'est pas difficile de savoir quand le marché peut accepter ce que vous lui donnez. Mais en amorçant un mouvement, il n'est pas sage de prendre toute votre ligne à moins d'être convaincu que les conditions sont totalement bonnes. Rappelez-vous que les actions ne sont jamais trop élevées pour que vous commenciez à acheter ou trop basses pour commencer à vendre. Mais après la transaction initiale, n'en faites pas une seconde à moins que la première ne vous montre un profit. Attendez et regardez. C'est là que votre lecture du téléscripteur est importante pour vous permettre de décider du moment où commencer votre trading. Presque tout dépend du fait de commencer exactement au bon moment. Il m'a fallu des années pour comprendre l'importance du timing ; cela m'a également coûté des centaines de milliers de dollars.

Je ne veux pas dire par là que je conseille une continuelle position pyramidale. Avec ce type de position, un homme peut gagner beaucoup d'argent qu'il ne pourrait pas engranger autrement, cela va sans dire. Mais voilà ce que je voulais mettre en lumière : supposons que la position d'un homme représente 500 actions d'un titre. Je dis qu'il ne devrait pas tout acheter d'un coup ; pas s'il spécule. S'il ne fait que parier, le seul conseil que j'ai à lui donner est celui-ci : ne faites pas cela !

Supposons qu'il achète ses 100 premières actions et que cela lui montre rapidement une perte. Pourquoi irait-il travailler et acheter plus d'actions ? Il devrait voir tout de suite qu'il a tort, du moins temporairement.

8

L'incident de l'Union Pacific à Saratoga durant l'été 1906 m'apprit plus que jamais à ne pas prendre en compte les tuyaux et les commérages, c'est-à-dire les opinions, les hypothèses et les soupçons des autres, aussi amicaux ou compétents qu'ils puissent être. Les évènements, et non la vanité, m'avaient prouvé que je pouvais lire le téléscripteur avec plus de précision que la plupart des gens qui m'entouraient. J'étais également mieux équipé que le client moyen chez Harding Brothers en ce sens que les préjugés spéculatifs ne m'influençaient absolument pas. Le côté baissier ne me plaît pas plus que le côté haussier, et vice-versa. La seule chose qui me porte préjudice est d'avoir tort.

Même lorsque j'étais petit, je tirais toujours ma propre signification des faits que j'observais ; c'est la seule façon dont le sens m'atteint. Je ne peux pas tirer des faits en me basant sur ce que quelqu'un me dit. Ce sont mes faits, vous comprenez ? Si je crois quelque chose, vous pouvez être sûr que c'est simplement parce que je le dois. Quand je suis haussier sur des actions, c'est parce que ma lecture des conditions m'a rendu haussier. Mais vous voyez beaucoup de gens, ayant la réputation d'être intelligents, qui sont haussiers parce qu'ils possèdent des actions. Je n'autorise ni mes possessions ni mes préoccupations à influencer ma réflexion. C'est pourquoi je répète que je ne remets jamais en question le téléscripteur. Être en colère contre le marché car il va inopinément ou même illogiquement contre vous revient à vous fâcher contre vos poumons parce que vous avez une pneumonie.

Je me rendais progressivement compte à quel point la spéculation boursière représentait bien plus que la simple lecture du téléscripteur. L'insistance du vieux Partridge sur l'importance vitale d'être continuellement haussier dans un marché haussier me fit réfléchir sur l'indispensable nécessité de déterminer le type de marché dans lequel un homme spécule. Je commençai à réaliser que les gros profits devaient nécessairement se trouver dans la grande tendance. Quelle que soit l'origine de l'impulsion ayant causé cette grande tendance, le fait est que sa continuité n'est pas le résultat d'une manipulation par les pools ou d'une astuce par des financiers, mais dépend des conditions de base. Et peu importe qui s'y oppose, la tendance doit inévitablement

82

poursuivre son évolution aussi loin, aussi vite et aussi longtemps que les forces motrices le déterminent.

Après Saratoga, j'ai commencé à voir plus clairement, ou devrais-je peut-être dire de façon plus mature, qu'étant donné que toute la cote évolue selon le mouvement principal, il n'était pas aussi nécessaire que je le pensais d'étudier les paris individuels ou le comportement de telle ou telle action. De plus, en tenant compte de la tendance générale, un homme n'était pas limité dans son trading. Il pourrait acheter ou vendre toute la cote. Dans certaines actions, une ligne short est dangereuse après qu'un homme a vendu plus d'un certain pourcentage de son capital, le montant dépendant de la façon dont l'action est détenue, et également où et par qui. Mais il pourrait vendre un million d'actions de la cote générale s'il en avait les moyens sans risquer d'être freiné dans leur course. Autrefois, les initiés gagnaient périodiquement beaucoup d'argent avec leurs shorts et leurs craintes entretenues de se retrouver au pied du mur et d'être freinés.

Évidemment, la meilleure chose à faire était d'être haussier dans un marché haussier et baissier dans un marché baissier. Ça a l'air idiot, n'est-ce pas ? Mais je dus bien saisir ce principe général avant de comprendre que le mettre en pratique signifiait finalement anticiper les probabilités. Il me fallut beaucoup de temps pour apprendre à négocier sur ces lignes. Mais, pour ma défense, je dois vous rappeler que jusqu'alors, je n'avais jamais eu une mise assez importante pour spéculer de cette façon. Une grande tendance signifie beaucoup d'argent si votre ligne est importante, et pour pouvoir porter une ligne importante, vous avez besoin d'un grand solde chez votre courtier.

J'ai toujours senti que je devais gagner ma vie à partir du marché boursier. Cela m'a poussé à redoubler d'efforts pour augmenter mon capital disponible afin d'appliquer la méthode de trading sur les tendances la plus rentable mais aussi la plus lente, et donc la plus coûteuse.

Mais à présent, non seulement ma confiance en moi s'était renforcée, mais mes courtiers avaient également cessé de me voir comme un « Boy Plunger ». Ils avaient gagné beaucoup d'argent grâce à mes commissions, mais dorénavant, j'étais sur le point de devenir leur client vedette et, en tant que tel, d'avoir ainsi une valeur au-delà du volume réel de mes transactions ; un client qui gagne de l'argent est un atout pour n'importe quel bureau de courtage.

Dès que j'arrêtai de me contenter de simplement étudier le téléscripteur, je cessai de me préoccuper exclusivement des fluctuations quotidiennes de certaines actions, et lorsque cela se produisit, je dus seulement étudier le jeu sous un angle différent. Je me remis à travailler à partir de la cotation jusqu'aux principes de base, des fluctuations de prix jusqu'aux conditions de base.

Bien sûr, je lus régulièrement la presse quotidienne pendant un long moment ; tous les traders le font. Mais il s'agissait en grande partie de commérages, certains délibérément erronés, et le reste n'était que l'opinion personnelle des auteurs. Les revues hebdomadaires réputées, lorsqu'elles portaient sur les conditions sous-jacentes, ne me satisfaisaient pas entièrement. En général, le point de vue des rédacteurs financiers n'était pas le même que le mien. Il n'était pas vital pour eux de rassembler les faits et d'en tirer leurs conclusions, mais ça l'était pour moi. De plus, il y avait une grande différence dans notre estimation de l'élément temporel. Pour moi, l'analyse de la semaine qui venait de s'écouler était moins importante que la prévision des semaines à venir.

Pendant des années, j'avais été victime d'une combinaison malheureuse d'inexpérience de jeunesse et de capital insuffisant. Mais à présent, je sentais l'exaltation de faire de nouvelles découvertes. Ma nouvelle attitude envers le jeu expliquait mes échecs répétés à gagner beaucoup d'argent à New York. Mais maintenant, avec les ressources, l'expérience et la confiance nécessaires, j'étais tellement pressé d'essayer ma nouvelle clé que je n'avais pas remarqué qu'il y avait une autre serrure sur la porte : une serrure temporelle ! C'était un oubli tout à fait naturel ; je dus payer les frais habituels : une bonne claque à chaque pas en avant.

J'étudiai la situation économique en 1906 et pensai que les perspectives monétaires étaient particulièrement préoccupantes. Une grande partie de la richesse mondiale actuelle avait été détruite. Tout le monde allait tôt ou tard en ressentir les effets, et donc personne ne serait en mesure d'aider qui que ce soit. Ce ne serait pas le genre de périodes difficiles qu'entraînerait le troc d'une maison d'une valeur de 10 000 dollars contre une voiturée de chevaux de course d'une valeur de 8 000 dollars. Cela revenait à la destruction complète de la maison à cause d'un incendie et à la perte de la plupart des chevaux à cause d'un déraillement de train. C'était de l'argent comptant qui partait en fumée dans les canons de la guerre des Boers, et les millions dépensés pour nourrir les soldats non producteurs en Afrique du Sud signifiait qu'aucune aide ne serait apportée de la part des investisseurs britanniques, comme par le passé. Aussi, le tremblement de terre et l'incendie à San Francisco, ainsi que d'autres catastrophes, avaient touché le monde :

fabricants, agriculteurs, marchands, ouvriers et millionnaires. Les chemins de fer devaient beaucoup souffrir. Je compris que rien ne pourrait éviter une telle décadence. Dans ce cas, il n'y avait qu'une seule chose à faire : vendre des actions !

Je vous ai dit que j'avais déjà observé que ma position initiale, après avoir pris ma décision quant à la façon dont j'allais trader, était susceptible de me rapporter un profit. Donc, quand je décidai de vendre, je shortai. Comme nous entrions sans aucun doute dans un véritable marché baissier, j'étais sûr que je devais faire le plus gros coup de ma carrière.

Le marché chuta, puis remonta. Il chuta de nouveau, puis il commença à avancer de façon régulière. Mes profits sur papier disparurent et des pertes possibles augmentèrent. Un jour, on aurait dit qu'il ne resterait plus un seul baissier pour raconter l'histoire d'un authentique marché baissier. Je ne supportais pas l'erreur, donc je couvris. C'était tout aussi bien. Si je ne l'avais pas fait, il ne me serait pas resté assez d'argent pour acheter une carte postale. J'y perdis quelques plumes, mais il valait mieux vivre pour combattre un jour de plus.

J'avais fait une erreur. Mais où ? J'étais baissier dans un marché baissier : c'était judicieux. J'avais vendu des actions à découvert : c'était correct. Je les avais vendues trop tôt : cela me coûta cher. Ma position était bonne, mais mon jeu était mauvais : le timing était mal choisi. Cependant, chaque jour rapprochait le marché de l'inévitable décadence. J'attendis donc, et quand la hausse commença à faiblir et à s'interrompre, je laissai mes courtiers prendre autant d'actions que ma marge malheureusement réduite le permettait. J'eus raison cette fois-ci pendant exactement une journée entière, car le lendemain, il y eut une autre reprise. Encore une autre ! Alors, je lus le téléscripteur, couvris et attendis. Le moment venu, je vendis encore et encore ; les cours descendirent de façon prometteuse, puis reprirent brutalement.

On aurait dit que le marché faisait de son mieux pour me faire revenir à mes anciennes et simples méthodes de trading chez les bookmakers. C'était la première fois que je travaillais avec un plan prévisionnel bien défini englobant l'ensemble du marché au lieu d'une ou deux actions. Je compris que je devrais gagner si je m'en tenais à mon plan. Bien sûr, à cette époque, je n'avais pas développé mon système de spéculation pyramidal ; sinon, j'aurais initié une ligne short sur un marché en déclin, comme je vous l'ai expliqué précédemment. Je n'aurais alors pas autant perdu de ma marge. J'aurais eu tort, mais je n'en aurais pas été blessé. Vous voyez, j'avais observé certains faits, mais n'avais pas appris à les coordonner. Non seulement mon observation incomplète n'avait pas aidé, mais elle avait même fait obstacle.

J'ai toujours trouvé qu'étudier mes erreurs était bénéfique. Ainsi, je finis par découvrir qu'il était très bien de ne pas perdre sa position baissière dans un marché baissier, mais qu'à tout moment, le téléscripteur devrait être lu pour déterminer le bon timing pour intervenir. Si vous commencez bien, vous ne verrez pas votre position profitable sérieusement menacée ; et alors, patienter ne vous posera aucun problème.

Bien sûr, j'ai aujourd'hui une plus grande confiance envers l'exactitude de mes observations, qui n'est influencée ni par les espoirs ni les passe-temps, et j'ai aussi de plus grandes facilités pour vérifier mes faits, ainsi que pour tester l'exactitude de mes opinions de diverses manières. Mais en 1906, la succession de reprises avait dangereusement détérioré mes marges.

J'avais presque vingt-sept ans. J'étais dans le business depuis douze ans. Mais la première fois où j'avais spéculé sur une crise à venir, j'avais découvert que j'utilisais un télescope. Entre mon premier aperçu du nuage orageux et le moment où je pus profiter de l'accalmie, la ligne droite était visiblement bien plus grande que je ne le pensais ; je commençais donc à me demander si je voyais vraiment ce que je pensais clairement distinguer. Nous avions reçu de nombreux avertissements et des hausses sensationnelles des taux d'intérêt. Pourtant, certains des grands financiers restaient optimistes, du moins devant les journalistes, et les reprises qui s'ensuivirent donnèrent tort aux oiseaux de malheur. Avais-je fondamentalement tort d'être baissier ou avais-je simplement temporairement tort d'avoir commencé à vendre à découvert trop tôt ?

Je décidai que j'avais commencé trop tôt, mais que je n'y pouvais rien. Puis le marché commença à vendre : c'était là mon opportunité. Je vendis tout ce que je pus, puis les actions se redressèrent à un niveau assez élevé.

Cela me ruina.

J'avais raison, et j'étais en faillite !

Je vous le dis, c'était remarquable. Voici ce qu'il s'est passé : je regardai devant moi et vis une grosse pile de dollars. Un panneau en émergea ; en lettres capitales, il affichait : « Servez-vous. » À côté se trouvait une charrette avec « Lawrence Livingston Trucking Corporation » peint sur le côté. J'avais une pelle toute neuve dans la main. Il n'y avait pas âme qui vécût autour de moi, donc je n'avais pas de concurrence dans le pelletage de l'or ; c'est merveilleux, de voir les dollars avant les autres. Les gens qui auraient pu les apercevoir s'ils s'étaient arrêtés étaient plutôt en train de regarder des matchs de baseball ou achetaient des voitures ou des maisons qui seraient payées avec l'argent que j'avais devant les yeux. C'était la première fois que je voyais autant de dollars devant moi, et je commençai naturellement à courir vers eux. Avant que je n'arrive à atteindre la pile de dollars, le vent se retourna contre moi et je tombai au sol. La montagne de dollars était toujours là, mais j'avais perdu la pelle, et la charrette avait disparu. Tout cela parce que j'avais couru trop tôt ! J'avais trop hâte de me prouver que j'avais vu de vrais dollars et non un mirage. Je les avais vus, et je savais que je les avais vus. Penser à la récompense pour mon excellente vue m'avait empêché de prendre en compte la distance qui me séparait du tas de dollars. J'aurais dû marcher et non courir.

Voilà ce qu'il s'est passé. Je n'ai pas attendu pour déterminer si le moment était venu de plonger du côté baissier ou non. La seule fois où j'aurais dû invoquer l'aide de ma lecture du téléscripteur, je ne l'ai pas fait. C'est ainsi que j'ai appris que même lorsqu'on est correctement baissier au tout début d'un marché baissier, il vaut mieux commencer à vendre en grosses quantités lorsqu'il n'y a plus de risque d'un retour de flamme.

J'avais négocié plusieurs milliers d'actions dans le bureau de Harding pendant toutes ces années et, de plus, la société avait confiance en moi et nos relations étaient des plus plaisantes. Je pense qu'ils sentaient que j'allais avoir de nouveau raison très bientôt et ils savaient qu'avec mon habitude de provoquer ma chance, tout ce dont j'avais besoin était un nouveau départ et que j'allais faire plus que récupérer ce que j'avais perdu. Ils avaient gagné beaucoup d'argent avec mon trading et cela continuerait. Il n'y avait donc aucun problème à ce que je puisse à nouveau y trader tant qu'ils m'accordaient tant de crédit.

La succession de fessées que j'avais reçues m'avait rendu moins agressif et moins arrogant ; peut-être devrais-je dire moins imprudent, car, bien sûr, je savais que j'étais encore plus près de la ruine. Tout ce que je pouvais faire, c'était attendre avec vigilance, comme j'aurais dû le faire avant de vendre à découvert. Il ne s'agissait pas d'intervenir lorsque le mal était déjà fait. Je devais seulement n'avoir aucun doute la prochaine fois que j'essaierais. Si un homme ne faisait pas d'erreurs, le monde lui appartiendrait en un mois. Mais s'il ne tirait pas des enseignements de ses erreurs, il ne possèderait rien du tout.

Eh bien, Monsieur, un beau matin, je me rendis en ville, arrogant, une fois de plus. Ce jour-là, il n'y avait aucun doute. J'avais lu une annonce, dans les pages financières de tous les journaux, qui était le signe que je n'avais pas eu la patience d'attendre avant de plonger. C'était l'annonce d'une nouvelle émission d'actions par Northern Pacific et Great Northern Roads. Les paiements devaient être effectués sur le plan de versements échelonnés pour le confort des actionnaires. Cette considération était une nouveauté à Wall Street. Cela me sembla plus que menaçant.

Pendant des années, l'action privilégiée et haussière à toute épreuve de Great Northern avait été l'annonce qu'il faudrait de nouveau couper la poire en deux, cette dernière représentant le droit de ces actionnaires chanceux d'adhérer à une nouvelle émission au pair d'actions Great Northern. Ces droits étaient précieux, car le prix du marché était toujours bien au-dessus des valeurs nominales. Mais à présent, le marché boursier était tel que les banques les plus puissantes du pays n'étaient pas si sûres que les actionnaires pourraient payer l'affaire en liquide. Et l'action privilégiée de Great Northern se vendait à environ 330 !

Dès que j'arrivai au bureau, je dis à Ed Harding :

— Le temps de vendre est arrivé ! J'aurais dû commencer par là. Regarde cette annonce, tu veux ?

Il l'avait vue. Je lui fis remarquer ce que les aveux des banquiers représentaient selon moi, mais il ne pouvait pas tout à fait voir la grande percée qui se trouvait juste au-dessus de nos têtes. Il pensait qu'il valait mieux attendre avant de lancer une très grosse position vendeuse en raison de l'habitude du marché d'avoir de grandes reprises. Si j'attendais, les prix seraient plus bas, mais l'opération serait plus sûre.

— Ed, lui dis-je, plus le délai de démarrage sera long, plus la chute sera brutale dès qu'elle sera amorcée. Cette annonce est une confession signée de la part des banquiers. Ce qu'ils craignent, c'est ce que j'espère. C'est un signe pour nous de monter à bord du train baissier. C'est tout ce dont nous avions besoin. Si j'avais 10 millions de dollars, je miserais chaque centime tout de suite.

Je dus continuer à discuter et argumenter. Il ne se contentait pas des seules inférences qu'un homme sain d'esprit pouvait tirer de cette fabuleuse publicité. C'était suffisant pour moi, mais pas pour la plupart des gens du bureau. Je vendis un peu ; trop peu.

Quelques jours plus tard, Saint-Paul eut la gentillesse de nous annoncer l'émission d'actions ou d'obligations – j'ai oublié lesquelles ;

mais ça n'a pas d'importance. Ce qui importait alors, c'était que je remarquai, dès que je l'avais lu, que la date du paiement avait été fixée avant celle des versements de Great Northern et Northern Pacific, qui avait été annoncée plus tôt. C'était aussi clair que s'ils avaient utilisé un mégaphone pour dire que le grand et vieux Saint-Paul essayait de battre les deux autres chemins de fer pour le peu d'argent qu'il restait à Wall Street. Les banquiers de Saint-Paul craignaient évidemment qu'il n'y en eût pas assez pour les trois et ils ne disaient pas : « Après vous, mon cher Alphonse ! » Si l'argent était déjà si rare et que vous pariiez que les banquiers le savaient, qu'en serait-il plus tard ? Les chemins de fer en avaient désespérément besoin. Et il n'y en avait pas. Quelle était la réponse ?

Les vendre, bien sûr ! Le public, les yeux fixés sur le marché boursier, ne vit pas grand-chose cette semaine-là. Les spéculateurs avisés virent beaucoup de choses cette même année. La différence était là.

Pour moi, c'était la fin du doute et de l'hésitation. J'avais pris ma décision. Le même matin, je commençai ce qui fut réellement ma première campagne dans la lignée de ce que j'ai suivi depuis. Je dis à Harding ce que je pensais et ma position, et il n'émit aucune objection à ce que je vende mes actions privilégiées Great Northern à environ 330, ainsi que d'autres actions à prix élevés. Je tirai profit de mes erreurs passées et coûteuses et je vendis plus intelligemment.

Ma réputation et mon crédit furent rétablis en un rien de temps. C'est la beauté d'avoir raison chez un agent de change, que ce soit par accident ou non. Mais cette fois-ci, j'avais eu raison par sang-froid, non pas à cause d'une intuition ou d'une lecture habile du téléscripteur, mais grâce à mon analyse des conditions affectant le marché boursier en général. Je ne devinais pas ; j'anticipais l'inévitable. Aucun courage ne me fut nécessaire pour vendre les actions ; je ne pouvais simplement rien voir d'autre que des prix plus bas, et je devais agir en conséquence, n'est-ce pas ? Que pouvais-je faire d'autre ?

Toute cette cote est passée comme une lettre à La Poste. Bientôt, il y eut une reprise et les gens vinrent me prévenir que la fin de la baisse était atteinte. Ces grands types, sachant que l'intérêt à la baisse serait énorme, avaient décidé de presser les baissiers de se retirer du marché. Cela les réduirait à quelques millions. Il était certain que ces grands gaillards n'auraient aucune pitié. J'avais l'habitude de remercier ces gentils conseillers. Je ne prenais même pas la peine de les contredire, car ils auraient alors pensé que je ne leur étais pas reconnaissant de m'avoir donné ces avertissements.

L'ami qui était allé à Atlantic City avec moi était à l'agonie. Il pouvait comprendre l'intuition qui avait été suivie par le tremblement de terre. Il ne pouvait pas ne pas croire en de tels faits, puisque j'avais gagné un quart de million en obéissant intelligemment à mon impulsion aveugle de vendre Union Pacific. Il avait même dit que c'était la Providence qui travaillait de façon mystérieuse pour me faire vendre des actions alors qu'il était lui-même haussier. Néanmoins, il comprenait ma deuxième transaction sur Union Pacific à Saratoga parce qu'il admettait n'importe quelle transaction qui impliquait une action, sur laquelle un tuyau donnait assurément le mouvement à l'avance, soit vers le haut, soit vers le bas. Mais le fait de prédire que toutes les actions allaient forcément baisser avait pour habitude de l'exaspérer. Quel bien pouvait-on tirer de cela ? Comment diable un gentleman pouvait-il dire quoi faire ?

Je me souvins alors de la remarque préférée du vieux Partridge : « Eh bien, c'est un marché haussier, vous savez », comme si cela représentait un tuyau pour quiconque était assez sage ; à vrai dire, ça l'était. C'était très curieux de voir, après avoir subi d'énormes pertes à la suite d'une baisse de 15 ou 20 points, comme les gens qui s'accrochaient encore accueillaient une reprise de 3 points et étaient certains qu'on avait touché le fond et que le redressement complet avait commencé.

Un jour, mon ami vint me voir et me demanda :

— Avez-vous couvert ?

— Pourquoi le ferais-je ? répondis-je.

— Pour la meilleure des raisons.

— Quelle est-elle ?

— Pour gagner de l'argent. Ils ont touché le fond, et ce qui descend doit remonter. N'est-ce pas ?

— Oui, répondis-je. D'abord, ils coulent au fond, puis ils resurgissent ; mais pas directement. Ils doivent rester au fond et faire les morts quelques jours. Ce n'est pas le moment pour ces cadavres de remonter à la surface. Ils ne sont pas encore morts.

Un vieil homme m'entendit. C'était l'un de ces gars qui se rappellent toujours quelque chose. Il dit que William R. Travers, qui était baissier, avait un jour rencontré un ami qui était haussier. Ils avaient échangé leurs points de vue sur le marché, et cet ami avait dit :

— M. Travers, comment pouvez-vous être baissier avec un marché aussi raide ?

Et Travers avait répondu :

— Oui ! La raid-d-deur de la m-m-mort !

C'était Travers qui s'était rendu au bureau d'une compagnie et avait demandé qu'on l'autorise à voir les livres. Le commis lui demanda :

— Avez-vous un intérêt dans cette entreprise ?

Et Travers répondit :

— Je d-d-devrais dire que j'en av-v-vais un ! Je suis sh-sh-short de 20 000 actions de ce titre !

Eh bien, les reprises devinrent de plus en plus faibles. Je provoquai ma chance sur tout ce qui avait encore un peu de valeur. Chaque fois que je vendais quelques milliers d'actions privilégiées de Great Northern, le prix perdait de nombreux points. Je trouvais les points faibles autre part et les laissais en avoir quelques-uns. Tout cédait, à une impressionnante exception près : Reading.

Lorsque tout le reste plongea, Reading se tenait comme le rocher de Gibraltar. Tout le monde disait que l'action était contrôlée. Elle en avait en tout cas toute l'attitude. Ils me disaient que c'était du suicide de vendre Reading à découvert. Il y avait des gens dans le bureau qui étaient maintenant aussi baissiers sur toutes les actions que moi. Mais quand quelqu'un laissait entendre qu'il allait vendre Reading, ils hurlaient pour lui. J'avais moi-même vendu un peu et je campais sur mes positions. En même temps, je préférais naturellement chercher et frapper les maillons faibles plutôt que d'attaquer les points forts les plus farouchement protégés. Ma lecture du téléscripteur me permit de gagner de l'argent plus facilement dans d'autres actions.

J'ai beaucoup entendu parler d'un pool de haussiers sur Reading. Il s'agissait d'un pool puissant. Tout d'abord, ils avaient beaucoup d'actions à bas prix, de sorte que leur moyenne était en fait inférieure au niveau actuel, selon les dires de quelques amis. De plus, les principaux membres du pool avaient des liens étroits de nature amicale avec les banques dont ils utilisaient l'argent pour placer leurs immenses positions sur Reading. Tant que le prix restait élevé, l'amitié des banquiers était fidèle et inébranlable. Le bénéfice fictif d'un membre du pool avait même dépassé les trois millions de dollars. Cela permit quelque déclin sans causer de mouvement fatal. Pas étonnant que le titre ait augmenté et défié les baissiers. De temps en temps, les traders de la salle regardaient le prix, se léchaient les babines et se mettaient à le tester avec 1 000 ou 2 000 actions. Ils ne pouvaient pas déloger l'action, alors ils couvrirent et allèrent chercher de l'argent plus facile ailleurs. Chaque fois que je le regardais, je vendais également un peu plus, juste assez pour me convaincre que j'étais fidèle à mes nouveaux principes de trading et que je ne jouais pas que les favoris.

Par le passé, la force de Reading m'aurait peut-être trompé. Le téléscripteur n'arrêtait pas de dire : « Laisse tomber ! » Mais ma raison tenait un autre discours. Je m'attendais à une chute générale, et il n'y aurait pas d'exception, pool d'acheteurs ou pas.

J'ai toujours joué en solitaire. J'ai commencé comme ça chez les bookmakers et j'ai continué. C'est comme cela que mon esprit fonctionne. Je dois me faire ma propre opinion et penser par moi-même. Mais je peux vous dire qu'après que le marché avait commencé à aller dans mon sens, je sentis pour la première fois de ma vie que j'avais les alliées les plus fortes et les plus authentiques du monde : les conditions sous-jacentes. Elles m'aidaient de toutes leurs forces. Peut-être étaient-elles parfois un peu lentes à lever les réserves, mais elles étaient fiables, à condition que je ne me montre pas trop impatient. Je ne privilégiais pas plus ma lecture du téléscripteur ou mes intuitions à la chance ; la logique inexorable des évènements me rapportait de l'argent.

Ce qui était important, c'était d'avoir raison, de le savoir et d'agir en conséquence. Les conditions générales, mes véritables alliées, me dirent : « Ça va baisser ! », et Reading ignora l'ordre. C'était une insulte pour nous. Voir Reading s'accrocher fermement, comme si tout était calme, commençait à m'ennuyer. Il devrait s'agir de la meilleure vente à découvert de toute la cote parce qu'elle n'avait pas baissé et que le pool détenait beaucoup d'actions qu'il ne serait pas en mesure de conserver lorsque les restrictions financières se seraient accentuées. Un jour, les amis des banquiers ne s'en sortiraient pas mieux que le public sans pistons. Les actions doivent suivre les autres. Si Reading ne déclinait pas, alors ma théorie était fausse, j'avais tort, les faits étaient faux et la logique également.

Je compris que le prix tenait parce que Wall Street avait peur de la vendre. Ainsi, le jour même, je donnai à deux courtiers l'ordre de vendre 4 000 actions chacun, en même temps. Vous auriez dû voir ces actions contrôlées, qu'il était sûr que c'était un suicide de vendre, faire une dégringolade lorsque ces ordres concurrentiels arrivèrent. Je les laissai en avoir quelques milliers de plus. Lorsque je commençai à vendre, le cours était de 111. En quelques minutes, je repris toute ma petite cote à 92.

Je passai un merveilleux moment après cela, et en février 1907, je liquidai. Les actions privilégiées de Great Northern avaient baissé de 60 ou 70 points, et les autres actions également de façon proportionnelle. J'avais fait un bon bout de chemin, mais la raison pour laquelle je liquidai était que j'avais compris que le déclin n'avait pas tenu compte de l'avenir immédiat. Je recherchais une bonne reprise, mais je n'étais pas assez haussier pour jouer un retournement. Je n'allais pas perdre entièrement ma position. Il ne serait pas bon pour moi de trader sur le marché pendant un certain temps. Les premiers 10 000 dollars que j'avais gagnés chez les bookmakers, je les avais perdus parce que je tradais tous les jours, que les conditions soient bonnes ou mauvaises. Je ne commettrais pas cette erreur deux fois. Aussi, n'oubliez pas que j'avais fait faillite un peu avant parce que j'avais vu cette baisse trop tôt et que j'avais commencé à vendre avant que le moment ne soit venu. À présent, quand j'avais un gros profit, je voulais l'encaisser pour pouvoir sentir que j'avais eu raison. Par le passé, les reprises m'avaient ruiné. Je n'allais pas laisser la prochaine m'anéantir. Au lieu de rester les bras croisés, je me rendis en Floride. J'adore la pêche et j'avais besoin de repos. Là-bas, je pouvais allier les deux. Et, en plus, il y a des lignes directes entre Wall Street et Palm Beach.

9

Je fis une croisière le long de la Floride. La pêche était bonne. Je ne m'occupais plus des actions. J'avais l'esprit léger ; je passais un bon moment. Un jour, au large de Palm Beach, des amis arrivèrent à bord d'un bateau à moteur. L'un d'eux avait apporté un journal avec lui ; je n'en avais pas lu un seul depuis plusieurs jours et je n'en avais pas ressenti le besoin. Aucune nouvelle qu'il pouvait colporter ne m'intéressait, mais je jetai tout de même un coup d'œil à celui que mon ami avait apporté sur le yacht, et je vis que le marché avait connu une grande reprise : plus de 10 points.

J'informai mes amis que je descendrais à terre avec eux. Des reprises modérées de temps à autre étaient raisonnables. Mais le marché baissier n'était pas terminé ; et voilà que Wall Street, ou le public complètement fou ou désespéré, faisait monter les intérêts sans tenir compte des conditions monétaires et augmentait les prix au-delà du raisonnable ou laissait quelqu'un d'autre le faire. C'en était trop pour moi. Je devais juste jeter un œil au marché. Je ne savais pas ce que je pouvais ou ne pouvais pas faire, mais je savais que mon besoin le plus urgent était de voir le tableau de cotation.

Mes courtiers Harding Brothers possédaient une filiale à Palm Beach. Lorsque j'y entrai, j'y retrouvai beaucoup de types que je connaissais. La plupart d'entre eux étaient haussiers. Ils faisaient partie de ceux qui tradaient en se basant sur le téléscripteur et désiraient une action rapidement. De tels traders ne se soucient pas d'anticiper sur le long terme car ils n'en ont pas besoin avec leur style de jeu. Je vous ai dit que j'étais connu au bureau de New York comme le « gamin spéculateur ». Bien sûr, les gens magnifient toujours les gains d'un confrère et la taille de la ligne qu'il balance. Les gars du bureau avaient entendu dire que j'avais fait un malheur à New York du côté des baissiers et, à présent, ils s'attendaient à ce que je shorte à nouveau. Ils pensaient eux-mêmes que la reprise irait bien plus loin, mais ils considéraient plutôt qu'il était de mon devoir de la combattre.

J'étais venu en Floride pour m'adonner à la pêche ; j'avais subi une assez forte pression et j'avais besoin de vacances. Mais dès que je vis que la reprise des prix était allée si loin, je ne ressentis plus ce besoin de repos. Je n'avais pas envisagé ce que j'allais faire une fois à terre. Mais à présent, je savais que je devais vendre des actions. J'avais raison et je devais le prouver en utilisant mon ancienne et unique façon de faire : prouver par de l'argent gagné. Vendre les cotes générales serait une action correcte, prudente, rentable et même patriotique.

La première chose que je vis sur le tableau de cotation était qu'Anaconda était sur le point de franchir les 300. Elle était montée à pas de géant et, apparemment, il y avait un groupe d'investisseurs haussiers assez agressifs sur le coup. C'était l'une de mes vieilles théories de trading : lorsqu'une action franchit la barre des 100, 200 ou 300 pour la première fois, le prix ne s'arrête pas au chiffre rond, mais monte bien plus haut, de telle façon que si vous l'achetez dès qu'elle franchit la ligne, il est presque certain qu'elle vous apportera un profit. Les gens timides n'aiment pas acheter une action sur un nouveau record élevé. Mais je possédais l'historique de tels mouvements pour me guider.

Anaconda n'était qu'à un quart de l'encours, la valeur nominale des actions n'atteignait que 25 dollars. Il fallut 400 parts pour égaler les 100 parts habituelles d'autres actions, dont la valeur nominale était de 100 dollars. Je pensais que lorsqu'elle franchirait la barre des 300, elle devrait continuer à monter et probablement atteindre 340 en un rien de temps.

Souvenez-vous, j'étais baissier, mais j'étais aussi un trader qui lisait le téléscripteur. Je savais qu'Anaconda, si elle se comportait comme je le pensais, évoluerait très vite. Tout ce qui évolue vite m'attire toujours. J'ai appris à faire preuve de patience et à rester tranquille, mais ma préférence personnelle va aux mouvements rapides, et Anaconda n'était en aucun cas fainéante. Mon achat de cette action, lorsqu'elle dépassa la barre des 300, fut motivé par le désir, toujours fort en moi, de confirmer mes observations.

À ce moment précis, le téléscripteur disait que l'achat était plus fort que la vente, et donc que la reprise générale pourrait facilement aller un peu plus loin. Il serait avisé d'attendre avant d'être short ; alors, autant me payer un salaire en attendant. Ceci serait accompli en prenant rapidement une trentaine de points sur Anaconda. Baissier sur l'ensemble du marché et haussier sur cette action en particulier ! J'achetai donc 32 000 actions Anaconda, donc 8 000 parts entières. C'était un investissement légèrement risqué, mais j'étais certain de mes anticipations et je me disais que le bénéfice aiderait à gonfler la marge disponible pour les opérations baissières par la suite.

Le lendemain, les lignes télégraphiques furent coupées à cause d'une tempête dans le Nord ou quelque chose de ce genre. Je me trouvais dans le bureau de Harding, attendant des nouvelles. La foule discutait et s'interrogeait sur toutes sortes de choses, comme le font les traders lorsqu'ils ne peuvent pas mener leurs affaires. Puis nous eûmes une cotation, la seule du jour : Anaconda, 292.

Il y avait un type avec moi, un courtier que j'avais rencontré à New York. Il savait que j'étais haussier de 8 000 parts entières et je soupçonne qu'il en avait quelques-unes à lui, car lorsque nous obtînmes cette unique cotation, il eut l'air de faire une attaque. Il ne pouvait pas dire si l'action, à ce moment précis, avait encore perdu 10 points ou non. Compte tenu de la façon dont Anaconda avait augmenté, il n'aurait pas été inhabituel qu'elle baisse de vingt points. Mais je lui dis :

— Ne t'inquiète pas, John. Demain, ça ira mieux.

Je le pressentais réellement, mais il me regarda et secoua la tête. Il le savait mieux que moi ; il faisait partie de ces personnes qui pensent tout mieux savoir que tout le monde. Alors, je ris et j'attendis dans le bureau au cas où une autre cotation nous parviendrait. Mais non, Monsieur. C'est tout ce que nous eûmes : Anaconda, 292. Cela signifiait pour moi une perte sur le papier de près de 100 000 dollars. J'avais voulu une action rapide ; eh bien, j'étais servi.

Le lendemain, les lignes télégraphiques fonctionnaient de nouveau et nous reçûmes les cotations comme d'habitude. Anaconda ouvrit à 298 et monta jusqu'à 302 ¼, mais très vite, elle commença à rechuter. De plus, le reste du marché ne se comportait pas comme il aurait dû dans le cadre d'une reprise supplémentaire. Je décidai que si Anaconda revenait à 301, je devais considérer l'ensemble comme un faux mouvement. Si le mouvement avait été légitime, le prix aurait dû monter à 310 sans s'arrêter. Si, au lieu de cela, il vacillait, cela signifiait que les précédents m'avaient trompé et que j'avais tort ; et la seule chose à faire quand un homme a tort, c'est d'avoir raison en cessant d'avoir tort. J'avais acheté 8 000 parts entières dans l'attente d'une hausse de 30 ou 40 points. Ce ne serait pas ma première erreur, ni ma dernière.

Sans surprise, Anaconda retomba à 301. Dès qu'elle atteignit ce chiffre, je me faufilai jusqu'au télégraphiste, le bureau ayant une ligne directe avec le bureau de New York, et lui dis :

— Vendez toutes mes Anaconda, 8 000 parts entières.

Je le prononçai à voix basse ; je ne voulais pas que quelqu'un d'autre sache ce que j'étais en train de faire.

Il leva les yeux vers moi, l'air presque horrifié ; mais je hochai la tête et dis :

— Tout ce que j'ai !

— M. Livingston, vous ne vouliez pas dire au marché, n'est-ce pas ?

À sa tête, on aurait dit qu'il allait perdre quelques millions de dollars de sa poche à cause d'une exécution menée par un courtier négligent. Mais je lui dis simplement :

— Vendez-les ! Ne discutez pas !

Les deux fils Black, Jim et Ollie, se trouvaient dans le bureau, trop loin pour nous entendre, l'opérateur et moi-même. C'étaient de gros traders originaires de Chicago, où ils avaient été de célèbres vendeurs à découvert sur le blé, et qui étaient maintenant d'importants traders à la Bourse de New York. Ils étaient très fortunés et s'avéraient être des flambeurs.

Lorsque je quittai le télégraphiste pour retourner à mon siège devant le tableau de cotation, Oliver Black m'adressa un signe de tête et me sourit.

— Vous le regretterez, Larry, dit-il.

Je m'arrêtai et lui demandai :

— Que voulez-vous dire ?

— Demain, vous la rachèterez.

— Je rachèterai quoi ? l'interrogeai-je.

Je ne l'avais dit à personne sauf à l'opérateur télégraphique.

— Anaconda, répondit-il. Vous la paierez à 320. Ce n'était pas une bonne idée, Larry.

Et il sourit à nouveau.

— Qu'est-ce qui ne l'était pas ?

Je pris un air innocent.

— Vendre vos 8 000 Anaconda au marché ; en fait, votre erreur a été d'insister pour les vendre, dit Ollie Black.

Je savais qu'il était censé être très malin et qu'il tradait toujours en se basant sur des rumeurs. Mais comment avait-il su ce que je faisais de façon aussi précise, cela me dépassait. J'étais pourtant certain que le bureau ne m'avait pas vendu.

— Ollie, comment le savez-vous ? lui demandai-je.

Il rit et me dit :

— Je l'ai su par Charlie Kratzer.

C'était le télégraphiste…

— Mais il n'a pas bougé de son siège, rétorquai-je.

— Je n'ai pas réussi à comprendre ce que vous murmuriez, lui et vous, gloussa-t-il. Mais j'ai entendu chaque mot du message qu'il a envoyé au bureau de New York pour vous. J'ai appris la télégraphie il y a des années, après avoir connu un gros bazar à cause d'une erreur dans un message. Depuis, lorsque je fais ce que tu viens juste de faire, c'est-à-dire donner un ordre oralement à un opérateur, je veux être sûr que l'opérateur transmette le message au fur et à mesure que je le lui donne. Comme ça, je sais ce qu'il envoie en mon nom. Mais vous regretterez d'avoir vendu Anaconda ; ça va grimper jusqu'à 500 !

— Pas cette fois, Ollie, lui soutins-je.

Il me regarda et dit :

— Vous êtes un peu trop sûr de vous, sur ce coup-là.

— Pas moi ; le téléscripteur, lui répondis-je.

Il n'y avait pas de téléscripteur, donc il n'y avait pas de cotations. Mais il savait ce que je voulais dire.

— J'ai entendu parler de ces drôles d'oiseaux, dit-il, qui regardent le téléscripteur et, au lieu de voir les prix, ils voient un calendrier de l'arrivée et du départ des actions aussi précis que les horaires de train. Mais ils se trouvaient dans des cellules matelassées où ils ne pouvaient pas se blesser.

Je ne lui répondis rien, parce qu'à ce moment-là, le commis m'apporta un relevé. Ils avaient vendu 5 000 actions à 299 ¾. Je savais que nos cotations étaient un peu en retard sur le marché. Le prix sur le tableau à Palm Beach, lorsque j'avais donné l'ordre de vente à l'opérateur, était de 301. J'étais tellement certain qu'à ce moment précis, le prix auquel l'action se vendait réellement à la Bourse de New York était inférieur, que si quelqu'un m'avait proposé d'acquérir mes actions à 296, j'aurais accepté sur-le-champ, ravi de mon opération. Ce qu'il s'est passé vous montre que j'ai raison de ne jamais trader aux limites. Supposons que j'aie limité mon prix de vente à 300 ? Eh bien, je ne l'aurais jamais vendu. Non, Monsieur ! Quand vous voulez sortir, sortez.

À présent, mes actions me coûtaient environ 300. Ils vendirent 500 parts entières à 299 ¾, bien entendu. Les 1 000 suivantes à 299 5/8. Puis 100 à ½ ; 200 à 3/8 et 200 autres à ¼. Les dernières de mes actions partirent à 298 ¾. Il fallut quinze minutes à l'homme le plus intelligent de Harding pour se débarrasser des 100 dernières actions. Ils ne souhaitaient pas tout vendre d'un seul coup.

Dès que je reçus le rapport de vente de mes dernières actions, je me mis à ce que j'étais vraiment venu faire à terre : vendre des actions. Il le fallait, c'est tout. Il y avait le marché après sa reprise, priant pour être vendu. Les gens recommençaient à se comporter en haussiers. Cependant, le cours du marché me disait que la reprise touchait à sa fin. On pouvait vendre des actions en toute sécurité. Nul besoin de réfléchir.

Le lendemain, Anaconda ouvrit sous la barre des 296. Oliver Black, qui attendait une reprise supplémentaire, était descendu de bonne heure pour être au bureau, tel un bon petit soldat, lorsque le titre franchirait 320. Je ne sais pas à quel point il était haussier sur cette action, ou même s'il était haussier tout court, mais il ne rit pas en voyant les prix d'ouverture, ni plus tard dans la journée, lorsque l'action continua à s'effondrer et que le rapport nous revint à Palm Beach, spécifiant qu'il n'y avait aucun marché pour cette action.

Bien sûr, c'était toute la confirmation dont un homme avait besoin. Mon profit croissant sur le papier me rappelait sans cesse que j'avais raison, heure après heure. Naturellement, je vendis quelques actions de plus. Tout, à vrai dire ! C'était un marché baissier ; ils allaient tous plonger. Le lendemain, c'était un vendredi et l'anniversaire de Washington. Je ne pouvais pas rester en Floride et pêcher, parce que j'avais mis en place une très grosse position vendeuse. On avait besoin de moi à New York. Qui ? Moi, bien sûr ! Palm Beach était trop loin, trop excentrée ; trop de temps précieux était perdu à télégraphier d'un bureau à l'autre.

Je quittai Palm Beach pour New York. Le lundi, je dus rester à St Augustine pendant trois heures, en attendant un train. Il y avait un bureau de courtage là-bas et, naturellement, je devais voir comment le marché se comportait pendant mon attente. Anaconda avait perdu plusieurs points depuis le dernier jour de trading. En fait, elle n'arrêta pas de descendre jusqu'à ce que la grosse rupture pointe le bout de son nez.

J'arrivai à New York et spéculai en tant que baissier pendant environ quatre mois. Le marché connut de fréquentes reprises comme auparavant, et j'en profitai pour shorter à nouveau. Je n'attendis pas les bras croisés à proprement parler. Rappelez-vous, j'avais perdu chaque centime des 300 000 dollars que j'avais gagnés grâce au tremblement de terre de San Francisco. J'avais eu raison, et pourtant, j'avais fait faillite. Je jouais maintenant la sécurité car, après avoir touché le fond, un homme aime remonter la pente, même s'il n'atteint pas vraiment les sommets. Pour gagner de l'argent, il faut seulement gagner de l'argent. Pour en gagner beaucoup, il faut avoir raison exactement au bon moment. Dans ces affaires, un homme doit penser à la fois à la théorie et à la pratique. Un spéculateur ne doit pas être seulement un étudiant, mais à la fois un étudiant et un spéculateur.

Je m'en étais plutôt bien sorti, même si je peux maintenant voir où ma campagne était inadéquate d'un point de vue tactique. Lorsque l'été arriva, le marché devint sans intérêt. C'était du gâteau de deviner qu'il n'y aurait aucune grosse action à mener jusqu'à l'automne. Toutes les personnes que je connaissais étaient parties ou allaient partir en Europe. Je pensai que ce serait une bonne chose pour moi, donc j'amassai un maximum d'argent. Lorsque je levai l'ancre pour l'Europe, je possédais un peu plus de 750 000 dollars de profit. Pour moi, cela représentait un certain équilibre.

Je me trouvais à Aix-les-Bains à prendre du bon temps. J'avais mérité mes vacances. C'était bien d'être dans un endroit comme celui-ci avec beaucoup d'argent, d'amis et de connaissances, et tout le monde voulait passer un bon moment. Ce n'est pas très difficile d'avoir cela, à Aix. Wall Street était si loin que je n'y pensai pas une seule fois, et encore moins à tout autre endroit aux États-Unis. Je n'avais pas envie d'entendre parler du marché boursier ni même besoin de trader. J'avais assez d'argent pour tenir un long moment et, en plus, à mon retour, je savais quoi faire pour gagner beaucoup plus que ce que je pouvais dépenser en Europe cet été-là.

Un jour, je vis une dépêche de New York dans le *Herald Journal* de Paris, annonçant que Smelters avait déclaré un dividende supplémentaire. Ils avaient fait monter le prix de l'action et l'ensemble du marché avait presque retrouvé sa force initiale. Bien sûr, cela changea tout pour moi à Aix. Les nouvelles signifiaient simplement que les cliques des haussiers luttaient toujours désespérément contre les conditions générales, au-delà du sens commun et de l'honnêteté, car ils savaient ce qui allait arriver et avaient recours à de tels stratagèmes pour mettre en place un marché haussier, afin de remettre le marché en ordre pour se décharger d'actions avant que la tempête ne les frappe. Il est possible qu'ils n'aient pas vraiment cru que le danger était aussi grave ou aussi proche que je le pensais. Les grands hommes de Wall Street sont aussi enclins à prendre leurs désirs pour des réalités que les politiciens ou les pigeons. Personnellement, je ne peux pas fonctionner de cette façon. Pour un spéculateur, une telle attitude est fatale. Un fabricant de valeurs ou un promoteur de nouvelles entreprises pouvaient peut-être se le permettre, mais pas un spéculateur.

En tout cas, je savais que toute manipulation haussière était vouée à l'échec dans ce marché baissier. Dès que je lus la dépêche, je sus qu'il n'y avait qu'une chose à faire pour être à l'aise : vendre Smelters à découvert. Les initiés me suppliaient de le faire, alors qu'ils augmentaient le taux de dividende au bord d'une crise financière. C'était aussi exaspérant que les vieux « défis » de votre enfance. Ils me mettaient au défi de vendre ces actions en particulier à découvert, en quelque sorte.

Je lançai quelques ordres de vente sur Smelters et conseillai à mes amis new-yorkais d'en faire autant. Lorsque je reçus mon rapport des courtiers, je vis que le prix qu'ils avaient obtenu était inférieur de 6 points aux cotations que j'avais vues dans le *Herald Journal* de Paris ; cela vous montre bien l'état de la situation.

J'avais prévu de retourner à Paris à la fin du mois, puis, environ trois semaines plus tard, de lever l'ancre en direction de New York ; mais dès que je reçus les rapports télégraphiés de mes courtiers, je retournai à Paris. Le jour même de mon arrivée, je me rendis dans les bureaux de la compagnie maritime et découvris qu'il y avait un bateau rapide qui partait pour New York le lendemain. J'embarquai à bord de ce dernier.

Me voilà de retour à New York, avec presque un mois d'avance sur mes plans d'origine, car c'était l'endroit le plus confortable pour shorter le marché. J'avais plus d'un demi-million de dollars en liquide disponible pour les marges. Mon retour n'était pas dû au fait que j'étais baissier, mais au fait que j'étais logique.

Je vendis encore plus d'actions. Au fur et à mesure que l'argent s'épuisait, les taux d'intérêt de la monnaie au jour le jour augmentaient et les cours des actions baissaient ; j'avais anticipé cela. Au départ, mes prévisions m'avaient ruiné ; mais à présent, j'avais raison et je prospérais. Cependant, la vraie joie résidait dans la conscience qu'en tant que trader, j'étais enfin sur la bonne voie. J'avais encore beaucoup à apprendre, mais je savais quoi faire. Plus d'échecs, plus de méthodes à moitié valables. La lecture du téléscripteur était une partie importante du jeu, tout comme le fait de commencer au bon moment et de s'en tenir à sa position. Mais ma plus grande découverte fut qu'un homme doit étudier les conditions générales, les comprendre, afin d'être capable d'anticiper les probabilités. En résumé, j'avais appris que je devais travailler pour gagner de l'argent. Je ne pariais plus aveuglément, je ne me préoccupais plus de maîtriser les techniques du jeu, mais de remporter mes succès grâce à une étude approfondie et une analyse claire. J'avais également découvert que personne n'était à l'abri du danger de se retrouver avec un jeu miné. Et avec un tel jeu, un homme ne gagne que peu d'argent, car celui qui paye est sur le coup et ne perd jamais l'enveloppe de paie qui vous est destinée.

Notre bureau gagna beaucoup d'argent. Mes propres opérations connurent un tel succès qu'ils commencèrent à en parler et, bien sûr, elles furent grandement exagérées. On m'attribua le mérite d'avoir provoqué les chutes de diverses actions. Ils pensaient tous que la chose la plus merveilleuse était l'argent que j'avais gagné. Ils ne disaient pas un mot sur la fois où je leur avais dit pour la première fois que j'étais baissier et qu'ils pensaient que je n'étais qu'un fou, un loser vindicatif qui se lamentait. Le fait que j'aie anticipé les crises financières ne représentait rien. Pour eux, le fait que mon bookmaker ait utilisé à peine le tiers d'une goutte d'encre pour écrire mon nom dans la colonne des crédits dans le livre de comptes était un réel exploit.

Des amis me disaient que dans divers bureaux, le « gamin spéculateur » du bureau de Harding Brothers avait la réputation de constituer une menace pour toutes les cliques de haussiers qui avaient essayé d'augmenter les prix de diverses actions bien après l'évidence que le marché tendait à atteindre un niveau bien plus bas. Jusqu'à ce jour, ils parlent encore de mes positions.

À partir de la fin du mois de septembre, le marché monétaire lança des avertissements mégaphoniques au monde entier. Mais le fait que les gens croient aux miracles les empêcha de vendre ce qu'il restait de leurs avoirs spéculatifs. La première semaine d'octobre, un courtier me raconta une histoire qui me fit presque avoir honte de ma modération.

Vous vous rappelez que les prêts d'argent étaient généralement faits sur le parquet de la Bourse autour du poste monétaire. Les courtiers qui avaient été avisés par leur banque de rembourser les prêts à vue savaient en général combien ils allaient devoir emprunter de nouveau. Et, bien sûr, les banques connaissaient leur position en ce qui concernait les fonds prêtables, et celles qui avaient de l'argent à prêter l'envoyaient à la Bourse. Cet argent de banque était géré par quelques courtiers dont l'activité principale était les prêts à terme. Vers midi, le taux de renouvellement pour la journée était affiché. Habituellement, cela représentait une bonne moyenne des prêts consentis jusque-là. En règle générale, les affaires se faisaient ouvertement par le biais d'appels d'offres, de sorte que tout le monde savait ce qu'il se passait. Entre midi et environ deux heures, il n'y avait habituellement pas beaucoup d'affaires au niveau monétaire, mais une fois le délai de livraison atteint, à 14 h 15, les courtiers savaient exactement quelle serait leur position de trésorerie pour la journée, et ils pouvaient aller au poste monétaire et soit prêter les soldes qu'ils avaient, soit emprunter ce dont ils avaient besoin. Cette affaire se déroulait ouvertement, également.

Eh bien, au début du mois d'octobre, le courtier dont je vous parlais vint me voir et me dit que les courtiers ne se rendaient même plus au poste monétaire quand ils avaient de l'argent à prêter, car des membres de quelques maisons de commission bien connues y montaient la garde, prêts à sauter sur n'importe quelle offre d'argent. Bien entendu, aucun prêteur qui offrait de l'argent publiquement ne pouvait refuser de prêter à ces entreprises. Ils étaient solvables et la garantie était suffisante. Mais le problème était qu'une fois que ces entreprises avaient emprunté de l'argent à vue, il n'y avait aucune chance que le prêteur récupère cet argent. Ils disaient simplement qu'ils ne pouvaient pas le rembourser et le prêteur devrait le renouveler bon gré mal gré. Ainsi, toute maison de la Bourse qui avait de l'argent à prêter à ses camarades envoyait ses hommes sur le parquet plutôt qu'au poste, et ils chuchotaient à de bons amis : « Vous voulez 100 ? », signifiant : « Voulez-vous emprunter 100 000 dollars ? » Les courtiers monétaires qui agissaient au nom des banques adoptèrent le même plan, et c'était un spectacle désolant que la vue du poste monétaire. Rendez-vous compte !

Il me dit également qu'en ces jours d'octobre, c'était l'emprunteur qui fixait son propre taux d'intérêt, question de savoir-vivre pour la Bourse. Vous voyez, il fluctuait entre 100 et 150 % par an. Je suppose qu'en laissant l'emprunteur fixer le taux, le prêteur, d'une manière étrange, ne se sentait pas tellement usurier. Mais vous pouvez parier qu'il empochait autant que le reste. Naturellement, l'emprunteur ne rêvait pas de ne pas payer un taux élevé ; il était fairplay et payait la même chose que les autres. Ce dont il avait besoin, c'était l'argent, et il était heureux de l'obtenir.

Les choses allaient de mal en pis. Vint finalement le terrible jour du jugement dernier pour les haussiers, les optimistes, ceux qui prenaient leurs désirs pour des réalités et ces vastes hordes qui, redoutant la douleur d'une petite perte au début, étaient maintenant sur le point de subir une amputation totale sans anesthésie. C'était un jour que je n'oublierai jamais : le 24 octobre 1907.

Les rapports monétaires indiquèrent très tôt que les emprunteurs auraient à payer tout ce que les prêteurs jugeaient bon de demander. Il n'y aurait pas assez d'argent pour tout le monde. Ce jour-là, la foule qui s'intéressait à l'argent était beaucoup plus grande que d'habitude. Lorsque le moment des comptes arriva cet après-midi-là, il devait y avoir une centaine de courtiers autour du poste monétaire, chacun espérant emprunter l'argent dont son entreprise avait un besoin urgent. Sans argent, ils devraient vendre toutes les actions qu'ils détenaient sur marge, à n'importe quel prix qu'ils pourraient obtenir dans un marché où les acheteurs étaient aussi rares que l'argent lui-même, et à ce moment-là, il n'y avait pas un dollar en vue.

Le partenaire de mon ami était aussi baissier que moi. L'entreprise n'avait donc pas besoin d'emprunter, mais mon ami, le courtier dont je vous ai parlé, qui venait de voir les visages hagards autour du poste monétaire, vint à ma rencontre. Il savait que j'étais totalement baissier sur le marché. Il me dit :

— Mon Dieu, Larry ! Je ne sais pas ce qu'il va se passer. Je n'ai jamais rien vu de tel. Ça ne peut pas durer. Il faut absolument faire quelque chose. J'ai l'impression que tout le monde est en faillite, là. Vous ne pouvez pas vendre d'actions, et il n'y a absolument plus d'argent.

— Que voulez-vous dire ? demandai-je.

Sa réponse fut celle-ci :

— Avez-vous déjà entendu parler de l'expérience menée en classe de la souris sous une cloche de verre quand on commence à pomper l'air hors de la cloche ? Vous pouvez voir la pauvre souris respirer de plus en plus vite, ses côtes se soulevant comme de vieux soufflets, essayant de trouver assez d'oxygène qui se raréfie dans la cloche. Vous la regardez suffoquer jusqu'à ce que ses yeux sortent presque de leurs orbites, haletante, mourante. Eh bien, c'est à ça que je pense quand je vois la foule au poste monétaire ! Pas d'argent, nulle part, et vous ne pouvez pas liquider vos actions, car il n'y a personne pour les acheter. Là, tout Wall Street est ruiné, si vous voulez mon avis !

Cela me fit réfléchir. J'avais vu venir un coup violent, mais pas la pire panique de notre histoire, je l'admets. Ce ne serait profitable à personne si cela se poursuivait.

Finalement, il devint évident qu'il ne servait à rien d'attendre de l'argent au poste. Il n'y en aurait pas. Puis l'enfer se déchaîna.

Le président de la Bourse, M. R. H. Thomas, que j'entendis plus tard dans la journée, sachant que toutes les maisons de la Bourse se dirigeaient vers un désastre, partit chercher du secours. Il fit appel à James Stillman, président de la National City Bank, la banque la plus riche des États-Unis. Il se vantait que cette dernière ne prêtait jamais d'argent avec un taux de plus de 6 %.

Stillman écouta ce que le président de la Bourse de New York avait à dire. Puis il annonça :

— M. Thomas, nous allons devoir consulter M. Morgan pour cela.

Les deux hommes, espérant éviter la panique la plus désastreuse de notre histoire financière, se rendirent ensemble au bureau de J.P. Morgan & Co., et allèrent à la rencontre de M. Morgan. M. Thomas lui exposa la situation. Dès qu'il eut fini de parler, M. Morgan dit :

— Retournez à la Bourse et dites-leur qu'il y aura de l'argent pour eux.

— Où ?

— Dans les banques !

La foi de tous les hommes en M. Morgan était si forte en ces temps critiques que M. Thomas n'attendit pas de détails supplémentaires et revint précipitamment sur le parquet de la Bourse pour annoncer le sursis à ses collègues condamnés à mort.

Puis, avant 14 h 30, J.P. Morgan envoya John T. Atterbury dans la foule ; il venait de Van Emburgh & Atterbury et était connu pour être proche de J.P. Morgan & Co. Mon ami me dit que le vieux courtier se rendit rapidement au poste monétaire. Il leva la main comme un prêcheur lors d'une réunion de réveil. La foule, qui avait d'abord été quelque peu calmée par l'annonce du président Thomas, commençait à craindre que les plans de secours aient échoué et que le pire était encore à venir. Mais lorsqu'ils regardèrent le visage de M. Atterbury et le virent lever la main, ils se pétrifièrent sur-le-champ.

Dans le silence de mort qui suivit, M. Atterbury énonça :

— Je suis autorisé à prêter 10 millions de dollars. Détendez-vous ! Il y en aura assez pour tout le monde !

Puis il se mit au travail. Au lieu de donner à chaque emprunteur le nom du prêteur, il notait simplement le nom de l'emprunteur et le montant du prêt, puis il disait à l'emprunteur :

— On vous dira où se trouve votre argent.

Il voulait dire le nom de la banque auprès de laquelle l'emprunteur recevrait l'argent plus tard.

Un ou deux jours après cela, j'entendis que M. Morgan avait simplement dit aux banquiers effrayés de New York qu'ils devaient fournir l'argent dont la Bourse avait besoin.

— Mais nous n'en avons pas. Nous avons prêté jusqu'au dernier centime, avaient protesté les banquiers.

— Vous avez vos réserves, répliqua sèchement J.P. Morgan.

— Mais nous sommes déjà en dessous de la limite légale ! hurlèrent-ils.

— Utilisez-les ! C'est à ça que servent les réserves !

Et les banques obéirent et puisèrent dans les réserves à hauteur d'environ 20 millions de dollars. Cela sauva le marché boursier. La panique des banques ne fit son apparition que la semaine suivante. Quel homme, ce J.P. Morgan. Comme on n'en fait plus.

C'est le jour dont je me souviens le plus clairement de tous ceux de ma vie de spéculateur. C'était le jour où mes gains dépassèrent 1 million de dollars. Il marqua le dénouement réussi de ma première campagne de spéculation délibérément planifiée. Ce que j'avais anticipé s'était produit. Mais plus que tout cela, un de mes rêves les plus fous s'était réalisé : j'avais été le roi pour une journée !

Je vais vous expliquer, bien entendu. Après avoir passé quelques années à New York, j'avais l'habitude de me creuser la cervelle pour essayer de déterminer la raison exacte pour laquelle je ne pouvais battre le jeu chez un agent de change de la Bourse de New York, alors que je l'avais fait chez un bookmaker à Boston quand je n'étais qu'un gosse de quinze ans. Je savais qu'un jour, je découvrirais ce qui n'allait pas et que j'arrêterais d'avoir tort. À ce moment-là, j'aurais alors non seulement la volonté d'avoir raison, mais aussi la connaissance m'assurant d'avoir raison. Et cela signifierait le pouvoir.

S'il vous plaît, ne vous méprenez pas. Ce n'était pas un rêve délibéré de grandeur ou un désir futile né d'une vanité présomptueuse. C'était plutôt une sorte d'impression que le même vieux marché boursier qui m'avait tant dérouté dans le bureau de Fullerton et celui de Harding allait un jour me manger dans la main. Je pressentais seulement qu'un tel jour viendrait. Et ce fut le cas : c'était le 24 octobre 1907.

La raison pour laquelle je dis cela est la suivante : ce matin-là, un courtier, qui avait fait beaucoup d'affaires pour mes propres courtiers et qui savait que j'étais passé du côté baissier, descendit en compagnie de l'un des partenaires de la banque la plus en vue de Wall Street. Mon ami avait dit au banquier que je tradais beaucoup, et que je poussais certainement ma chance à l'extrême. À quoi bon avoir raison si on n'en retire pas tout le profit possible ?

Le courtier exagéra peut-être pour que son histoire ait l'air importante. J'avais peut-être plus d'adeptes que je ne le pensais. Le banquier savait peut-être beaucoup mieux que moi à quel point la situation était critique. Quoi qu'il en soit, mon ami me dit :

— Il a écouté ce que je lui ai raconté avec beaucoup d'intérêt. Je lui ai dit ce que vous aviez prévu que le marché fasse lorsque la vraie vente commencerait, après une ou deux poussées. Quand j'ai fini, il m'a dit qu'il avait peut-être quelque chose à faire pour moi plus tard dans la journée.

Lorsque les maisons de commission découvrirent qu'il n'y avait pas un centime à toucher sur quelque prix que ce soit, je savais que le moment était venu. J'envoyai des courtiers dans les différentes foules. À une époque, il n'y avait pas une seule offre pour Union Pacific. À n'importe quel prix ! Vous imaginez ! Et pour d'autres actions, même chose. Pas d'argent pour détenir des actions et personne pour les acheter.

J'avais d'énormes profits sur papier et la certitude que tout ce qu'il me restait à faire pour casser encore plus les prix, c'était d'envoyer des ordres pour vendre 10 000 actions Union Pacific et une demi-douzaine d'autres bonnes actions donnant lieu à des dividendes, et ce qui allait suivre serait tout simplement un enfer. J'avais le sentiment que la panique qui s'ensuivrait serait d'une telle intensité et d'une telle nature que le conseil des gouverneurs jugerait bon de fermer la Bourse, comme cela fut fait en août 1914, lorsque la Guerre mondiale éclata.

Cela voudrait dire une augmentation considérable des profits sur papier. Cela pourrait également signifier une incapacité à convertir ces profits en argent réel. Mais il y avait d'autres choses à prendre en compte, et l'une d'elles était qu'une autre débâcle retarderait le rétablissement que je commençais à envisager, l'amélioration compensatrice après tout ce carnage. Une telle panique ferait beaucoup de mal au pays en général.

Je décidai qu'étant donné qu'il n'était pas sage ni agréable de continuer à être activement baissier, il était illogique pour moi de rester short. Donc, je retournai ma veste et commençai à acheter.

Peu de temps après que mes courtiers avaient commencé à acheter pour moi et, soit dit en passant, que j'avais obtenu les prix les plus bas, le banquier demanda à voir mon ami.

— Je vous ai fait venir, dit-il, parce que je veux que vous alliez tout de suite voir votre ami Livingston et que vous lui disiez que nous espérons qu'il ne vendra plus aucune action aujourd'hui. Le marché ne supportera pas beaucoup plus de pression. En l'état actuel des choses, il sera extrêmement difficile d'éviter une panique dévastatrice. Appelez-en au patriotisme de votre ami. C'est un cas où un homme doit agir pour le bien de tous. Dites-moi tout de suite ce qu'il répond.

Mon ami vint me rapporter ses paroles sur-le-champ. Il fit preuve de beaucoup de tact. Je suppose qu'il pensait qu'ayant prévu de casser le marché, je considèrerais sa demande comme l'équivalent de gâcher ma chance de gagner environ 10 millions de dollars. Il savait que j'étais en colère contre certains gros requins pour la façon dont ils avaient agi en essayant d'attirer le public avec beaucoup d'actions alors qu'ils savaient aussi bien que moi ce qui allait se passer.

En fait, les grands hommes furent les grandes victimes et bon nombre des actions que j'avais achetées à des prix dérisoires appartenaient à des noms de financiers célèbres. Je ne le savais pas à l'époque, mais cela n'avait pas d'importance. J'avais pratiquement couvert tous mes shorts et j'avais l'impression qu'il y avait une chance d'acheter des actions bon marché et d'aider à la reprise nécessaire des prix en même temps si personne ne martelait le marché à la baisse.

Alors, je dis à mon ami :

— Retourne dire à M. Blank que je suis d'accord avec eux et que j'ai bien compris la gravité de la situation avant même qu'il ne demande à te voir. Non seulement je ne vendrai plus d'actions aujourd'hui, mais je vais aussi en acheter autant que je le peux.

Et je tins parole : ce jour-là, j'achetai 100 000 actions avec une sécurité concernant les marges. Je ne vendis aucune autre action à découvert pendant neuf mois.

C'est pourquoi j'ai dit à des amis que mon rêve s'était réalisé et que j'avais été le roi pour une journée. Ce jour-là, le marché boursier était certainement à la merci de tous ceux qui voulaient le faire baisser. Je n'ai pas souffert de la folie des grandeurs ; en fait, vous savez ce que je ressens par rapport au fait d'être accusé de dévaliser le marché et la façon dont mes opérations sont exagérées par les ragots de Wall Street.

J'en sortis en pleine forme. Les journaux dirent que Larry Livingston, le « gamin spéculateur », avait gagné plusieurs millions. Je valais plus d'un million après la fermeture des bureaux ce jour-là. Mais mes plus gros gains n'étaient pas en dollars, mais dans les intangibles : j'avais eu raison, j'avais anticipé et suivi un plan bien défini. J'avais appris ce qu'un homme doit faire pour gagner beaucoup d'argent ; j'avais définitivement quitté la classe des joueurs et j'avais enfin appris à trader intelligemment et sérieusement. C'était un grand jour pour moi.

10

Reconnaître nos propres erreurs ne devrait pas nous profiter davantage que l'étude de nos succès. Mais il y a une tendance naturelle chez tous les hommes à éviter les sanctions. Lorsque vous associez certaines erreurs à une raclée, vous ne rêvez pas d'une deuxième dose, et, bien sûr, toutes les erreurs boursières vous blessent à deux points sensibles : votre portefeuille et votre orgueil. Mais je vais vous dire une chose curieuse : un spéculateur boursier fait parfois des erreurs et sait qu'il les commet. Après les avoir faites, il se demandera pourquoi il les a faites. Après y avoir réfléchi avec la tête froide longtemps après que la douleur du châtiment sera passée, il pourra apprendre comment, quand et à quel point en particulier au cours de son trading il les a commises, mais pas pourquoi. Et puis il se traite de tous les noms et en reste là.

Bien sûr, si un homme est à la fois sage et chanceux, il ne commettra pas la même erreur deux fois. Mais il fera n'importe laquelle des dix mille sœurs ou cousines de l'originale. La famille Erreur est si grande qu'il y en a toujours une qui vous guette lorsque vous voulez voir ce que vous pouvez faire sur une ligne stupide.

Pour vous parler de la première de mes erreurs à un million de dollars, je vais devoir revenir à cette époque où je suis devenu millionnaire pour la première fois, juste après la grande débâcle d'octobre 1907. En ce qui me concerne, le fait d'avoir un million signifiait simplement plus de réserves. L'argent ne donne pas plus de confort à un trader, parce que, riche ou pauvre, il peut faire des erreurs, et il n'est jamais confortable d'avoir tort. Et quand un millionnaire a raison, son argent n'est qu'un de ses nombreux serviteurs. Perdre de l'argent est le dernier de mes soucis. Une perte ne me dérange jamais après que je l'ai subie. Je l'oublie du jour au lendemain. Mais avoir tort de ne pas prendre la perte est ce qui fait le plus de mal au portefeuille et à l'âme. Souvenez-vous de l'histoire de Dickson G. Watts au sujet de l'homme qui était si nerveux qu'un ami lui a demandé ce qu'il se passait.

— Je n'arrive pas à dormir, répondit l'homme nerveux.

— Pourquoi cela ? demanda l'ami.

— J'ai une position si importante sur le coton que j'y pense trop pour arriver à dormir. Cela m'épuise. Que puis-je faire ?

— Vendez jusqu'à ce que vous trouviez le sommeil, lui conseilla son ami.

En règle générale, un homme s'adapte aux conditions si rapidement qu'il perd la perspective. Il ne ressent pas vraiment la différence et il ne se souvient pas très bien de ce qu'on ressent quand on n'est pas millionnaire. Il se rappelle seulement qu'il y avait des choses qu'il ne pouvait pas faire qui sont maintenant à sa portée. Il ne faut pas beaucoup de temps à un homme raisonnablement jeune et normal pour perdre l'habitude d'être pauvre ; il en faut un peu plus pour oublier qu'il fut un temps, il était riche. Je suppose que c'est parce que l'argent crée des besoins ou encourage leur multiplication. Je veux dire qu'après qu'un homme a gagné de l'argent sur le marché boursier, il perd très vite l'habitude de ne pas dépenser. Mais après avoir perdu son argent, il lui faut beaucoup de temps pour perdre celle de dépenser.

Après avoir racheté mes shorts et adopté une position longue en octobre 1907, je décidai d'y aller doucement pendant quelque temps. J'achetai un yacht et avais prévu de partir en croisière dans les eaux du Sud. J'adore la pêche et ce devait être le plus beau moment de ma vie. Je l'attendais avec impatience et j'allais partir d'un jour à l'autre. Mais je ne l'ai pas fait. Le marché m'en a empêché.

J'ai toujours autant négocié les marchandises que les actions. J'ai commencé chez les bookmakers quand j'étais jeune. J'ai étudié ces marchés pendant des années ; peut-être pas aussi assidûment que les actions. En fait, je préfère miser sur les marchandises que sur les actions. Leur plus grande légitimité ne fait aucun doute, pour ainsi dire. Elle participe davantage à la nature d'une entreprise commerciale que le trading des actions. Un homme peut l'aborder comme n'importe quel problème commercial. Il est possible d'utiliser des arguments fictifs pour ou contre une certaine tendance sur un marché de marchandises ; mais le succès ne sera que temporaire, car, en fin de compte, les faits ne peuvent que prévaloir, de façon qu'un trader obtienne des dividendes en se basant sur l'étude et l'observation, comme il le fait pour les affaires habituelles. Il peut observer et soupeser les conditions, et il en sait autant que n'importe qui d'autre à ce sujet. Il n'a pas besoin de se protéger contre les cliques d'initiés. Les dividendes ne sont pas inopinément augmentés du jour au lendemain sur le marché du coton, du blé ou du maïs. À long terme, les prix des marchandises sont régis par une seule loi : la loi économique de l'offre et de la demande. Les opérations du trader en marchandises consistent simplement à obtenir des faits sur l'offre et la demande, présents et à venir. Il ne se livre pas à des suppositions sur une dizaine de choses comme il le fait pour les actions. Et trader sur les marchandises m'a toujours attiré.

Bien sûr, les mêmes phénomènes se produisent sur tous les marchés spéculatifs. Le message du téléscripteur est le même. Cela sera parfaitement clair pour quiconque prendrait la peine de réfléchir. S'il se pose des questions et considère les conditions générales, il découvrira que les réponses viendront directement. Mais les gens ne se donnent jamais la peine de se poser des questions, et encore moins de chercher des réponses. N'importe quel Américain moyen est originaire du Missouri partout et tout le temps, sauf lorsqu'il se rend chez les courtiers et regarde le téléscripteur, qu'il s'agisse d'actions ou de marchandises. Le seul jeu entre tous qui nécessite vraiment une étude poussée avant de miser est celui dans lequel il entre sans ses doutes préliminaires habituels, préventifs et intelligents. Il risquera la moitié de sa fortune sur le marché boursier avec moins de réflexion qu'il n'en consacre à la sélection d'une voiture à prix moyen.

La question de la lecture du téléscripteur n'est pas si compliquée qu'elle n'y paraît. Bien sûr, vous avez besoin d'expérience. Mais il est encore plus important de garder à l'esprit certains principes fondamentaux. Lire le téléscripteur n'est pas se faire dire la bonne aventure. Il ne vous indiquera pas combien vous vaudrez jeudi prochain à 13 h 35. Le but de la lecture du téléscripteur est d'abord de déterminer comment et, ensuite, quand négocier, c'est-à-dire s'il est plus judicieux d'acheter ou de vendre. Cela fonctionne exactement de la même façon pour les actions que pour le coton, le blé, le maïs ou l'avoine.

Vous observez le marché, c'est-à-dire les cours des prix tels qu'ils sont enregistrés par le téléscripteur avec un seul objectif : déterminer la direction, c'est-à-dire la tendance des prix. Nous savons que les prix fluctueront à la hausse ou à la baisse selon la résistance qu'ils rencontreront. Pour faciliter l'explication, nous dirons que les prix, comme tout le reste, évoluent d'après la ligne de moindre résistance. Ils feront tout ce qui est le plus facile, donc ils augmenteront s'il y a moins de résistance à une avancée qu'à un déclin, et vice-versa.

Personne ne devrait se demander si un marché est haussier ou baissier après son ouverture dans les règles. La tendance est évidente pour un homme qui a l'esprit ouvert et une vision raisonnablement claire, car il n'est jamais sage pour un spéculateur d'adapter les faits à ses théories.

Un tel homme saura, ou devrait savoir, s'il s'agit d'un marché haussier ou baissier ; ainsi, il sait s'il doit acheter ou vendre. C'est donc au tout début du mouvement qu'un homme a besoin de savoir s'il doit acheter ou vendre.

Disons, par exemple, que le marché, comme c'est habituellement le cas entre deux périodes d'oscillations, fluctue dans une fourchette de 10 points, augmentant jusqu'à 130 et baissant jusqu'à 120. Il peut sembler très faible lorsqu'il baisse, ou, lorsqu'il augmente, avec une croissance de 8 ou 10 points, il peut sembler plus fort que tout. Un homme ne devrait pas se laisser aller à trader en comptant sur des miracles. Il devrait attendre que le téléscripteur lui dise que c'est le bon moment. En fait, des millions et des millions de dollars ont été perdus par des hommes qui ont acheté des actions parce qu'elles avaient l'air bon marché ou les ont vendues parce qu'elles semblaient chères. Le spéculateur n'est pas un investisseur. Son but n'est pas d'obtenir un rendement régulier avec un bon taux d'intérêt, mais de profiter soit d'une hausse, soit d'une baisse du prix de ce qu'il spécule. Par conséquent, ce qu'il faut déterminer, c'est la ligne spéculative de moindre résistance au moment du trading ; et ce qu'il devrait attendre est le moment où cette ligne se définit, car c'est là son signal pour agir.

La lecture du téléscripteur lui permet simplement de constater qu'à 130, la vente a été plus forte que l'achat, et une réaction dans le prix a logiquement suivi. Jusqu'au point où la vente l'emporte sur l'achat, ceux qui analysent le téléscripteur de manière superficielle peuvent conclure que le prix ne va pas s'arrêter avant au moins 150, et ils achètent. Mais après l'amorce de la réaction, ils s'accrochent, ou vendent à perte minime, ou shortent et passent baissiers. Mais à 120, il y a une forte résistance à la baisse. L'achat prévaut sur la vente, il y a une reprise et ils couvrent leurs shorts. Le public est si souvent impressionné que l'on s'émerveille de leur persévérance à ne pas apprendre leur leçon.

Un jour, il se passe quelque chose qui augmente la puissance de la force à la hausse ou à la baisse et le point de plus grande résistance monte ou descend, c'est-à-dire que l'achat à 130 sera pour la première fois plus fort que la vente, ou la vente à 120 sera plus forte que l'achat. Le prix franchira l'ancienne résistance ou limite du mouvement et continuera son évolution. En règle générale, il y a toujours une foule de traders qui sont vendeurs à découvert à 120 parce que le titre semblait faible, ou bien acheteurs à 130 parce qu'il semble si fort, et lorsque le marché va à leur encontre, après un certain temps, ils sont forcés soit de changer d'avis et de retourner leur veste, soit de fermer leur position. Dans les deux cas, ils aident à définir la ligne de prix de moindre résistance de façon encore plus claire. Ainsi, le trader intelligent qui a patiemment attendu pour déterminer cette ligne fera appel aux conditions fondamentales du trading et aussi à la force de la partie de la communauté qui a eu tort et qui doit maintenant corriger ses erreurs. De telles corrections tendent à pousser les prix le long de la ligne de moindre résistance.

Et je dirai ici que, bien que je ne le donne pas comme une certitude mathématique ou comme un axiome de spéculation, mon expérience m'a démontré que les accidents, c'est-à-dire les imprévus et évènements inattendus, m'ont toujours aidé à établir ma position sur le marché lorsque cette dernière était basée sur ma détermination de la ligne de moindre résistance. Vous souvenez-vous de l'épisode d'Union Pacific à Saratoga dont je vous ai parlé ? Eh bien, j'étais haussier parce que j'avais découvert que la ligne de moindre résistance était vers le haut. J'aurais dû conserver ma position au lieu de laisser mon courtier me dire que des initiés vendaient des actions. Ce qu'il se passait dans l'esprit des agents de change ne faisait aucune différence. C'était quelque chose que je ne pouvais pas savoir. Mais je savais que le téléscripteur disait : « Ça monte ! » Vint ensuite l'augmentation inattendue du dividende et par conséquent la hausse de 30 points du cours de l'action. À 164, les prix semblaient très élevés, mais comme je vous l'ai déjà dit, les actions ne sont jamais trop élevées pour être achetées ou trop basses pour être vendues. Le prix n'a en soi rien à voir avec l'établissement de ma ligne de moindre résistance.

Vous constaterez dans la pratique que si vous tradez comme je l'ai indiqué, toute nouvelle importante donnée entre la fermeture d'un marché et l'ouverture d'un autre s'accorde généralement avec la ligne de moindre résistance. La tendance a été établie avant la publication de cette nouvelle, et dans les marchés haussiers, les éléments baissiers sont ignorés et les nouvelles haussières exagérées, et vice-versa. Avant l'éclatement de la guerre, le marché était très faible. Il y eut la proclamation de la politique sous-marine de l'Allemagne. J'étais short de 150 000 actions, non pas parce que je savais que la nouvelle allait arriver, mais parce que je suivais la ligne de moindre résistance. En ce qui concernait mon jeu, aucun nuage à l'horizon. Bien sûr, j'ai profité de la situation et j'ai couvert mes shorts, ce jour-là.

Il semble très facile de dire que tout ce que vous avez à faire est de regarder le téléscripteur, d'établir vos points de résistance et d'être prêt à trader sur la ligne de moindre résistance dès que vous l'aurez déterminée. Mais dans la pratique, l'homme doit se protéger de beaucoup de choses, et surtout de lui-même, c'est-à-dire de la nature humaine. C'est la raison pour laquelle je dis que l'homme qui a raison compte toujours deux forces qui jouent en sa faveur : les conditions générales et les hommes qui ont tort. Dans un marché haussier, les facteurs baissiers sont ignorés. C'est la nature humaine, et pourtant, les êtres humains prétendent en être étonnés. Les gens vous diront que la récolte de blé s'est laissé aller à cause d'une météo défavorable dans une ou deux régions et que certains agriculteurs ont été ruinés. Lorsque toute la récolte est ramassée et que tous les agriculteurs de toutes les régions de culture du blé commencent à apporter leur récolte aux silos, les haussiers sont surpris de la faiblesse des dégâts. Ils découvrent qu'ils ont simplement aidé les baissiers.

Quand un homme spécule sur des marchandises, il ne doit pas se permettre d'avoir des préjugés. Il doit faire preuve d'ouverture d'esprit et de souplesse. Il n'est pas sage de ne pas tenir compte du message du téléscripteur, peu importe votre opinion sur les conditions de culture ou sur ce que pourrait probablement être la demande. Je me souviens comment j'ai raté un gros coup en essayant simplement d'anticiper le signal de départ. J'étais tellement sûr des conditions que je n'ai pas pensé nécessaire d'attendre que la ligne de moindre résistance se définisse. J'ai même songé que je pourrais l'aider à arriver, parce qu'il semblait qu'elle avait simplement besoin d'un peu d'aide.

J'étais très haussier sur le coton. Il tournait autour des 12 centimes et augmentait et baissait dans une fourchette modérée. Il se trouvait dans l'un de ces entre-deux ; je le voyais bien. Je savais que je devais vraiment attendre. Mais je me suis dit que si je poussais un peu, il monterait au-dessus du point de résistance le plus élevé.

Alors, j'ai acheté 50 000 ballots. Bien sûr, il a augmenté. Et, bien entendu, dès que j'ai arrêté d'en acheter, sa hausse s'est stoppée. Puis il a commencé à se stabiliser à l'endroit où il se trouvait lorsque j'avais commencé à l'acheter. Je suis sorti et il a arrêté de baisser. Je pensais que j'étais maintenant beaucoup plus près du signal de départ, et très vite, j'ai pensé que j'allais recommencer ; c'est ce que j'ai fait, et la même chose s'est produite. J'ai surenchéri, uniquement pour le voir descendre quand je me suis arrêté. J'ai accompli cette manœuvre quatre ou cinq fois jusqu'à ce que je finisse par arrêter, dégoûté. Cela m'a coûté environ 200 000 dollars. J'en avais fini avec ça. Peu de temps après, il a commencé à monter et n'a jamais cessé jusqu'à ce qu'il atteigne un prix qui m'aurait permis de faire un véritable tabac, si je n'avais pas été aussi pressé d'entamer mon trading.

Cette expérience a été celle de tant de traders, tant de fois que je peux donner cette règle : dans un marché étroit, quand les prix ne font pas des miracles mais varient dans une fourchette étroite, il n'y a aucune raison d'essayer d'anticiper si le prochain grand mouvement sera haussier ou baissier. La chose à faire est d'observer le marché, de lire le téléscripteur pour déterminer les limites des prix qui ne fluctuent pas au sens large et de décider que vous ne vous y intéresserez pas jusqu'à ce que le prix dépasse la limite dans l'une des deux directions. Un spéculateur doit se soucier de faire de l'argent sur le marché et non pas d'insister pour que le téléscripteur soit d'accord avec lui. Ne discutez jamais avec lui et ne lui demandez jamais de raisons ou d'explications. Les analyses à froid du marché boursier ne paient pas de dividendes.

Il n'y a pas si longtemps, je me trouvais avec quelques amis. Ils se sont mis à parler du blé. Certains d'entre eux étaient haussiers et d'autres baissiers. Finalement, ils m'ont demandé ce que j'en pensais. Eh bien, j'étudiais le marché depuis un certain temps. Je savais qu'ils ne voulaient pas de statistiques ou d'analyses des conditions. Donc, je leur ai dit :

— Si vous voulez gagner de l'argent avec du blé, je peux vous dire comment y arriver.

Ils m'ont tous affirmé qu'ils voulaient savoir, donc j'ai continué :

— Si vous êtes sûr de vouloir gagner de l'argent avec le blé, regardez-le et attendez. Dès qu'il franchit les 1,20 dollars, achetez-le et vous obtiendrez une jolie plus-value !

— Pourquoi ne pas l'acheter maintenant, à 1,14 dollars ? demanda l'un d'eux.

— Parce que je ne sais pas encore si ça va monter ou non.

— Alors pourquoi l'acheter à 1,20 dollars ? Cela semble être un prix très élevé.

— Souhaitez-vous parier aveuglément dans l'espoir d'obtenir un gros profit ou voulez-vous spéculer intelligemment et obtenir un profit plus petit mais bien plus rentable ?

Ils ont tous dit qu'ils voulaient le profit plus petit mais plus sûr, donc j'ai répliqué :

— Alors, faites ce que je vous dis. S'il franchit les 1,20 dollars, achetez.

Comme je vous l'ai dit, je l'observais depuis longtemps. Pendant des mois, il s'est vendu entre 1,10 et 1,20 dollars, n'allant nulle part en particulier. Eh bien, Monsieur, un jour, il a fermé au-dessus de 1,19 dollars. Je m'y étais préparé. Bien entendu, le lendemain, il a ouvert à 1,20 ½, et j'ai acheté. Il est passé à 1,21, à 1,22, à 1,23, à 1,25, et je l'ai suivi.

Cela dit, à l'époque, je n'aurais pas pu vous dire ce qu'il se passait. Je n'ai reçu aucune explication sur son comportement au cours des fluctuations limitées. Je ne pouvais dire si le dépassement de la limite monterait jusqu'à 1,20 dollars ou baisserait jusqu'à 1,10 dollars, même si je soupçonnais qu'il augmenterait parce qu'il n'y avait pas assez de blé dans le monde pour faire plonger les cours.

En fait, il semble que l'Europe avait acheté discrètement et que beaucoup de traders les vendaient à découvert à environ 1,19 dollars. En raison des achats européens et d'autres causes, beaucoup de blé avait été retiré du marché, de sorte que finalement, le grand mouvement commence. Le prix a dépassé la barre des 1,20 dollars. C'était ce que j'avais prédit et tout ce dont j'avais besoin. Je savais que lorsqu'il dépasserait 1,20 dollars, ce serait parce que le mouvement à la hausse aurait enfin pris de l'ampleur pour le pousser au-delà de la limite et que quelque chose devrait arriver. En d'autres termes, en franchissant le seuil des 1,20 dollars, la ligne de moindre résistance des prix du blé avait été établie. C'était alors une tout autre histoire.

Je me souviens d'un jour, qui était d'ailleurs férié chez nous, où tous nos marchés étaient fermés. Eh bien, à Winnipeg, le prix du blé a augmenté de 0,06 dollars le boisseau à l'ouverture. Lorsque notre marché a ouvert le lendemain, il était également en hausse de 0,06 dollars le boisseau : le prix suivait la ligne de moindre résistance.

Ce que je vous ai dit vous donne l'essence de mon système de trading comme étant basé sur l'étude du téléscripteur. J'apprends simplement la façon dont les prix vont très probablement évoluer ; je vérifie mon propre trading par des tests supplémentaires, afin de déterminer le moment psychologique. Je fais cela en observant la façon dont le prix se comporte après que j'ai commencé.

Il est surprenant de voir combien de traders expérimentés ont l'air incrédules quand je leur dis que lorsque j'achète des actions pour une hausse, j'aime payer des prix élevés, et que lorsque je vends, je dois vendre bas ou pas du tout. Il ne serait pas si difficile de gagner de l'argent si un trader s'en tenait toujours à ses armes spéculatives, c'est-à-dire attendre que la ligne de moindre résistance se définisse et commencer à acheter seulement quand le téléscripteur lui dit que ça va monter ou vendre seulement quand il dit que ça va baisser. Il devrait faire grossir sa position au fur et à mesure des hausses. Il doit commencer par acheter un cinquième de sa ligne entière. Si cela ne lui montre aucun profit, il ne doit pas augmenter ses avoirs parce qu'il a manifestement mal commencé ; il a temporairement tort, et il n'est à aucun moment profitable d'avoir tort. Le même téléscripteur qui criait : « HAUSSE ! » n'a pas nécessairement menti simplement parce qu'il dit désormais : « PAS ENCORE ! »

Dans le coton, mon trading a connu un grand succès pendant un long moment. J'avais ma théorie à ce sujet et elle a été à la hauteur. Supposons que j'avais décidé que ma position serait de 40 000 à 50 000 ballots. Eh bien, j'étudierais le téléscripteur comme je vous l'ai dit, guettant une opportunité d'acheter ou de vendre. Supposons que la ligne de moindre résistance indique un mouvement haussier ; dans ce cas, j'achèterais 10 000 ballots. Après cet achat, si le marché augmente de 10 points par rapport à mon prix d'achat initial, j'en prendrais 10 000 autres de la même façon. Alors, si je pouvais obtenir 20 points de profit, ou 1 dollar le ballot, j'en achèterais 20 000 de plus. Cela me donnerait ma position de base pour mon trading. Mais si, après avoir acheté les 10 000 ou 20 000 premiers ballots, je fais face à une perte, je sortirais. Dans ce cas de figure, j'aurais alors tort. Il se peut que je n'aie eu tort que temporairement ; mais comme je l'ai dit précédemment, avoir tort ne paie jamais.

Ce que j'ai accompli en m'en tenant à mon système, c'est que j'ai toujours eu une ligne de coton dans chaque mouvement réel. En accumulant ma ligne entière, je pourrais débourser 50 000 ou 60 000 dollars dans mes tests d'impression. Cela a l'air de tests onéreux, mais il n'en est rien. Après le début du mouvement réel, combien de temps me faudrait-il pour rattraper les 50 000 dollars que j'avais perdus afin de m'assurer que j'avais commencé exactement au bon moment ? Pas une seule seconde ! C'est toujours payant d'avoir raison au bon moment.

Comme je crois également l'avoir déjà dit, ceci décrit ce que j'appelle mon système pour placer mes paris. Il ne relève que de simple arithmétique de prouver qu'il est sage de placer le gros pari seulement quand on gagne, et quand on perd, il faut seulement perdre un petit pari exploratoire, pour ainsi dire. Si un homme trade de la façon que j'ai décrite, il sera toujours dans la position favorable de pouvoir gagner le gros lot.

Les traders professionnels ont toujours eu un système ou un autre basé sur leur expérience et régi soit par leur attitude envers la spéculation, soit par leurs désirs. Je me souviens qu'à Palm Beach, j'ai rencontré un vieil homme dont je n'ai pas pris le nom ou que je n'ai pas tout de suite retenu. Je savais qu'il avait spéculé à Wall Street pendant des années, à l'époque de la guerre civile ; quelqu'un m'avait dit qu'il était un vieux bonhomme très sage qui avait traversé tant de booms et de paniques qu'il disait toujours qu'il n'y avait rien de nouveau sous le soleil, encore moins sur le marché boursier.

Le vieux me posa beaucoup de questions. Quand j'eus fini de lui parler de ma pratique habituelle du trading, il hocha la tête et me dit :

— Oui ! Oui ! Vous avez raison. Votre constitution et la façon dont votre esprit raisonne font que votre système est le bon pour vous. Il est facile pour vous d'appliquer ce que vous prêchez, car l'argent que vous pariez est le cadet de vos soucis. Je me souviens de Pat Hearne. Avez-vous déjà entendu parler de lui ? C'était un spéculateur très connu et il avait un compte chez nous. Un type malin et culoté. Il gagnait de l'argent sur les actions, donc les gens lui demandaient des conseils ; mais il n'en donnait jamais. S'ils lui demandaient sans détour son opinion pour savoir si leurs engagements étaient sages ou non, il répondait généralement par l'une de ses maximes préférées : « On ne peut pas savoir avant d'avoir parié. » Il spéculait chez nous. Il achetait 100 parts d'une action active, et quand, ou si, le prix augmentait de 1 %, il en achetait 100 de plus. Sur une autre avancée d'un point, encore 100 actions, et ainsi de suite. Il avait l'habitude de dire qu'il ne jouait pas pour faire gagner de l'argent aux autres et qu'il plaçait donc un ordre stop-loss un point en dessous du prix de son dernier achat. Quand le prix continuait à augmenter, il modifiait simplement son stop en conséquence. Sur une réaction de 1 %, il sortait du marché. Il déclarait qu'il ne voyait aucun intérêt à perdre plus d'un point, que ce soit sur sa marge initiale ou ses profits sur papier. Vous savez, un spéculateur professionnel ne cherche pas les gros coups, mais plutôt des gains garantis ; bien entendu, les gros coups, c'est bien quand ça arrive. Sur le marché boursier, Pat ne courrait pas après les tuyaux ni ne jouait pour obtenir des avances de 20 points par semaine, mais bien de l'argent garanti en quantité suffisante pour lui assurer une bonne subsistance. De tous les milliers d'outsiders que j'ai rencontrés à Wall

Street, Pat Hearne était le seul à ne voir dans la spéculation boursière qu'un jeu de hasard au même titre que le faro ou la roulette, mais il avait néanmoins le bon sens de s'en tenir à une méthode de pari relativement solide. Après la mort de Hearne, un de nos clients qui avait toujours tradé avec Pat et utilisé son système a gagné plus de 100 000 dollars à Lackawanna. Puis il est passé à d'autres actions et, parce qu'il avait gagné gros, il pensait qu'il n'avait pas besoin de s'en tenir à la méthode de Pat. Quand une réaction a eu lieu, au lieu de réduire ses pertes, il les a laissé courir comme s'il s'agissait de profits. Bien sûr, toute sa fortune y est passée jusqu'au dernier centime. Quand il a finalement arrêté, il nous devait plusieurs milliers de dollars. Il est resté deux ou trois ans. Il a gardé la fièvre du jeu longtemps après que l'argent avait disparu ; mais nous n'avons émis aucune objection tant qu'il réussissait. Je me souviens qu'il admettait ouvertement qu'il avait été idiot de ne pas s'en être tenu au style de jeu de Pat. Un jour, il est venu me voir, très excité, et m'a demandé de le laisser vendre quelques actions à découvert dans notre bureau. C'était un type assez gentil qui avait été un bon client à son époque, donc je lui ai dit que je garantirais personnellement son compte pour 100 actions. Il a vendu à découvert 100 actions de Lake Shore. C'était à l'époque où Bill Travers avait martelé le marché, en 1875. Mon ami Roberts a vendu Lake Shore exactement au bon moment et a continué à le vendre au fur et à mesure de la baisse, comme il avait coutume de le faire dans les vieux jours couronnés de succès avant d'abandonner le système de Pat Hearne et d'écouter le chant des sirènes. Eh bien, Monsieur, en quatre jours de pyramidage réussi, le compte de Roberts lui montrait un profit de 15 000 dollars. Constatant qu'il n'avait pas donné d'ordre de stop-loss, je lui en ai parlé et il m'a dit que la pause n'avait pas encore vraiment commencé et qu'il n'allait pas être touché par une réaction d'un point. C'était en août. Avant la mi-septembre, il m'emprunta dix dollars pour acheter son quatrième landau. Il ne s'en tenait pas à son propre système avéré ; c'est le problème avec la plupart d'entre eux.

Puis le vieil homme secoua la tête à mon intention.

Et il avait raison. Je pense parfois que la spéculation doit être un genre d'affaires contre nature, car je trouve que le spéculateur moyen se ligue sûrement contre sa propre nature. Les faiblesses auxquelles tous les hommes sont sujets sont fatales à la réussite dans la spéculation, généralement ces mêmes faiblesses qui les rendent sympathiques à leurs semblables ou les protègent dans la vie de tous les jours, où elles ne sont pas aussi dangereuses que lorsqu'ils font de la spéculation sur des actions ou des marchandises.

Les principaux ennemis du spéculateur creusent toujours à l'intérieur. Il est inséparable de la nature humaine d'espérer et de craindre. Dans la spéculation, quand le marché va à votre encontre, vous espérez que chaque jour soit le dernier et vous perdez plus que vous n'auriez dû si vous n'aviez pas écouté l'espoir du même allié qui est un facteur de succès si puissant pour les bâtisseurs d'empire et les pionniers, qu'ils soient grands ou petits. Et quand le marché va dans votre sens, vous craignez que le lendemain vous prive de votre profit, et alors vous sortez trop tôt. La peur vous empêche de gagner autant d'argent que vous le devriez. Le trader qui réussit doit combattre ces deux instincts profondément ancrés. Il doit inverser ce qu'on pourrait appeler ses pulsions naturelles. Au lieu d'espérer, il doit craindre ; au lieu de craindre, il doit espérer. Il doit craindre que sa perte puisse devenir beaucoup plus importante et espérer que son profit puisse évoluer en un gros bénéfice. Il est absolument faux de parier sur les actions comme le fait l'homme moyen.

Je suis dans le jeu spéculatif depuis que j'ai quatorze ans. C'est tout ce que j'ai toujours fait. Je crois savoir de quoi je parle. Et la conclusion à laquelle je suis parvenu après près de 30 ans de spéculation constante, à la fois proche de la ruine, mais aussi avec des millions de dollars, est la suivante : un homme peut battre une action ou un groupe à un moment donné, mais aucun homme vivant ne peut battre le marché boursier ! Un homme peut gagner de l'argent avec des opérations individuelles sur le coton ou les céréales, mais aucun homme ne peut battre le marché du coton ou le marché des céréales. C'est comme les courses hippiques : un homme peut battre une course de chevaux, mais il ne peut pas battre l'organisation des courses.

Si je savais comment rendre ces déclarations plus fortes ou plus véhémentes, je le ferais certainement. Peu importe que les gens disent le contraire ; je sais que j'ai raison de dire qu'il s'agit là d'affirmations irréfutables.

11

Et maintenant, je vais revenir à octobre 1907. J'achetai un yacht et préparai tout le nécessaire pour quitter New York pour une croisière dans les eaux du Sud. Je suis dingue de pêche, et cette fois-ci, j'allais profiter de cette activité sur mon propre yacht, pour mon plus grand plaisir ; j'irais où je le souhaiterais dès que l'envie m'en prendrait. J'avais fait un malheur avec les actions, mais au dernier moment, le maïs me retint.

Je me dois d'expliquer qu'avant la panique financière qui m'a donné mon premier million, je tradais des céréales à Chicago. J'étais short de 10 millions de boisseaux de blé et 10 millions de maïs. J'avais longtemps étudié les marchés céréaliers et j'étais aussi baissier sur le maïs et le blé que sur les actions.

Eh bien, ils commencèrent tous deux à baisser, mais alors que le blé continuait à chuter, le plus grand de tous les opérateurs de Chicago, que j'appellerai Stratton, s'était mis en tête de faire monter le maïs. Après avoir vendu mes actions, prêt à partir vers le sud sur mon yacht, je découvris que le blé me montrait un joli profit, mais qu'en ce qui concernait le maïs, Stratton avait fait grimper le prix, et je subissais alors une perte considérable.

Je savais qu'il y avait beaucoup plus de maïs dans le pays que le prix ne l'indiquait. La loi de l'offre et de la demande fonctionnait, comme toujours. Mais la demande venait principalement de Stratton et l'offre n'arrivait pas du tout, parce qu'il y avait un vif engorgement dans le mouvement du maïs. Je me souviens que j'avais l'habitude de prier pour l'arrivée d'une vague de froid qui gèlerait les routes impraticables et permettrait aux agriculteurs d'apporter leur maïs au marché. Mais aucun coup de pouce ne vint.

J'étais là, à attendre de partir pour mon voyage de pêche joyeusement planifié, et cette perte sur le maïs me retenait. Je ne pouvais pas partir avec le marché dans un tel état. Bien sûr, Stratton surveillait de près les intérêts à découvert. Il savait qu'il me tenait, et je le savais aussi bien que lui. Mais, comme je l'ai dit, j'espérais réussir à convaincre la météo qu'elle devrait s'activer et m'aider. Comprenant que ni la météo ni aucun faiseur de miracle bienveillant n'accordait d'attention à mes besoins, j'étudiai comment je pourrais me sortir de cette difficulté moi-même.

Je clôturai ma ligne de blé avec un beau profit. Mais le problème du maïs était infiniment plus complexe. Si j'avais pu couvrir mes 10 millions de boisseaux aux prix en vigueur, je l'aurais fait sur-le-champ et avec plaisir, même si la perte aurait été importante. Mais, bien entendu, au moment où je commencerais à acheter mon maïs, Stratton serait dans la place, agissant comme un presse-agrume sur les actions, et alors, plutôt me trancher la gorge avec mon propre couteau que de faire monter le prix moi-même avec mes propres achats.

Aussi fort que fût le maïs, mon désir d'aller pêcher l'était encore plus, alors c'était à moi de trouver un autre moyen de m'en sortir sur-le-champ. Je devais organiser une retraite stratégique. Je devais racheter les 10 millions de boisseaux que j'avais shortés et, ce faisant, limiter mes pertes autant que possible.

Il se trouve qu'à l'époque, Stratton trempait aussi dans des affaires d'avoine et que le marché était assez bien ficelé. J'avais suivi l'évolution de tous les marchés céréaliers sous forme de nouvelles sur les récoltes et de ragots sur les puits, et j'avais entendu que, vu le marché, les forts intérêts d'Armour n'étaient pas favorables à Stratton. Bien sûr, je savais que Stratton ne me laisserait pas obtenir le maïs dont j'avais besoin, sauf à son propre prix, mais dès que j'entendis les rumeurs selon lesquelles Armour était contre Stratton, je pensai que je pourrais demander de l'aide aux traders de Chicago. La seule façon pour eux de pouvoir m'aider était de me vendre le maïs que Stratton n'achèterait pas. Le reste serait facile.

Tout d'abord, j'envoyai des ordres pour acheter 500 000 boisseaux de maïs à chaque baisse d'un huitième de centime. Après avoir passé ces commandes, je donnai à chacune des quatre maisons l'ordre de vendre simultanément 50 000 boisseaux d'avoine au marché. Ceci, me dis-je, devrait créer une courte pause dans l'avoine. Sachant comment l'esprit des traders fonctionnait, c'était facile de comprendre qu'ils penseraient instantanément qu'Armour lançait les hostilités contre Stratton. En voyant l'attaque débuter dans l'avoine, ils concluraient logiquement que la prochaine baisse serait dans le maïs et ils commenceraient à le vendre. Si ce maïs était en faillite, les gains seraient sensationnels.

Ma réflexion sur la psychologie des traders de Chicago était tout à fait correcte. Quand ils virent l'avoine baisser sur les ventes éparses, ils sautèrent rapidement sur le maïs et le vendirent avec un grand enthousiasme. Cela me permit d'acheter 6 millions de boisseaux de maïs dans les dix minutes qui suivirent. Dès que je constatai que leur vente de maïs avait cessé, j'achetai simplement les 4 autres millions de boisseaux au marché. Bien entendu, cela fit remonter le prix, mais le résultat net de ma manœuvre fut que je couvris toute ma ligne de 10 millions de boisseaux à moins d'un demi-centime du prix en vigueur au moment où j'avais commencé à couvrir les ventes des traders. Les 200 000 boisseaux d'avoine que j'avais vendus à découvert pour commencer la vente du maïs par les traders, je les couvris avec une perte de seulement 3 000 dollars. C'était un appât à baissier plutôt bon marché. Les profits que j'avais réalisés dans le blé compensaient si largement mon déficit en maïs que ma perte totale sur tous mes trades de céréales ne s'élevait qu'à 25 000 dollars. Par la suite, le prix du maïs augmenta de 0,25 dollar le boisseau. Stratton me tenait indéniablement à sa merci. Si j'avais commencé à acheter mes 10 millions de boisseaux de maïs sans réfléchir au prix, je ne saurais dire ce que j'aurais dû payer.

Un homme ne peut pas consacrer des années à une chose et ne pas acquérir une attitude habituelle à son égard tout à fait différente de celle du débutant moyen. La différence qui distingue le professionnel de l'amateur est la façon dont il regarde les choses qui lui font gagner ou perdre de l'argent sur les marchés spéculatifs. Le public a le point de vue du dilettante sur son propre effort. L'ego s'impose excessivement et la pensée n'est donc ni profonde ni exhaustive. Le professionnel se soucie de faire ce qui est juste plutôt que de gagner de l'argent, sachant que le profit viendra de lui-même si l'on s'occupe du reste. Un trader joue comme le joueur de billard professionnel, c'est-à-dire qu'il regarde loin vers l'avenir au lieu de considérer le coup particulier devant lui. Jouer pour sa position devient un instinct.

Je me souviens d'avoir entendu une histoire parlant d'Addison Cammack qui illustre très bien ce que je tiens à souligner. D'après tout ce que j'ai entendu, j'ai tendance à penser que Cammack était l'un des meilleurs traders en bourse que Wall Street ait jamais vu. Ce n'était pas un baissier chronique, comme beaucoup le croient, mais il était plutôt enclin à trader du côté des baissiers, en jouant sur les deux grands ressorts humains : l'espoir et la peur. On lui attribue l'invention de cet avertissement : « Ne vends pas d'actions lorsque la sève remonte à la cime des arbres ! », et les anciens me disent qu'il a obtenu ses plus gros gains en étant haussier ; il est donc évident qu'il ne jouait pas en se basant sur des rumeurs, mais sur les conditions. Quoi qu'il en soit, c'était un trader accompli. Il semble qu'à l'époque d'un marché haussier, Cammack était baissier, et J. Arthur Joseph, rédacteur financier et conteur d'histoires, le savait. Cependant, le marché n'était pas seulement fort, mais il continuait également d'augmenter, en réponse aux encouragements des chefs haussiers et aux reportages optimistes des journaux. Sachant ce qu'un trader comme Cammack pourrait faire d'une information baissière, Joseph se précipita un jour dans le bureau de Cammack avec de bonnes nouvelles.

— M. Cammack, j'ai un très bon ami qui est commis au bureau de Saint-Paul, et il vient de me dire quelque chose que vous devriez savoir, selon moi.

— Qu'est-ce que c'est ? demanda mollement Cammack.

— Vous avez retourné votre veste, n'est-ce pas ? Vous êtes baissier, maintenant ? demanda Joseph, pour être sûr.

Si Cammack n'était pas intéressé, il n'allait pas gaspiller de précieuses armes.

— Oui. Quelle est cette merveilleuse information ?

— Je me suis rendu au bureau de Saint-Paul aujourd'hui, comme je le fais deux ou trois fois par semaine pour glaner des informations, et mon ami m'a dit : « Le Vieil Homme vend des actions. » Il parlait de William Rockefeller. « Vraiment, Jimmy ? » lui ai-je demandé, et il m'a répondu : « Oui, il vend 1 500 actions à chaque hausse de trois huitièmes de point. Je transfère les actions depuis deux ou trois jours. » Je n'ai pas perdu de temps et je suis venu vous en informer sur-le-champ.

Cammack ne s'emballait pas facilement ; de plus, il avait tellement l'habitude de voir toutes sortes de gens se précipiter comme des fous dans son bureau avec toutes sortes de nouvelles, ragots, rumeurs, conseils et mensonges qu'il avait commencé à s'en méfier. Il répondit simplement :

— Êtes-vous sûr d'avoir bien entendu, Joseph ?

— Si je suis sûr ? Bien sûr que j'en suis sûr ! Me croyez-vous sourd ? s'insurgea Joseph.

— Êtes-vous certain de votre informateur ?

— Absolument ! déclara Joseph. Je le connais depuis des années. Il ne m'a jamais menti. Il ne le ferait pas ! C'est certain ! Je sais qu'il est totalement fiable et je parierais ma vie sur ce qu'il me dit. Je le connais mieux que n'importe qui dans ce monde, bien mieux que vous ne semblez me connaître, après toutes ces années.

— Sûr de lui, hein ?

Et Cammack regarda de nouveau Joseph. Puis il dit :

— Eh bien, nous allons voir ça.

Il appela son courtier, W. B. Wheeler. Joseph s'attendait à l'entendre donner un ordre de vendre au moins 50 000 actions de Saint-Paul. William Rockefeller se défaisait de ses possessions dans Saint-Paul, profitant ainsi de la force du marché. Qu'il s'agît d'investissements ou de placements spéculatifs n'avait aucune d'importance. Le seul fait digne d'intérêt était que le meilleur trader en bourse de toute la Standard Oil sortait de Saint-Paul. Qu'aurait fait l'homme moyen s'il avait reçu la nouvelle d'une source digne de confiance ? Nul besoin de le demander.

Mais Cammack, le meilleur trader baissier de son époque, qui était alors baissier sur le marché, dit à son courtier :

— Billy, va au tableau et achète 1 500 Saint-Paul à chaque hausse de trois huitièmes de point.

L'action valait alors dans les 90.

— Vous ne voulez pas dire vendre ? s'interposa précipitamment Joseph.

Il n'était pas novice à Wall Street, mais il voyait le marché du point de vue du journaliste et, accessoirement, du grand public. Le prix devrait certainement baisser à l'annonce de la vente interne. Et il n'y avait pas de meilleure vente interne que celle de M. William Rockefeller. La Standard Oil vendait et Cammack achetait ! C'était impossible !

— Non, dit Cammack. Je veux dire acheter !

— Vous ne me croyez pas ?

— Si !

— Vous n'avez pas confiance en mes informations ?

— Si.

— Vous n'êtes pas baissier ?

— Si.

— Eh bien alors ?

— C'est pour ça que j'achète. Écoutez-moi, maintenant : restez en contact avec votre ami fiable et, dès que la vente s'arrête, faites-le-moi savoir sur-le-champ ! Avez-vous bien compris ?

— Oui, répondit Joseph.

Puis il s'en alla, sans être sûr qu'il comprenait les motivations de Cammack à acheter les actions de William Rockefeller. C'était le fait de savoir que Cammack était baissier sur l'ensemble du marché qui rendait sa manœuvre si difficile à expliquer. Cependant, Joseph vit son ami le commis et lui dit qu'il voulait être informé lorsque le Vieil Homme aurait fini de vendre. Régulièrement, deux fois par jour, Joseph appelait son ami pour se renseigner.

Un jour, le commis lui annonça :

— Il n'y a plus d'actions en provenance du Vieil Homme.

Joseph le remercia et courut au bureau de Cammack avec cette information.

Ce dernier écouta attentivement, se tourna vers Wheeler et lui demanda :

— Billy, combien de Saint-Paul avons-nous dans le bureau ?

Wheeler vérifia et rapporta qu'ils avaient accumulé environ 60 000 actions.

Cammack, étant baissier, avait initié de nombreuses autres positions baissières sur les actions Grangers mais aussi sur bien d'autres, avant même qu'il n'ait commencé à acheter Saint-Paul. Il était maintenant extrêmement baissier sur le marché. Il ordonna immédiatement à Wheeler de vendre les 60 000 actions de Saint-Paul qu'ils possédaient, et plus encore. Il utilisa ses importantes possessions de Saint-Paul comme levier pour abaisser la liste générale et grandement bénéficier de ses opérations pour un déclin.

Saint-Paul ne s'arrêta pas de baisser jusqu'à ce qu'il atteigne 44, et Cammack fit un malheur. Il joua ses cartes avec une grande habileté et en tira des profits en conséquence. Ce que je veux dire, c'est qu'il a l'habitude d'avoir une certaine attitude en ce qui concerne la spéculation. Il n'avait pas besoin de réfléchir. Il vit tout de suite ce qui était beaucoup plus important pour lui que son profit sur cette action spécifique. Il vit que la providence lui avait offert l'occasion de commencer ses importantes opérations baissières non seulement au bon moment, mais également avec une poussée initiale appropriée. Le tuyau sur Saint-Paul le fit acheter au lieu de vendre parce qu'il avait tout de suite vu qu'il lui rapporterait un vaste approvisionnement d'armes pour sa campagne baissière.

Revenons-en à moi. Après avoir fermé ma position sur le blé et le maïs, je partis vers le sud à bord de mon yacht. Je fis une croisière dans les eaux de Floride, vivant l'un des meilleurs moments de ma vie. La pêche était excellente. Tout était agréable. Je n'avais pas le moindre souci et je n'en cherchais pas.

Un jour, je me rendis à terre à Palm Beach. Je rencontrai beaucoup d'amis de Wall Street et d'autres. Ils parlaient tous du spéculateur de coton le plus pittoresque de l'époque. Un rapport de New York disait que Percy Thomas avait perdu jusqu'au dernier centime. Il ne s'agissait pas d'une faillite commerciale, mais simplement de la rumeur du deuxième Waterloo de l'opérateur de renommée mondiale sur le marché du coton.

J'avais toujours éprouvé une grande admiration pour lui. La première fois que j'avais entendu parler de lui, c'était dans les journaux au moment de la faillite de la maison de la Bourse de Sheldon & Thomas, lorsque Thomas avait essayé de manipuler le coton. Sheldon, qui n'avait ni la vision ni le courage de son partenaire, eut des doutes au moment où il se trouvait à deux doigts de la réussite. En tout cas, c'est ce que disait Wall Street à l'époque. Quoi qu'il en soit, au lieu de faire un malheur, ils connurent l'un des échecs les plus sensationnels depuis des années. J'ai oublié combien de millions. L'entreprise fut ruinée et Thomas partit travailler seul. Il se consacra exclusivement au coton et ne tarda pas à se remettre sur pied. Il remboursa la totalité de ses créanciers avec des intérêts qu'il n'était pas légalement obligé de payer, et, en outre, il lui restait 1 million de dollars. Son retour sur le marché du coton fut aussi remarquable que le fameux exploit boursier de Deacon S. V. White, qui permit de rembourser un million de dollars en un an. Le courage et l'intelligence de Thomas ont fait naître en moi une grande admiration pour cet homme.

Tout le monde à Palm Beach parlait de l'échec de la transaction de Thomas sur le coton de mars. Vous savez comment les conversions se déroulent et évoluent : la quantité de fausses informations, d'exagérations et d'améliorations que vous entendez. Pour vous dire, j'ai vu une rumeur à mon sujet grandir à tel point que celui qui l'avait lancée ne l'a pas reconnue quand elle lui est revenue moins de 24 heures plus tard, enflée de nouveaux détails pittoresques.

La nouvelle de la dernière mésaventure de Percy Thomas me fit passer de la pêche au marché du coton. J'avais des dossiers de journaux boursiers et je les lus pour prendre connaissance des conditions. Lorsque je rentrai à New York, je me mis à étudier le marché. Tout le monde était baissier et vendait du coton de juillet. Vous savez comment sont les gens. Je suppose que c'est la contagion de l'exemple qui pousse un homme à faire quelque chose, parce que tout le monde autour de lui fait pareil. Peut-être est-ce une phase ou une variante de l'instinct grégaire. Quoi qu'il en soit, selon des centaines de négociants, c'était la chose la plus sage et la plus appropriée que de vendre du coton de juillet, et également la plus sûre ! On ne pourrait pas qualifier cette vente générale d'imprudence ; le mot est trop conservateur. Les traders ne voyaient qu'un côté du marché et un bon gros profit. Ils s'attendaient certainement à un effondrement des prix.

J'avais vu tout cela, bien sûr, et je fus frappé par le fait que les types qui étaient shorts ne disposaient pas de beaucoup de temps pour se couvrir. Plus j'étudiais la situation, plus je le percevais clairement, jusqu'à ce que je décide finalement d'acheter du coton de juillet. Je me mis au travail et passai rapidement commande de 100 000 ballots. Je n'eus aucun mal à les obtenir parce qu'ils venaient d'un très grand nombre de vendeurs. J'avais l'impression que j'aurais pu offrir une récompense d'un million de dollars pour la capture, mort ou vif, d'un seul trader qui ne vendait pas du coton de juillet, et personne ne l'aurait réclamée.

Je dois dire que ceci se passa fin mai. Je continuai à en acheter d'autres et eux à me les vendre jusqu'à ce que j'aie ramassé tous les contrats volants et que je possède 120 000 ballots. Quelques jours après que j'avais acheté le dernier, il commença à monter. Une fois qu'il eut démarré, le marché eut la gentillesse de continuer à très bien se comporter, c'est-à-dire qu'il monta de 40 à 50 points par jour.

Un samedi, une dizaine de jours après le début de mes opérations, le prix commença à s'envoler. J'ignorais s'il restait encore du coton de juillet à vendre. Il ne tenait qu'à moi de le découvrir, alors j'attendis jusqu'aux dix dernières minutes. À ce moment-là, je savais que ces gars avaient pour habitude d'être shorts, et si le marché fermait pour la journée, ils seraient certainement hameçonnés. J'envoyai donc quatre ordres différents pour acheter 5 000 ballots chacun, au marché, au même moment. Cela fit grimper le prix de 30 points et les vendeurs à découvert faisaient de leur mieux pour s'en tirer. Le marché ferma sur les plus hauts du jour. Rappelez-vous : tout ce que j'avais fait, c'était acheter ces derniers 20 000 ballots.

Le lendemain, nous étions dimanche. Mais le lundi, Liverpool devait ouvrir avec une avance de 20 points pour être à égalité avec New York. Au lieu de cela, il ouvrit 50 points plus haut. Cela signifiait que Liverpool avait dépassé notre avance de 100 %. Je n'avais rien à voir avec la hausse de ce marché. Cela me montra que mes déductions étaient sensées et que je tradais sur la ligne de moindre résistance. En même temps, je ne perdais pas de vue le fait que j'avais une ligne monstrueuse dont je devais me débarrasser. Un marché peut progresser brusquement ou augmenter progressivement et, pour autant, ne pas avoir le pouvoir d'absorber plus qu'une certaine quantité de ventes.

Bien entendu, les télégrammes de Liverpool déchaînaient notre propre marché. Mais je remarquai que plus il montait, plus le coton de juillet semblait être rare. Je ne lâchai aucun des miens. Dans l'ensemble, ce lundi fut une journée excitante et pas très joyeuse pour les baissiers, mais pour autant, je ne décelai aucun signe de panique baissière imminente ; aucun prémices d'une ruée pour couvrir. Et j'avais 140 000 ballots pour lesquels je devais trouver un marché.

Le mardi matin, alors que je me rendais à pied à mon bureau, je rencontrai un ami à l'entrée de l'immeuble.

— C'était toute une histoire dans le *World*, ce matin, dit-il en souriant.

— Quelle histoire ? demandai-je.

— Quoi ? Tu veux dire que tu ne l'as pas vue ?

— Je ne lis jamais le *World*, l'informai-je. Elle parle de quoi, cette histoire ?

— Eh bien, elle parle de toi. Ça dit que tu as boosté le coton de juillet.

— Je ne l'ai pas vue, répondis-je avant de le quitter.

Je ne sais pas s'il me crut ou non. Il pensa probablement que c'était très indélicat de ma part de ne pas lui dire si c'était vrai ou non.

Lorsque j'arrivai au bureau, je demandai une copie du journal. Bien sûr, c'était là, à la une, en gros titre :

*COTON DE JUILLET
BOOSTÉ PAR LARRY LIVINGSTON*

Bien entendu, je sus au premier coup d'œil que cet article bousillerait le marché. Si j'avais délibérément étudié les moyens de disposer au mieux de mes 140 000 ballots, je n'aurais pas pu trouver un meilleur plan. Il n'aurait pas été possible d'en trouver un. Cet article, à ce moment précis, était lu dans tout le pays, dans le *World* ou dans d'autres journaux qui le citaient. Il avait aussi été télégraphié vers l'Europe ; les prix de Liverpool le confirmaient. Ce marché était tout simplement déchaîné. Pas étonnant, avec de telles nouvelles.

Bien sûr, je savais ce que New York ferait et ce que je devais faire. Le marché ouvrit ici à dix heures. Dix minutes plus tard, je n'avais plus de coton. Je les laissai avoir chacun de mes 140 000 ballots. Pour la plus grande partie de ma ligne, je reçus ce qui s'avéra être les prix les plus élevés de la journée. Les traders firent le marché pour moi. Je ne fis que voir une occasion en or de me débarrasser de mon coton. Je la saisis car je ne pouvais m'en empêcher. Que pouvais-je faire d'autre ?

Le problème difficile à résoudre fut donc solutionné par accident. Si le *World* n'avait pas publié cet article, je n'aurais jamais pu me débarrasser de ma ligne sans sacrifier la plus grande partie de mes bénéfices sur papier. Vendre 140 000 ballots de coton de juillet sans faire baisser le prix était un tour qui dépassait mes capacités. Mais l'histoire du *World* l'avait très bien tourné à mon avantage.

Pourquoi le *World* l'avait publiée, je ne peux vous le dire. Je ne l'ai jamais su. Je suppose que le rédacteur avait été renseigné par un ami sur le marché du coton et qu'il pensait imprimer un scoop. Je n'ai jamais vu ni lui ni personne du *World*. J'ignorais qu'il avait été imprimé ce matin-là avant neuf heures ; et sans mon ami qui avait attiré mon attention, je ne l'aurais pas su à l'époque.

Sans cet article, je n'aurais pas obtenu un assez gros marché pour vendre toutes mes actions. C'est l'un des problèmes que pose le trading à grande échelle : vous ne pouvez pas sortir comme vous le pouviez auparavant. Vous n'avez pas toujours la possibilité de vendre quand vous le souhaitez ou quand vous le jugez sage. Vous devez sortir quand vous en avez l'occasion, quand vous avez un marché qui va absorber toute votre ligne. Ne pas saisir cette occasion peut vous coûter des millions. Vous ne pouvez pas vous permettre d'hésiter ; si vous le faites, vous êtes perdu. Vous ne pouvez pas non plus essayer de vous en sortir avec une pirouette, comme faire grimper le prix pour coincer les baissiers afin d'initier un achat compétitif, car vous pourriez ainsi réduire la capacité d'absorption. Je tiens à vous dire que discerner cette opportunité n'est pas aussi facile qu'il n'y paraît. Un homme doit être à l'affût, si alerte que lorsque sa chance se présente à sa porte, il doit la saisir.

Bien sûr, tout le monde n'était pas au courant de mon heureux accident. À Wall Street, et, au demeurant, partout ailleurs, tout accident qui rapporte beaucoup d'argent à un homme est considéré comme suspect. Lorsque l'accident n'est pas rentable, il n'est jamais perçu comme tel, mais comme le résultat logique de votre cupidité ou du fait que vous ayez pris la grosse tête. Mais lorsqu'il y a un profit, ils appellent cela du pillage et parlent de la façon dont les personnes sans scrupules s'en tirent, ainsi que du manque de prudence et de morale.

Je n'étais pas seulement accusé d'avoir délibérément planifié mon coup par les vendeurs à découvert mal intentionnés qui se plaignaient de la punition infligée par leur propre imprudence. D'autres pensaient comme eux.

Un jour ou deux plus tard, l'un des plus grands hommes du monde du coton me rencontra et me dit :

— C'était certainement l'affaire la plus habile que vous ayez jamais menée pour nous rouler, Livingston. Je me demandais combien vous alliez perdre lorsque vous êtes arrivé sur le marché avec votre position. Vous saviez que ce marché n'était pas assez fort pour prendre plus de 50 000 ou 60 000 ballots sans avoir à liquider, et la façon dont vous alliez vous débarrasser du reste et ne pas perdre tous vos profits sur papier commençait à m'intéresser. Je n'avais pas pensé à votre plan. C'était très habile, c'est certain.

— Je n'y suis pour rien, lui assurai-je le plus sérieusement possible. Mais il ne fit que répéter :

— Très malin, mon garçon. Très malin ! Ne soyez pas si modeste !

C'est après cette position que certains journaux me surnommèrent « the Cotton King » (« *le Roi du Coton* »). Mais, comme je l'ai dit, je ne méritais vraiment pas cette couronne. Inutile de vous dire qu'il n'y a pas assez d'argent aux États-Unis pour acheter les colonnes du *New York World* ou assez d'influence personnelle pour assurer la publication d'une histoire comme celle-ci. Cela me donna une réputation que je n'avais absolument pas méritée, cette fois-ci.

Mais je n'ai pas raconté cette histoire pour faire la morale au sujet des couronnes que l'on place parfois sur la tête de traders qui ne l'ont pas méritée, ni pour souligner la nécessité de saisir l'occasion, peu importe quand ou comment elle se présente. Mon but était simplement de rendre compte de la grande notoriété que j'ai acquise via les journaux, grâce à mon opération sur le coton de juillet. Sans les journaux, je n'aurais jamais rencontré cet homme remarquable : Percy Thomas.

<h1 style="text-align:center">12</h1>

Peu de temps après avoir conclu ma transaction sur le coton de juillet avec plus de succès que prévu, je reçus par courrier une demande d'interview. La lettre était signée par Percy Thomas. Bien sûr, je répondis immédiatement que je serais heureux de le voir à mon bureau à n'importe quel moment qui lui plairait. Il vint le lendemain.

Je l'admirais depuis longtemps. Son nom était connu de tous ceux qui s'intéressaient à la culture, à l'achat ou à la vente du coton. En Europe et dans tout le pays, on me citait les opinions de Percy Thomas. Je me souviens d'un jour, dans une station balnéaire suisse, où je parlais à un banquier du Caire qui s'intéressait à la culture du coton en Égypte, en association avec le défunt Sir Ernest Cassel. Lorsqu'il apprit que je venais de New York, il m'interrogea immédiatement sur Percy Thomas, dont il recevait et lisait les rapports de marché avec une régularité sans faille.

Thomas, ai-je toujours pensé, s'occupait de ses affaires scientifiquement. C'était un vrai spéculateur, un penseur avec la vision d'un rêveur et le courage d'un combattant, un homme exceptionnellement bien informé, qui connaissait à la fois la théorie et la pratique de la spéculation du coton. Il aimait entendre et exprimer des idées, des théories et des abstractions, et en même temps, il y avait très peu de choses sur le côté pratique du marché du coton ou sur la psychologie des traders en coton qu'il ne connaissait pas, car il tradait depuis des années et avait gagné et perdu des sommes considérables.

Après l'échec de son ancienne société boursière Sheldon & Thomas, il avait fait cavalier seul. Au bout de deux ans, il était revenu, presque de façon spectaculaire. Je me rappelle avoir lu dans le *Sun* que la première chose qu'il avait faite lorsqu'il s'était financièrement remis sur pied avait été de rembourser intégralement ses anciens créanciers, et la suivante d'engager un expert pour étudier et déterminer pour lui la meilleure façon d'investir 1 million de dollars. Cet expert examina les propriétés et analysa les rapports de nombreuses sociétés, puis recommanda l'achat d'actions Delaware & Hudson.

Après avoir perdu des millions et être revenu avec plus encore, Thomas fut plumé par son opération sur le coton de mars. Il n'avait donc pas de temps à perdre lorsqu'il vint me voir. Il me proposa que nous formions une alliance professionnelle. Quelle que soit l'information qu'il obtiendrait, il me la transmettrait immédiatement avant de la rendre publique. Ma part serait de faire le travail de spéculation, pour lequel il disait que j'avais un génie spécial qu'il ne possédait pas.

Cela ne me plaisait pas pour un certain nombre de raisons. Je lui dis franchement que je ne pensais pas pouvoir spéculer avec un double harnais et que je n'avais pas envie d'essayer d'apprendre. Mais il insista sur le fait que ce serait une combinaison idéale, jusqu'à ce que je dise catégoriquement que je ne voulais pas influencer les autres sur la façon dont ils devraient trader.

— Si je me trompe, lui dis-je, je souffre seul et je paie l'addition tout de suite. Il n'y a pas de paiements prolongés ou de désagréments imprévus. Je joue en solitaire par choix et aussi parce que c'est le moyen le plus sage et le moins cher de faire du trading. Je trouve mon plaisir en comparant mon cerveau à celui d'autres traders que je n'ai jamais vus, avec qui je n'ai jamais parlé, à qui je n'ai jamais conseillé d'acheter ou de vendre, et que je n'aurai jamais l'intention de rencontrer ou de connaître. Quand je gagne de l'argent, je le gagne en soutenant mes propres opinions. Je ne les vends pas ni ne les capitalise. Si je gagnais de l'argent d'une autre façon, j'imagine que je ne le mériterais pas autant. Votre proposition ne m'intéresse pas parce que je m'intéresse au jeu uniquement en le jouant pour moi et à ma façon.

Il me dit qu'il regrettait que je voie les choses comme cela et essaya de me convaincre que j'avais tort de rejeter son plan. Mais je maintins ma position. Le reste fut une conversation agréable. Je lui dis que je savais qu'il « reviendrait » et que je verrais comme un privilège qu'il me permette de lui apporter une aide financière. Mais il dit qu'il ne pouvait accepter aucun prêt de ma part. Puis il me posa des questions sur mon opération de juillet et je lui racontai tout ce qu'il y avait à en dire : comment je m'y étais pris, combien de coton j'avais acheté, le prix et d'autres détails. On bavarda un peu plus, puis il s'en alla.

Quand je vous ai dit il y a quelque temps qu'un spéculateur a de nombreux ennemis, dont beaucoup sont à l'intérieur de lui-même, j'avais en tête mes nombreuses erreurs. J'ai appris qu'un homme peut posséder un esprit original et une ancienne habitude de penser de façon indépendante et être néanmoins vulnérable quant aux attaques d'une personnalité convaincante. Je suis relativement immunisé contre les maladies spéculatives les plus courantes, comme l'avidité, la peur et l'espoir. Mais étant un homme ordinaire, je peux aussi me tromper très facilement.

J'aurais dû être sur mes gardes à ce moment-là car, peu de temps auparavant, j'avais vécu une expérience qui prouvait à quel point il était facile de convaincre un homme de faire quelque chose contre son jugement et même contre sa volonté. Cela se passa dans le bureau de Harding. J'avais une sorte de bureau privé, une pièce qu'ils me laissaient occuper seul, et personne n'était censé venir me visiter pendant les heures de marché sans mon accord. Je ne voulais pas être dérangé et, comme je négociais à très grande échelle et que mon compte était assez rentable, ma porte était assez bien gardée.

Un jour, juste après la fermeture du marché, j'entendis quelqu'un dire :

— Bonjour, M. Livingston.

Je me retournai et vis un parfait inconnu, un type d'environ 30 ou 35 ans. Je ne comprenais pas comment il avait pu entrer, mais il se trouvait pourtant dans mon bureau. Je conclus que l'affaire dont il voulait m'entretenir en valait la chandelle. Mais je ne dis rien. Je me contentai de le regarder et, très vite, il m'annonça :

— Je suis venu vous voir pour vous parler de Walter Scott.

Et il continua à parler.

C'était un agent littéraire. À cet instant, il n'avait pas de manières particulièrement agréables et n'était visiblement pas très loquace. Il n'était pas non plus spécialement séduisant. Cependant, il avait certainement du charisme. Il était en train de parler et je crus l'écouter ; mais je ne sais pas ce qu'il a dit. Je pense que je ne l'ai jamais su, même à l'époque. Lorsqu'il termina son monologue, il me tendit d'abord son stylo plume, puis un formulaire vierge, que je signai. Il s'agissait d'un contrat pour acheter un ensemble d'œuvres de Scott pour 500 dollars.

Dès que je signai, je repris connaissance. Mais il avait le contrat, en sécurité dans sa poche. Je ne voulais pas de ces livres, je n'avais pas de place pour ces derniers, ils ne me seraient d'aucune utilité et je n'avais personne à qui les donner. Pourtant, j'avais accepté de les acheter pour 500 dollars.

J'ai tellement l'habitude de perdre de l'argent que je ne pense jamais en premier à cette phase de mes erreurs. La raison est toujours le jeu lui-même. En premier lieu, je souhaite connaître mes propres limites et habitudes de pensée. Une autre raison est que je ne veux pas commettre la même erreur deux fois. Un homme ne peut excuser ses erreurs qu'en les capitalisant à son profit ultérieur.

Eh bien, après avoir fait une erreur à 500 dollars, mais n'ayant pas encore localisé le problème, je me contentai de regarder le type pour m'en faire une première idée. Je mettrais ma main au feu qu'il me sourit, d'un petit sourire compréhensif ! Il semblait lire dans mes pensées. D'une façon ou d'une autre, je savais qu'il n'était pas nécessaire que je lui explique quoi que ce soit ; il le savait sans que je le lui dise. Je sautai donc les explications et les préliminaires, et lui demandai :

— Quelle commission toucherez-vous sur cette vente de 500 dollars ?

Il secoua rapidement la tête et dit :

— Je ne peux pas accepter ! Désolé !

— Combien touchez-vous ? persistai-je.

— Un tiers. Mais je ne peux pas accepter ! répondit-il.

— Un tiers de 500 dollars, c'est 166,66 dollars. Je vous donnerai 200 dollars en liquide si vous me rendez ce contrat signé.

Et, pour le prouver, je sortis la somme de ma poche.

— Je vous ai dit que je ne pouvais pas accepter, dit-il.

— Tous vos clients vous font la même offre ? demandai-je.

— Non, répondit-il.

— Alors, comment saviez-vous que j'allais le faire ?

— C'est ce que feraient les personnes de votre trempe. Vous êtes un perdant de première classe et cela fait de vous un homme d'affaires de première classe. Je vous suis très reconnaissant, mais je ne peux accepter.

— Alors, dites-moi pourquoi vous ne voulez pas gagner plus que votre commission ?

— Ce n'est pas tout à fait ça, commença-t-il. Je ne travaille pas seulement pour la commission.

— Pour quoi travaillez-vous, alors ?

— Pour la commission et le palmarès, répondit-il.

— Quel palmarès ?

— Le mien.

— Où voulez-vous en venir ?

— Travaillez-vous seulement pour l'argent ? me demanda-t-il.

— Oui.

— Non, affirma-t-il en secouant la tête. Non, c'est faux. Vous n'en retireriez pas assez de plaisir. Vous ne travaillez certainement pas seulement pour ajouter quelques dollars de plus à votre compte en banque et vous n'êtes pas à Wall Street parce que vous aimez l'argent facile. Vous y prenez du plaisir d'une autre façon. Eh bien, c'est pareil pour moi.

Je ne tentai pas d'argumenter, mais je répliquai :

— Et d'où retirez-vous votre plaisir ?

— Eh bien, avoua-t-il, nous avons tous un point faible.

— Et quel est le vôtre ?

— L'orgueil, dit-il.

— Eh bien, lui dis-je, vous avez réussi à me faire signer. Maintenant, je veux annuler la signature de ce contrat, et je vous paie 200 dollars pour 10 minutes de travail. Cela ne suffit pas à combler votre fierté ?

— Non, répondit-il. Vous voyez, tous mes collègues travaillent à Wall Street depuis des mois et ils n'ont pas réussi à faire de ventes. La faute à la marchandise et au lieu, ont-ils dit. Donc, le bureau m'a demandé de prouver que c'était à cause de leurs techniques de vente et non des livres ou de l'endroit. Ils travaillaient avec une commission de 25 %. Moi, j'étais à Cleveland, où j'ai vendu 82 ensembles d'œuvres en deux semaines. Je suis ici pour vendre un certain nombre de lots non seulement à des gens qui n'ont pas acheté aux autres agents, mais aussi à des personnes qu'ils n'ont même pas réussi à approcher. C'est la raison pour laquelle ils me donnent 33,33 %.

— Je n'arrive toujours pas à comprendre comment vous vous y êtes pris pour me vendre ce lot.

— Vous savez… j'ai vendu un lot à J. P. Morgan, dit-il pour me réconforter.

— Non, c'est impossible, persistai-je.

Il ne fut aucunement énervé par ma remarque. Il répliqua simplement :

— Honnêtement, je l'ai fait !

— Un ensemble de livres de Walter Scott à J. P. Morgan, qui a non seulement de belles éditions, mais aussi probablement les manuscrits originaux de certains romans ?

— Eh bien, voilà son John Hancock.

Et il me montra rapidement un contrat signé par J. P. Morgan lui-même. Ce n'était peut-être pas la signature de M. Morgan, mais je n'ai pas eu l'idée d'en douter à l'époque.

N'avait-il pas le mien dans sa poche ? J'étais alors envahi par la curiosité. Je lui demandai donc :

— Comment avez-vous passé le documentaliste ?

— Je n'ai vu aucun documentaliste. J'ai vu le Vieil Homme en personne. Dans son bureau.

— C'en est trop ! m'exclamai-je.

Tout le monde savait qu'il était encore plus difficile d'entrer dans le bureau privé de M. Morgan les mains vides qu'à la Maison-Blanche avec un paquet qui fait tic-tac, comme un réveil.

Mais il déclara :

— Je l'ai fait.

— Mais comment êtes-vous entré dans son bureau ?

— Comment suis-je entré dans le vôtre ?

— Je ne sais pas. À vous de me le dire.

— Eh bien, la façon dont je suis entré dans le bureau de Morgan et celle dont je suis entré dans le vôtre sont les mêmes. J'ai seulement parlé au type devant la porte dont le travail était de ne pas me laisser entrer. Et la façon dont j'ai fait signer Morgan était la même que pour vous. Vous n'avez pas signé un contrat pour une série de livres ; vous avez juste pris le stylo plume que je vous tendais et vous avez fait ce que je vous ai demandé de faire avec. Aucune différence. J'ai fait exactement la même chose avec lui qu'avec vous.

— Et est-ce vraiment la signature de Morgan ? lui demandai-je, avec trois minutes de retard causées par mon scepticisme.

— Bien sûr ! Il a appris à écrire son nom quand il était petit.

— Et c'est tout ce qu'il y a à dire ?

— C'est tout, répondit-il. Je sais exactement ce que je fais. C'est là tout le secret. Je vous suis très reconnaissant. Bonne journée, Monsieur Livingston.

Il s'apprêtait alors à sortir.

— Attendez, lui lançai-je. Je suis certain que vous allez gagner plus de 200 dollars avec moi.

Et je lui tendis trente-cinq dollars.

Il secoua la tête, puis reprit :

— Non, dit-il, je ne peux pas accepter. Mais je peux faire ça !

Et il sortit le contrat de sa poche, le déchira en deux et me donna les morceaux.

Je comptai 200 dollars et lui tendis l'argent, mais il secoua de nouveau la tête.

— N'est-ce pas ce que vous vouliez ?

— Non.

— Alors, pourquoi avez-vous déchiré le contrat ?

— Parce que vous n'avez pas pleurniché ; vous l'avez pris comme je l'aurais fait si j'avais été à votre place.

— Mais je vous offre les 200 dollars de mon plein gré, lui assurai-je.

— Je sais, mais l'argent ne fait pas tout.

Quelque chose dans sa voix me fit dire :

— Vous avez raison, ça ne fait pas tout. Et maintenant, que voulez-vous vraiment que je fasse pour vous ?

— Vous comprenez vite, dit-il. Voulez-vous vraiment faire quelque chose pour moi ?

— Oui, lui dis-je. Je le veux vraiment, mais que je le veuille ou non dépend de ce que vous avez en tête.

— Conduisez-moi dans le bureau de M. Ed Harding et dites-lui de me laisser lui parler trois minutes, montre en main. Puis laissez-moi seul avec lui.

Je secouai la tête et dis :

— C'est un bon ami à moi.

— Il a 50 ans et est courtier-agent de change, répliqua le vendeur.

C'était tout à fait vrai, alors je l'emmenai dans le bureau d'Ed. Je n'entendis plus parler de cet agent littéraire. Mais, un soir, quelques semaines plus tard, alors que je me rendais en ville, je le croisai dans un train de la Sixième Avenue. Il ôta très poliment son chapeau et je lui rendis son geste en inclinant la tête. Il vint me voir et me demanda :

— Comment allez-vous, M. Livingston ? Et comment va M. Harding ?

— Il va bien. Pourquoi cette question ?

Je sentais qu'il cachait quelque chose.

— Je lui ai vendu pour 2 000 dollars de livres le jour où vous m'avez emmené le voir.

— Il ne m'en a jamais parlé, m'étonnai-je.

— Non, ce genre de personnes n'en parle pas.

— De quel genre parlez-vous ?

— Le genre qui ne fait jamais d'erreurs car elles n'apportent jamais rien de bon. Ce genre d'homme sait toujours ce qu'il veut et personne ne peut lui dire le contraire. C'est le genre de personne qui finance l'éducation de mes enfants et préserve la bonne humeur de ma femme. Vous m'avez rendu un grand service, M. Livingston. Je m'y attendais lorsque j'ai renoncé aux 200 dollars que vous teniez tellement à m'offrir.

— Et si M. Harding n'avait rien acheté ?

— Oh, je savais qu'il le ferait. J'avais découvert quel genre d'homme il était. C'était un jeu d'enfant.

— Oui, mais s'il n'avait pas acheté de livres ? persistai-je.

— Je serais revenu vers vous et je vous aurais vendu quelque chose. Bonne soirée, Monsieur Livingston, je me rends voir le maire.

Il se leva alors que nous nous arrêtions à Park Place.

— J'espère que vous lui vendrez dix lots, lançai-je.

Le maire faisait partie du Tammany Hall.

— Je suis également républicain.

Puis il sortit du train, sans hâte, d'un pas tranquille, assuré que le train attendrait qu'il descende. Et ce fut le cas.

Je vous ai raconté cette histoire en détail parce qu'elle concernait un homme remarquable qui m'a fait acheter une chose dont je ne voulais pas. C'est le premier homme qui me fit cet effet-là. Il n'aurait jamais dû y en avoir un second, mais ce fut pourtant le cas. On ne peut jamais compter sur le fait qu'il n'y ait qu'un seul vendeur remarquable au monde ou sur une immunisation complète contre l'influence d'une personnalité.

Lorsque Percy Thomas quitta mon bureau, après que j'avais aimablement mais définitivement décliné sa proposition de conclure une alliance de travail avec lui, j'aurais juré que nos chemins professionnels ne se croiseraient plus jamais. Je n'étais même pas sûr de le revoir un jour. Mais dès le lendemain, il m'écrivit une lettre pour me remercier de lui avoir proposé mon aide et m'inviter à venir le voir. J'acceptai son invitation. Puis il m'écrivit encore ; je finis par l'appeler.

J'eus l'occasion de le voir un bon moment. C'était toujours un plaisir pour moi de l'écouter ; il en savait tellement et partageait son savoir de façon si intéressante. Je pense qu'il est l'homme le plus magnétique que j'aie rencontré.

Nous avons parlé de beaucoup de choses, car c'est un homme extrêmement cultivé, avec une compréhension étonnante de nombreux sujets et il disposait d'un don remarquable pour généraliser tout en rendant cela intéressant. La sagesse de son discours est impressionnante ; selon toute vraisemblance, il n'a pas d'égal. J'ai entendu beaucoup de gens accuser Percy Thomas de beaucoup de choses, y compris de manque de sincérité, mais je me demande parfois si sa remarquable crédibilité ne vient pas du fait qu'il se convainc d'abord lui-même de manière si complète qu'il acquiert ainsi un pouvoir considérablement accru pour convaincre les autres.

Bien sûr, nous parlâmes longuement des questions relatives au marché. Je n'étais pas haussier sur le coton, mais lui si. Je ne voyais pas vraiment l'intérêt d'être haussier sur ce marché, contrairement à lui. Il présenta tellement de faits et de chiffres que j'aurais dû être submergé, mais je n'en fis rien. Je ne pouvais pas les réfuter car il m'était impossible de nier leur authenticité, mais ils n'ébranlèrent pas ma foi en ce que j'avais lu par moi-même. Mais il continua jusqu'à ce que je commence à douter de mes propres informations telles que recueillies dans les journaux boursiers et les quotidiens. Cela signifiait que je ne pouvais pas voir le marché de mes propres yeux. Il est impossible de convaincre un homme de se dresser contre ses propres convictions, mais il peut se laisser entraîner dans un état d'incertitude et d'indécision, ce qui est encore pire, car cela signifie qu'il ne peut plus trader avec confiance et confort.

Je ne peux pas tout à fait dire que j'ai tout mélangé, mais j'ai perdu mon équilibre ; ou plutôt, j'ai cessé de construire ma propre réflexion. Je ne peux pas vous donner en détail les différentes étapes par lesquelles j'ai atteint l'état d'esprit qui allait me coûter si cher. Je pense que c'était dû aux garanties de l'exactitude de ses chiffres, qui étaient exclusivement les siens, au manque de fiabilité de mes chiffres, qui n'étaient pas exclusivement les miens, mais des propriétés publiques. Il insista sur la fiabilité absolue, prouvée à maintes reprises, de l'ensemble de ses 10 000 correspondants dans l'ensemble du Sud. Finalement, j'en vins à lire les conditions telles qu'il les lisait lui-même, car nous lisions tous les deux la même page du même livre, qu'il tenait devant mes yeux. Il avait un esprit logique. Une fois que j'eus accepté ses faits, ce fut du gâteau pour que mes propres conclusions, déduites de ses faits, soient en accord avec les siennes.

Quand il commença à discuter avec moi de la situation du coton, non seulement j'étais baissier, mais j'étais même vendeur à découvert sur le marché. Peu à peu, au fur et à mesure que je commençais à accepter ses faits et chiffres, ma crainte d'avoir basé ma position précédente sur de fausses informations s'éveilla. Bien sûr, je ne pouvais pas avoir cette impression et ne pas me couvrir. Et une fois que j'eus couvert, parce que Thomas m'avait fait croire que j'avais tort, je dus simplement devenir haussier. C'est de cette façon que mon esprit fonctionne. Vous savez, je n'ai rien fait d'autre dans ma vie que trader des actions et des marchandises. Je pense naturellement que si ce n'est pas bon d'être baissier, ce doit logiquement être une bonne chose d'être haussier. Et s'il est bon d'être haussier, il est impératif d'acheter. Comme disait mon vieil ami de Palm Beach, Pat Hearne : « On ne peut pas savoir avant d'avoir parié ! » Je dois prouver si j'ai raison sur le marché ou non ; et les preuves doivent être lues uniquement dans les relevés de mes courtiers à la fin du mois.

Je commençai à acheter du coton et, en un rien de temps, j'eus ma ligne habituelle, environ 60 000 ballots. Ce fut le jeu le plus stupide de ma carrière. Au lieu de gagner ou perdre de l'argent avec mes propres observations et déductions, je ne faisais que jouer le jeu d'un autre homme. Il était tout à fait approprié que mes jeux idiots ne s'arrêtent pas là. Non seulement j'achetai quand je n'avais aucun intérêt à être haussier, mais je n'accumulai pas non plus ma ligne en fonction de mon expérience. Je ne tradais pas bien. Après l'avoir écouté, j'étais littéralement perdu.

Le marché n'allait pas dans mon sens. Je n'ai jamais peur et ne suis jamais impatient quand je suis sûr de ma position. Mais le marché ne se comporta pas comme il aurait dû le faire si Thomas avait eu raison. Après avoir fait le premier faux pas, j'accomplis le deuxième, et le troisième, et, bien sûr, cela m'embrouilla. Je m'autorisai à me laisser persuader non seulement de ne pas accepter ma perte, mais aussi de ralentir le marché. C'est un style de jeu étranger à ma nature et contraire à mes théories et principes spéculatifs. Même quand je tradais, gamin, chez les bookmakers, j'avais connu mieux que cela. Mais je n'étais pas moi-même ; j'étais un autre homme, influencé par Thomas.

Non seulement je possédais beaucoup de coton, mais je gérais également une lourde ligne de blé. Cela fit des merveilles et me rapporta un très beau profit. Mes efforts insensés pour soutenir le coton avaient augmenté ma ligne à environ 150 000 ballots. Je peux vous dire qu'à ce moment-là, je ne me sentais pas très bien. Je ne dis pas cela pour trouver des excuses à mes gaffes, mais simplement pour énoncer un fait pertinent. Je me souviens que je me rendis à Bayshore pour me reposer.

Pendant que j'y étais, je réfléchis. J'avais l'impression que mes engagements spéculatifs étaient trop importants. En règle générale, je ne suis pas timide, mais je commençai à me sentir nerveux, et ce sentiment me fit décider d'alléger ma ligne. Pour ce faire, je devais liquider soit le coton, soit le blé.

Il semble incroyable que, connaissant le jeu aussi bien que moi et avec une expérience de 12 ou 14 ans dans le trading d'actions et de marchandises, j'aie fait exactement ce qu'il ne fallait pas. Le coton me montrait une perte, et je le gardai ; le blé me rapportait un bénéfice et je le vendis. C'était un coup complètement stupide, mais tout ce que je peux dire pour ma défense, c'est que ce n'était pas vraiment mon affaire, mais celle de Thomas. De toutes les bourdes spéculatives, il n'y en a que peu qui sont pires qu'essayer de moyenner un jeu perdant. Ma position sur le coton me le prouva d'ailleurs un peu plus tard. Vendez toujours ce qui vous montre une perte et gardez ce qui vous donne un profit. Il était tellement évident que c'était la chose la plus sage à faire et que je ne le savais que trop bien que je m'émerveille encore aujourd'hui de faire le contraire.

Je vendis donc mon blé et abrégeai délibérément mon profit. Après en être sorti, le prix augmenta de 0,20 dollar le boisseau sans se stabiliser. Si je l'avais gardé, j'aurais pu faire un profit d'environ 8 millions de dollars. Et, ayant décidé de continuer avec la proposition perdante, j'achetai encore plus de coton !

Je me souviens très bien comment j'achetais chaque jour plus de coton, toujours plus. Et pourquoi croyez-vous que je l'aie acheté ? Pour empêcher le prix de baisser ! Si ce n'est pas une super stratégie de looser, qu'est-ce que c'est ? Je continuai simplement à engager de plus en plus d'argent que je perdrais un jour. Mes courtiers et mes amis intimes ne purent pas le comprendre, et ils ne le comprennent toujours pas. Bien sûr, si les choses s'étaient passées différemment, j'aurais eu la réputation de faire des miracles. On me mit en garde plus d'une fois contre le fait d'accorder une trop grande confiance aux brillantes analyses de Percy Thomas. Je n'y prêtai pas attention et continuai à acheter du coton pour l'empêcher de chuter. J'en achetai même à Liverpool. J'accumulai 440 000 ballots avant de réaliser ce que je faisais. Et lorsque je m'en rendis compte, il était trop tard. Alors, je vendis ma ligne.

Je perdis presque tout ce que j'avais gagné avec tous mes autres trades d'actions et de marchandises. Je n'étais pas totalement ruiné, mais il me restait quelques centaines de milliers de dollars alors que j'en avais des millions avant de rencontrer mon brillant ami Percy Thomas. Pour moi, violer toutes les lois que l'expérience m'avait appris à observer pour prospérer était plus que stupide.

Apprendre qu'un homme pouvait tenter des coups insensés sans aucune raison valable était une leçon précieuse. Cela me coûta des millions d'apprendre qu'un autre ennemi dangereux pour un trader est sa sensibilité aux pressions d'une personnalité magnétique lorsqu'elles sont plausiblement exprimées par un esprit brillant. Cependant, il m'a toujours semblé que j'aurais tout aussi bien appris ma leçon si le coût n'avait été que d'un million. Mais le Destin ne vous laisse pas toujours fixer les frais de scolarité. Il assène le coup éducatif et présente sa propre facture, sachant que vous devrez la payer, quel qu'en soit le montant. Ayant appris de quelle sottise j'étais capable, je mis fin à cet incident et Percy Thomas sortit de ma vie.

J'en étais là, avec plus de neuf dixièmes de mon capital envolés. J'avais été millionnaire moins d'un an. Les millions que j'avais gagnés en utilisant mon cerveau, aidé par la chance, je les avais perdus en inversant le processus. Je vendis mes deux yachts et j'étais nettement moins extravagant dans ma façon de vivre.

Mais ce choc n'était pas suffisant. La chance était contre moi. Je dus d'abord lutter contre la maladie et ensuite trouver en urgence 200 000 dollars en liquide. Quelques mois auparavant, cette somme n'aurait rien été du tout ; mais à présent, elle représentait presque tout le reste de ma fortune papillonnante. Je devais obtenir cet argent et la question était : où pouvais-je l'obtenir ? Je ne voulais pas le retirer du solde que je gardais chez mes courtiers, car si je le faisais, il ne serait plus resté beaucoup de marge pour mon propre trading ; et j'avais plus que jamais besoin de capital de trading si je voulais regagner rapidement mes millions. Il n'y avait qu'une seule alternative que je pouvais voir : le retirer du marché boursier !

Pensez-y ! Si vous en savez beaucoup sur le client moyen d'une maison de commission moyenne, vous conviendrez avec moi que l'espoir de faire payer sa facture par le marché est l'une des sources de pertes les plus prolifiques à Wall Street. Vous perdrez tout ce que vous avez si vous adhérez à votre détermination.

Un hiver, au bureau de Harding, un petit groupe de grands voyageurs dépensa 30 000 ou 40 000 dollars pour un manteau et aucun d'entre eux ne vécut assez longtemps pour le porter. Il se trouve qu'un éminent opérateur, qui, depuis, est devenu mondialement célèbre comme étant l'homme pouvant survivre avec un dollar par an, se rendit à la Bourse en portant un manteau de fourrure doublé de loutre de mer. À l'époque, avant que le prix des fourrures ne crève le plafond, ce manteau était évalué à 10 000 dollars. Eh bien, l'un des gars dans le bureau de Harding, Bob Keown, décida d'acheter un manteau doublé de zibeline russe. Il en fit évaluer le prix dans les quartiers chics de la ville. Le coût était à peu près le même : 10 000 dollars.

— Ça représente beaucoup d'argent, objecta l'un d'eux.

— C'est juste ! C'est tout à fait juste ! admit aimablement Bob Keown. Environ une semaine de salaire, à moins que vous me promettiez de me l'offrir comme le témoignage léger mais sincère de l'estime que vous portez à l'homme le plus gentil de ce bureau. Avez-vous entendu le discours de présentation ? Non ? Parfait. Alors, je laisserai le marché boursier me l'acheter !

— Pourquoi voulez-vous un manteau de zibeline ? demanda Ed Harding.

— Cela ferait particulièrement bien sur un homme de mon rang, répondit Bob en bombant le torse.

— Et comment avez-vous dit que vous alliez le payer ? demanda Jim Murphy, qui était le chasseur de tuyaux vedette du bureau.

— Par un investissement judicieux et temporaire, James. Voilà comment je vais le payer, répondit Bob, sachant pertinemment que Murphy désirait simplement un tuyau.

Sans surprise, Jimmy demanda :

— Quelles actions allez-vous acheter ?

— Vous avez tout faux, comme d'habitude, mon ami ! Ce n'est pas le moment d'acheter quoi que ce soit. Je propose de vendre 5 000 Acier. Il devrait baisser d'au moins 10 points. Je vais seulement prendre 2,5 points nets. C'est prudent, n'est-ce pas ?

— Qu'entendez-vous par là ? demanda Murphy avec enthousiasme.

C'était un grand homme mince aux cheveux noirs et à l'air affamé, cette dernière caractéristique due au fait qu'il ne sortait jamais déjeuner de peur de rater quelque chose sur le téléscripteur.

— J'entends par là que ce manteau ne va me coûter que très peu d'efforts.

Il se tourna vers Harding et dit :

— Ed, vendez 5 000 Acier commun au marché. Tout de suite, très cher !

Bob était un flambeur, et il prenait plaisir à plaisanter. C'était sa façon à lui de faire savoir au monde qu'il avait du cran. Il vendit 5 000 Acier, et les actions augmentèrent rapidement. N'étant pas aussi tête brûlée qu'il en avait l'air lorsqu'il parlait, Bob arrêta sa perte à 1,5 point et confia au bureau que le climat de New York était trop doux pour les manteaux de fourrure. Ils étaient malsains et présomptueux. Les autres le raillèrent. Mais l'un d'eux ne tarda pas à acheter des actions Union Pacific pour payer le manteau. Il perdit 1 800 dollars et déclara que les zibelines convenaient pour le châle d'une femme, mais pas pour la doublure d'un habit destiné à être porté par un homme modeste et intelligent.

Après cela, les gars essayèrent les uns après les autres d'amadouer le marché pour qu'il paye pour ce manteau. Un jour, je dis que je l'achèterais pour éviter que le bureau ne fasse faillite. Mais ils affirmèrent tous que ce ne serait pas fairplay ; que si je voulais le manteau, je devais laisser le marché me l'offrir. Mais Ed Harding approuva fortement mon intention et, l'après-midi même, je me rendis chez le fourreur pour l'acheter. Je découvris alors qu'un homme de Chicago l'avait acheté la semaine précédente.

Ce n'était qu'un cas parmi tant d'autres. Il n'y a pas un homme à Wall Street qui n'ait pas perdu d'argent en essayant de faire payer au marché une automobile, un bracelet, un bateau à moteur ou un tableau. Je pourrais construire un immense hôpital avec les cadeaux d'anniversaire pour lesquels le marché boursier avare a refusé de payer. En fait, de toutes les fausses croyances à Wall Street, je pense que la résolution d'inciter le marché boursier à agir comme une marraine la bonne fée est la plus active et la plus tenace.

Comme toutes les fausses croyances bien identifiées, celle-ci a sa raison d'être. Que fait un homme lorsqu'il chercher à faire payer le marché boursier pour un besoin soudain ? Eh bien, il espère simplement. Il joue. Il court donc de bien plus grands risques que s'il spéculait intelligemment, conformément à des opinions ou des croyances qu'il a logiquement acquises après une étude rationnelle des conditions sous-jacentes. Tout d'abord, il court après un profit immédiat. Il ne peut pas se permettre d'attendre. Le marché doit être gentil avec lui tout de suite, si ce n'est tout le temps. Il se flatte qu'il ne demande pas plus que de placer un pari à quitte ou double. Parce qu'il est prêt à courir vite, c'est-à-dire arrêter sa perte à 2 points, alors que tout ce qu'il espère faire est 2 points, il embrasse l'erreur qu'il y aura une chance sur deux. À vrai dire, j'ai vu des hommes perdre des milliers de dollars avec de tels trades, en particulier avec des achats effectués au plus fort d'un marché haussier, juste avant une réaction modérée. Ce n'est certainement pas une façon de spéculer. En tout cas, cette bêtise qui a couronné ma carrière de trader fut la goutte d'eau qui fit déborder le vase. Le marché m'avait battu. J'avais perdu le peu d'argent que mes opérations réussies sur le coton m'avaient laissé. Cela me fit encore plus mal, car je continuai à trader et à perdre. Je persistai à penser que le marché boursier devrait forcément me faire gagner de l'argent en fin de compte. Mais la seule fin en vue était celle de mes ressources. Je m'endettai, non seulement auprès de mes courtiers principaux, mais aussi d'autres maisons qui avaient accepté des affaires de ma part sans que j'aie une marge suffisante. Non seulement je m'endettai, mais je restai endetté à partir de ce moment-là.

13

J'en étais là, ruiné une fois de plus, ce qui était déjà désagréable, et par-dessus le marché, je me trompais complètement dans mon trading et c'était encore pire. J'étais malade, nerveux, contrarié et incapable de raisonner calmement. C'est-à-dire que je me trouvais dans l'état d'esprit dans lequel aucun spéculateur ne devrait être quand il trade. Tout s'est mal passé pour moi. En effet, je commençai à penser que je ne parviendrais pas à retrouver le sens de la mesure que j'avais perdu. Étant devenu habitué à gérer de grandes lignes, c'est-à-dire plus d'une centaine de milliers d'actions, je craignais de ne pas faire preuve d'assez de discernement dans mon trading à petite échelle. Cela ne semblait guère valoir la peine d'avoir raison lorsque tout ce que vous aviez représentait une centaine d'actions. Après avoir pris l'habitude d'obtenir un gros profit sur une grande ligne, je n'étais pas sûr que je saurais à quel moment réaliser mon profit sur une petite ligne. Je ne peux pas vous décrire à quel point je me sentais désarmé.

De nouveau fauché et incapable d'assumer vigoureusement l'offensive. Endetté et dans l'erreur ! Après toutes ces longues années de succès, tempérées par des erreurs qui avaient véritablement ouvert la voie à des réussites plus grandes encore, je me trouvais à présent dans pire posture que lorsque j'avais fait mes débuts chez les bookmakers. J'avais beaucoup appris sur le jeu de la spéculation boursière, mais pas grand-chose sur le jeu des faiblesses humaines. Il n'y a pas d'esprit si machinal que vous puissiez compter sur lui pour fonctionner avec la même efficacité en permanence. À présent, j'avais appris que je ne pouvais pas être sûr à 100 % de ne jamais être touché ni par les hommes ni par les malheurs.

Les pertes d'argent ne m'ont jamais inquiété le moins du monde. Mais d'autres problèmes le pouvaient et le faisaient. J'étudiai mon désastre en détail et, bien sûr, je n'eus aucun mal à voir à quel moment j'avais été stupide. J'en repérai même l'heure et le lieu exacts. Un homme doit parfaitement se connaître s'il veut faire un malheur en tradant sur les marchés spéculatifs. Réaliser de quelle idiotie immense j'étais capable fut un long pas éducatif. Je pense parfois qu'aucun prix n'est trop élevé pour qu'un spéculateur paie pour apprendre ce qui l'empêchera de prendre la grosse tête. Un grand nombre de ruines d'hommes brillants peuvent directement trouver leur origine dans le fait qu'ils avaient pris la grosse tête, une maladie coûteuse que tout le monde peut contracter partout, mais particulièrement à Wall Street pour un spéculateur.

Je n'étais pas heureux à New York, avec mon état d'esprit actuel. Je ne voulais pas trader, parce que je n'étais pas assez en forme pour le faire. Je décidai de partir d'ici et de tenter ma chance ailleurs. Je pensais que le dépaysement pourrait m'aider à me retrouver. Alors, une fois de plus, je quittai New York, battu par le jeu de la spéculation. J'étais plus que fauché, puisque je devais plus de 100 000 dollars à différents courtiers.

Je me rendis à Chicago et y trouvai des intérêts. Ils n'étaient pas très importants, mais cela signifiait simplement qu'il me faudrait un peu plus de temps pour regagner ma fortune. Une maison de courtage avec laquelle j'avais déjà conclu des affaires croyait en mes capacités de trader, et ils voulaient le prouver en me permettant de trader à petite échelle dans leur bureau.

Je commençai de façon très prudente. Je ne sais pas comment je m'en serais sorti si j'étais resté ici. Cela dit, l'une des expériences les plus remarquables de ma carrière abrégea mon séjour à Chicago. C'est une histoire assez incroyable.

Un jour, je reçus un télégramme de Lucius Tucker. Je l'avais connu lorsqu'il était directeur d'une société boursière avec laquelle j'avais parfois conclu quelques affaires, mais je l'avais perdu de vue. Le télégramme disait : « Viens à New York tout de suite. L. TUCKER »

Je savais qu'il connaissait ma situation financière, qu'il avait dû apprendre par des amis communs, donc il était certain qu'il avait une idée en tête. Néanmoins, je n'avais pas assez d'argent à dépenser dans un voyage inutile pour New York ; donc, au lieu de faire ce qu'il m'avait demandé, je l'appelai de Chicago.

— J'ai eu ton télégramme, l'informai-je. Qu'est-ce que ça veut dire ?

— Cela veut dire qu'un gros banquier de New York veut te voir, répondit-il.

— Qui donc ? demandai-je.

Je ne pouvais pas imaginer qui cela pouvait être.

— Je te le dirai quand tu arriveras à New York. Tu n'as pas le choix.

— Tu dis qu'il veut me voir ?

— Affirmatif.

— À propos de quoi ?

— Il te le dira en personne si tu lui donnes une chance, dit Lucius.

— Tu ne peux pas me l'écrire ?

— Non.

— Alors, parle-m'en plus clairement, le sommai-je.

— Non, je ne veux pas.

— Écoute, Lucius, dis-moi juste ceci : est-ce un voyage sans inté-rêt ? l'interrogeai-je.

— Certainement pas. Ce sera à ton avantage de venir.

— Tu ne peux pas me donner un petit indice ?

— Non, répliqua-t-il. Ce ne serait pas honnête envers lui. En plus, je ne sais pas ce qu'il attend de toi. Mais suis mon conseil : viens, et vite.

— Es-tu sûr que ce soit bien moi qu'il veuille voir ?

— Toi et personne d'autre. Tu ferais mieux de venir, je te le dis. Télégraphie-moi le train que tu prends et je te retrouverai à la gare.

— Très bien, conclus-je.

Et je raccrochai.

Je n'aimais pas trop qu'on fasse autant de mystère, mais je savais que Lucius était un bon ami et qu'il devait avoir une bonne raison de me parler de cette façon. Je n'étais pas installé assez confortablement à Chicago pour que cela me brise le cœur d'en partir. Au rythme où j'allais dans mon trading, il me faudrait beaucoup de temps avant de pouvoir rassembler assez d'argent pour opérer à mon ancienne échelle.

Je revins à New York, sans savoir ce qui allait se produire. En effet, plus d'une fois pendant le voyage, j'avais peur que rien ne se passe et que je perde ainsi le prix du billet de train ainsi que mon temps. Je ne pouvais pas deviner que j'allais vivre l'expérience la plus curieuse de toute ma vie.

Lucius m'accueillit à la gare et ne perdit pas de temps : il me confia qu'il m'avait fait venir à la demande urgente de M. Daniel Williamson, de la célèbre maison boursière Williamson & Brown. M. Williamson avait dit à Lucius de m'informer qu'il avait une proposition profession-nelle à me faire, qu'il était sûr que j'accepterais puisque ce serait très profitable pour moi. Lucius jura qu'il ne savait pas en quoi elle consis-tait. La réputation de l'entreprise représentait une garantie que rien d'inapproprié ne serait exigé de moi.

Dan Williamson était le membre le plus important du cabinet, fondé par Egbert Williamson dans les années 70. Brown ne faisait plus partie de l'entreprise ; il avait disparu du cabinet depuis des années. La maison avait été très réputée au temps du père de Dan ; son fils avait hérité d'une fortune considérable et n'avait pas beaucoup d'affaires en dehors de cela. Ils avaient un client qui valait une centaine de clients moyens : Alvin Marquand, le beau-frère de Williamson, qui, en plus d'être responsable d'une douzaine de banques et de sociétés de fiducie, était le président du grand réseau ferroviaire Chesapeake & Atlantic Railroad. Il était la personnalité la plus pittoresque du monde ferroviaire après James J. Hill et était le porte-parole et le membre dominant de la puissante clique bancaire connue sous le nom de « gang de Fort Dawson ». Il valait entre 50 et 500 millions de dollars, l'estimation dépendant de l'état du foie de l'orateur. Lorsqu'il mourut, ils découvrirent qu'il pesait en fait 250 millions de dollars, tous gagnés à Wall Street. Donc, vous voyez, c'était un sacré client.

Lucius me dit qu'il venait d'accepter un poste chez Williamson & Brown qui était fait pour lui. Il était censé être une sorte d'apporteur d'affaires général. L'entreprise cherchait à développer son activité en tant que courtier et Lucius avait incité M. Williamson à ouvrir quelques filiales : une dans l'un des grands hôtels du centre-ville et l'autre à Chicago. Je supposai alors qu'on allait m'offrir un poste dans cette dernière succursale, peut-être comme responsable administratif, ce que je déclinerais. Je ne tombai pas sur Lucius parce que je pensais que je ferais mieux d'attendre que l'offre soit faite avant de la refuser.

Lucius me fit entrer dans le bureau privé de M. Williamson, me présenta à son chef et quitta la salle avec hâte, comme s'il voulait éviter d'être appelé comme témoin dans une affaire où il connaissait les deux parties. Je me préparai à écouter et à refuser.

M. Williamson fut très agréable. C'était un gentleman consciencieux, avec des manières polies et un sourire aimable. Je pouvais voir qu'il se faisait facilement des amis et les gardait près de lui. Il possédait des montagnes d'argent et ne pouvait donc pas être suspecté de motifs sordides. Ces choses, couplées à son éducation et sa formation sociale, lui permettaient d'être non seulement poli et amical, mais aussi serviable.

Je ne dis rien. Je n'avais rien à dire et, de plus, je laissais toujours l'autre homme s'exprimer pleinement avant de parler. Quelqu'un m'a dit que le regretté James Stillman, président de la National City Bank, qui, soit dit en passant, était un ami intime de Williamson, avait pour habitude d'écouter en silence, avec un visage impassible, quiconque lui soumettait une proposition. Après que l'homme avait terminé, M. Stillman continuait à le regarder, comme si l'homme n'avait pas fini son discours. Alors ce dernier, se sentant obligé d'ajouter quelque chose, continuait. Simplement en regardant et en écoutant, Stillman obtenait souvent des conditions beaucoup plus avantageuses économiquement parlant que l'homme avait l'intention de lui offrir au début de son laïus.

Je ne demeure pas silencieux uniquement pour inciter les gens à me faire une meilleure offre, mais parce que j'aime connaître tous les faits de l'affaire. En laissant un homme exprimer l'intégralité de sa proposition, vous êtes en mesure de décider tout de suite. C'est un excellent gain de temps. Il évite les débats et les discussions prolongées qui ne mènent nulle part. Presque toutes les propositions professionnelles qui me sont présentées peuvent être réglées, en ce qui me concerne, en disant oui ou non. Mais je ne peux pas donner une réponse d'emblée si je n'ai pas la proposition complète sous les yeux.

Dan Williamson parlait et j'écoutais. Il me dit qu'il avait beaucoup entendu parler de mes opérations sur le marché boursier et qu'il regrettait que je sois sorti de mon domaine de prédilection et d'avoir échoué dans le coton. Mais, cela dit, c'était à ma malchance qu'il devait le plaisir de cet entretien avec moi. Il pensait que mon point fort était le marché boursier, que j'étais né pour cela et que je ne devais pas m'en éloigner.

— Et, M. Livingston, c'est la raison pour laquelle nous voulons faire affaire avec vous, conclut-il.

— De quelle façon ? lui demandai-je.

— En étant vos courtiers, dit-il. Mon cabinet aimerait gérer vos affaires boursières.

— J'aimerais bien, annonçai-je, mais je ne peux pas.

— Pourquoi pas ? demanda-t-il.

— Je n'ai pas d'argent, répondis-je.

— Cela ne pose pas de problème, dit-il avec un sourire amical. Je vous en fournirai.

Il sortit alors un chéquier, signa un chèque de 25 000 dollars à mon ordre et me le tendit.

— Pour quoi faire, ce chèque ? l'interrogeai-je.

— Pour que vous le déposiez dans votre propre banque. Je veux que vous fassiez vos opérations dans notre bureau. Je me fiche que vous gagniez ou que vous perdiez. Si vous perdez cet argent, je vous donnerai personnellement un autre chèque. Ainsi, vous n'aurez pas besoin d'être très prudent avec celui-ci. Vous comprenez ?

Je savais que l'entreprise était trop riche et prospère pour avoir besoin des affaires de qui que ce soit, et encore moins pour donner à quelqu'un l'argent nécessaire pour constituer une marge. Pourtant, il me le proposait avec tant de gentillesse ! Au lieu de m'accorder un crédit avec la maison, il me donnait l'argent comptant, de sorte que lui seul sache d'où il venait, la seule condition étant que si je tradais, je devais le faire par le biais de son cabinet. Avec, en plus, la promesse qu'il y en aurait plus si les choses se passaient mal ! Il devait forcément y avoir une raison.

— Quel est le but ? demandai-je.

— Nous voulons simplement avoir un client dans ce bureau qui soit connu comme un grand trader actif. Tout le monde sait que vous gérez une ligne importante du côté baissier, et c'est ce que j'apprécie particulièrement chez vous. Vous avez la réputation d'être un flambeur.

— Je ne comprends toujours pas, répliquai-je.

— Je vais être franc avec vous, M. Livingston. Nous avons deux ou trois clients très fortunés qui achètent et vendent des actions à grande échelle. Je ne veux pas que Wall Street les soupçonne de liquider leurs positions chaque fois que nous vendons 10 000 ou 20 000 parts d'une action, quelle qu'elle soit. S'ils savent que vous tradez dans notre bureau, ils ne sauront pas si c'est votre vente à découvert ou les actions des autres clients qui arrivent sur le marché.

Je compris sur-le-champ. Il voulait couvrir les opérations de son beau-frère grâce à ma réputation de flambeur ! Il se trouve que j'avais fait mon plus gros coup du côté des baissiers un an et demi plus tôt et, bien sûr, les ragots et les colporteurs de rumeurs stupides de Wall Street avaient pris l'habitude de me blâmer pour chaque baisse des prix. Encore aujourd'hui, lorsque le marché est très faible, ils disent que je suis en train de faire un raid.

Nul besoin pour moi de réfléchir. Je vis d'un coup d'œil que Dan Williamson m'offrait une chance de revenir sur le marché, et cela rapidement. Je pris le chèque, l'encaissai, ouvris un compte auprès de sa société, puis commençai à trader. C'était un bon marché actif, assez large pour qu'un homme n'ait pas à s'en tenir à une ou deux spécialités. J'avais commencé à craindre, comme je vous l'ai dit, d'avoir perdu le don de viser juste. Mais il semble que ce n'était pas le cas. En tout juste trois semaines, j'avais obtenu un profit de 112 000 dollars avec les 25 000 que Dan Williamson m'avait prêtés.

J'allai le voir et lui dis :

— Je suis venu vous rembourser vos 25 000 dollars.

— Non, non ! me dit-il en me faisant signe de partir, comme si je venais de lui offrir un cocktail à l'huile de ricin. Non, non, non, mon garçon. Attendez jusqu'à ce que votre compte soit plus conséquent. N'y pensez pas encore. Vous n'avez là que des clopinettes.

C'est là que je commis l'erreur que j'ai regrettée plus que tout autre dans ma carrière à Wall Street. Elle fut responsable de longues et lugubres années de souffrance. J'aurais dû insister pour qu'il prenne l'argent. Je me dirigeais vers une fortune plus importante que celle que j'avais perdue et progressais assez vite. Pendant trois semaines, mon bénéfices moyen fut de 150 % par semaine. À partir de ce moment-là, mon commerce commença à se diriger vers une échelle de plus en plus grande. Mais au lieu de me libérer de toute obligation, je laissai faire Williamson et je ne l'obligeai pas à accepter les 25 000 dollars. Bien sûr, comme il ne retirait pas les 25 000 dollars qu'il m'avait avancés, je sentais que je ne pouvais pas très bien sortir mon profit. Je lui en étais très reconnaissant, mais je n'aime pas devoir de l'argent ou des faveurs, je suis comme ça. Je peux rembourser de l'argent avec de l'argent, mais les faveurs et les services doivent être rendus de la même façon, et vous êtes susceptible de trouver ces obligations morales parfois très coûteuses. De plus, il n'y a pas de délai de prescription.

Je ne touchai pas à l'argent et repris mon trading. Je m'en sortais assez bien. Je retrouvais mon assurance et j'étais sûr qu'il ne me faudrait pas très longtemps avant de revenir à mon rythme de 1907. Une fois que je l'aurais fait, tout ce que je demanderais serait que le marché tienne encore un peu plus longtemps et que je puisse faire plus que compenser mes pertes. Mais gagner ou non de l'argent ne m'inquiétait pas vraiment. Ce qui me rendait heureux, c'était que je perdais l'habitude d'avoir tort, de ne pas être moi-même. Cela m'avait bouleversé pendant des mois, mais j'avais appris la leçon.

À peu près à ce moment-là, je devins baissier et commençai à shorter de nombreuses actions ferroviaires. Parmi elles se trouvait Chesapeake & Atlantic. Il me semble que j'avais une petite ligne d'environ 8 000 actions.

Un matin, lorsque j'arrivai au centre-ville, Dan Williamson me demanda de me rendre dans son bureau privé avant l'ouverture du marché et me dit :

— Larry, ne faites rien avec Chesapeake & Atlantic en ce moment. Ce n'était pas malin de shorter 8 000 actions. Je vous ai couvert ce matin à Londres et je suis acheteur d'autant d'actions.

J'étais sûr que Chesapeake & Atlantic allait descendre. Le téléscripteur me l'avait clairement dit ; et d'ailleurs, j'étais baissier sur l'ensemble du marché, pas violemment ni complètement, mais assez pour me sentir à l'aise avec une ligne vendeuse modérée. Je dis alors à Williamson :

— Pourquoi avez-vous fait cela ? Je suis baissier sur l'ensemble du marché et ils baissent tous.

Il se contenta de secouer la tête et d'enchaîner :

— Je l'ai fait parce qu'il se trouve que je sais quelque chose sur Chesapeake & Atlantic que vous ne pouvez pas savoir. Je vous conseille de ne pas shorter ces actions jusqu'à ce que je vous dise qu'il est prudent de vous y mettre.

Que pouvais-je faire ? Ce n'était pas un conseil idiot. Il venait du beau-frère du président du conseil d'administration. Dan n'était pas seulement l'ami le plus proche d'Alvin Marquand, il avait également été gentil et généreux avec moi. Il avait montré sa confiance en moi et en ma parole. Je me devais au moins de le remercier. Alors, mes sentiments envahirent une fois encore mon jugement et je renonçai. Subordonner mon jugement à ses désirs me mena à ma perte. La gratitude est une chose qu'un homme décent ne peut s'empêcher de ressentir, mais il ne tient qu'à lui d'empêcher cette dernière de le restreindre complètement. La première chose que je sus fut que non seulement j'avais perdu tous mes profits, mais aussi que je devais 150 000 dollars en prime. Je me sentais mal par rapport à cela, mais Dan me dit de ne pas m'inquiéter.

— Je vais vous sortir de cette impasse, promit-il. Je sais que j'y arriverai. Mais je ne pourrai le faire que si vous m'en laissez l'occasion. Vous devrez cesser de spéculer pour votre propre compte. Je ne peux pas travailler à vous sortir de là et vous laisser défaire tout le travail que j'ai accompli pour vous. Laissez tomber le marché et donnez-moi une chance de vous faire gagner de l'argent. C'est d'accord, Larry ?

Encore une fois, je vous le demande : que pouvais-je faire ? Je pensais à sa gentillesse et je ne pouvais rien faire qui puisse être interprété comme un manque de reconnaissance. J'avais fini par l'apprécier. Il était très agréable et amical. Je me rappelle qu'il n'a jamais failli à m'encourager. Il m'assurait sans cesse que tout finirait bien. Un jour, peut-être six mois plus tard, il vint me voir avec un charmant sourire et me donna quelques bordereaux de dépôt.

— Je vous avais dit que je vous sortirais de cette impasse, et je l'ai fait ! annonça-t-il.

Puis je découvris qu'il avait non seulement entièrement effacé ma dette, mais que j'avais en prime un petit solde créditeur.

Je pensais que je pourrais faire grossir cela sans trop de problèmes, car le marché se portait bien, mais il me dit :

— Je vous ai acheté 10 000 actions Southern Atlantic.

C'était une autre concession contrôlée par son beau-frère, Alvin Marquand, qui régnait également sur les destinées de cette action sur le marché.

Quand un homme fait pour vous ce que Dan Williamson avait fait pour moi, vous ne pouvez rien dire d'autre que « merci », quelle que soit votre vision du marché. Vous pouvez être sûr d'avoir raison, mais comme disait Pat Hearne : « On ne peut pas savoir avant d'avoir parié ! » Et Dan Williamson avait parié pour moi avec son argent.

Eh bien, Southern Atlantic descendit et ne remonta pas, et je perdis je ne sais plus combien sur mes 10 000 actions avant que Dan ne me vende le tout. Je lui étais plus que jamais redevable. Mais vous n'avez jamais vu un créancier plus gentil ou moins pressant de votre vie. Jamais une seule plainte de sa part. À la place, il vous disait des mots encourageants et vous répétait de ne pas vous en faire. En fin de compte, la perte fut compensée pour moi de la même manière généreuse, mais mystérieuse.

Il ne donna aucun détail. C'étaient tous des comptes numérotés. Dan Williamson me disait simplement :

— Nous avons compensé votre perte de Southern Atlantic avec les profits sur cette autre affaire.

Et il me racontait comment il avait vendu 7 500 parts d'une autre action et en avait retiré du positif. Je peux dire honnêtement que je n'ai jamais connu une chose aussi fabuleuse dans mes trades jusqu'à ce qu'il me dise que ma dette était effacée.

Après que cela eut lieu plusieurs fois, je commençai à réfléchir et envisageai mon cas sous un angle différent. Je finis par comprendre. Il était évident que j'avais été utilisé par Dan Williamson. Cela me mit en colère de le penser, mais je l'étais encore plus de ne pas m'en être rendu compte plus tôt. Dès que je passai en revue toute l'affaire dans mon esprit, j'allai voir Dan Williamson, lui dis que j'en avais fini avec le cabinet, puis je quittai le bureau de Williamson & Brown. Je n'eus aucun échange avec lui ni avec aucun de ses partenaires. À quoi cela m'aurait-il servi ? Mais j'avoue que j'en voulais autant à Williamson & Brown qu'à moi-même.

Avoir perdu de l'argent ne me dérangeait pas. Chaque fois que j'ai perdu de l'argent sur le marché boursier, j'ai toujours considéré que j'avais appris quelque chose ; que si j'avais perdu de l'argent, j'avais gagné de l'expérience, l'argent avait donc servi à payer mes frais d'apprentissage. Un homme doit avoir de l'expérience et il doit payer pour cela. Mais il y a quelque chose qui m'a fait très mal dans mon expérience au bureau de Dan Williamson : la perte d'une grande opportunité. L'argent qu'un homme perd n'est rien ; il peut le regagner. Mais des occasions comme celle que j'avais à l'époque ne se présentent pas tous les jours.

Voyez-vous, le marché avait été un bon marché pour trader. J'avais raison ; je veux dire par là que je le lisais correctement. L'occasion de faire des millions était là. Mais j'ai laissé ma gratitude interférer avec mon jeu. Je me suis sabordé moi-même. Je devais faire ce que Dan Williamson, dans sa gentillesse, souhaitait faire. Dans l'ensemble, c'était tout aussi peu satisfaisant, voire plus encore, que de faire affaire avec un membre de sa famille. Mauvais plan !

Et ce n'était pas le pire. Après cet épisode, il n'y eut pratiquement plus d'opportunité pour moi de gagner beaucoup d'argent. Le marché s'aplatit. Les choses allèrent de mal en pis. Non seulement j'avais perdu tout ce que j'avais, mais je m'endettais également de nouveau, et plus lourdement que jamais. 1911, 1912, 1913 et 1914 furent de longues années de vaches maigres. Il n'y avait pas d'argent à gagner. L'opportunité n'était tout simplement pas là et j'étais donc plus pauvre que jamais.

Il n'est pas gênant de perdre quand la perte n'est pas accompagnée d'une vision poignante de ce qui aurait pu être. C'est précisément ce que je n'arrivais pas à me sortir de la tête et, bien sûr, cela me troublait encore davantage. J'appris que les faiblesses auxquelles un spéculateur est sujet sont presque innombrables. Pour moi, en tant qu'homme, il était approprié d'agir comme je l'ai fait dans le bureau de Dan Williamson, mais il était inapproprié et imprudent pour moi, en tant que spéculateur, de me laisser influencer par toute considération que ce soit d'agir contre mon propre jugement. Noblesse oblige, mais pas en bourse, car le téléscripteur n'est pas chevaleresque et ne récompense pas la loyauté. Je réalise que je n'aurais pas pu agir différemment. Je n'aurais pas pu me refaire simplement parce que je voulais trader sur le marché boursier. Mais les affaires restent les affaires, et mon travail en tant que spéculateur est de toujours soutenir mon propre jugement.

C'était une expérience très curieuse. Je vais vous dire ce que je pense qu'il s'est passé. Dan Williamson était parfaitement sincère dans ce qu'il m'a dit lorsqu'il m'a vu pour la première fois. Chaque fois que son entreprise déplaçait quelques milliers d'actions, Wall Street sautait sur la conclusion qu'Alvin Marquand achetait ou vendait. Il était le grand trader du bureau, c'était certain, et il a donné à cette société toutes ses affaires ; il était l'un des meilleurs et des plus grands traders qu'il n'y avait jamais eu à Wall Street. Je devais donc servir de couverture, en particulier pour les ventes d'Alvin Marquand.

Ce dernier tomba malade peu après mon arrivée. Sa maladie fut très tôt diagnostiquée comme étant incurable et, bien entendu, Dan Williamson le savait bien avant Marquand lui-même. C'est pourquoi Dan avait couvert ma position sur Chesapeake & Atlantic. Il avait commencé à liquider une partie des avoirs spéculatifs de son beau-frère sur ce titre et d'autres actions.

Bien sûr, à la mort de Marquand, la succession dut liquider ses lignes spéculatives et semi spéculatives, et à ce moment-là, nous étions passés à un marché baissier. En me retenant comme il l'avait fait, Dan aidait grandement la succession. Je ne me vante pas en disant que j'étais un très gros trader et que mon opinion sur le marché boursier était définitivement dans le vrai. Je sais que Williamson s'était souvenu de mes opérations réussies dans le marché baissier de 1907 et qu'il ne pouvait pas se permettre de courir le risque de me laisser libre de mes mouvements. Si j'avais continué sur ma lancée, j'aurais gagné tellement d'argent qu'au moment où il essayait de liquider une partie de la succession d'Alvin Marquand, j'aurais tradé des centaines de milliers d'actions. En tant que baissier actif, j'aurais infligé des dégâts se chiffrant en millions de dollars aux héritiers de Marquand, car Alvin avait seulement laissé un peu plus de 200 millions.

Cela leur revenait beaucoup moins cher de me laisser m'endetter et ensuite de rembourser la dette que de m'avoir dans un autre bureau à opérer activement du côté baissier. C'est précisément ce que j'aurais fait si je n'avais pas laissé mes sentiments me faire croire que je ne devais pas me surpasser par décence pour Dan Williamson.

J'ai toujours considéré cela comme la plus intéressante et la plus malheureuse de toutes mes expériences en tant que spéculateur. En guise de leçon, cela me coûta un prix disproportionnellement élevé. Cela retarda le temps de mon redressement de plusieurs années. J'étais assez jeune pour attendre avec patience le retour des millions égarés. Mais pour un homme, rester pauvre pendant cinq ans est très long. Jeune ou vieux, ce n'est jamais agréable. Je pouvais me passer des yachts beaucoup plus facilement que je ne pouvais le faire d'un marché sur lequel revenir. La plus grande opportunité de ma vie exhibait devant mes yeux tout l'argent que j'avais perdu. Je ne pouvais même pas tendre la main et l'attraper. Un homme très malin, ce Dan Williamson, habile comme tout, prévoyant, ingénieux et audacieux. C'est un intellectuel, il a beaucoup d'imagination, peut détecter le point faible de n'importe quel homme et tout planifier de sang-froid pour l'atteindre. Il m'avait jaugé et avait rapidement trouvé quoi faire de moi afin de me rendre complètement inoffensif sur le marché. En revanche, selon toute vraisemblance, il le faisait avec une extrême gentillesse. Il aimait sa sœur, Mrs Marquand, et il avait accompli son devoir envers elle tel qu'il le ressentait.

14

J'ai toujours été irrité par le fait que le marché fût écrémé après mon départ du bureau de Williamson & Brown. Nous foncions tout droit dans une longue période sans argent, quatre années de vaches maigres. Il n'y avait pas un centime à gagner. Comme Billy Henriquez disait : « C'était le genre de marché dans lequel même une mouffette ne pourrait amorcer un seul mouvement. »

J'avais l'impression que le destin était contre moi. C'était peut-être le plan de la Providence de me châtier, mais je n'avais pas vraiment été empli d'autant d'orgueil qu'une telle chute devait entraîner. Je n'avais commis aucun de ces péchés spéculatifs qu'un trader doit expier du côté débiteur du compte. Je n'étais pas coupable d'un typique coup d'idiot. Ce que j'avais fait, ou plutôt ce que j'avais laissé en suspens, était une chose pour laquelle j'aurais reçu des éloges et non des reproches au nord de la 42ᵉ rue. Mais pour Wall Street, c'était absurde et coûteux. Mais le pire dans cette affaire, et de loin, c'était que cette situation avait tendance à signifier à un homme qu'il devait moins se permettre d'éprouver des sentiments humains dès lors qu'il côtoyait la Bourse.

Je quittai Williamson et essayai d'autres bureaux de courtiers. Dans chacun d'eux, je perdis de l'argent. Je ne l'avais pas volé, car j'essayais de forcer le marché à me donner ce qu'il ne pouvait pas m'offrir, à savoir des opportunités de gagner de l'argent. Je ne rencontrai aucune difficulté à obtenir un crédit, car ceux qui me connaissaient avaient confiance en moi. Vous pouvez vous faire une idée de la grande confiance qu'ils m'accordaient quand je vous dis que lorsque j'arrêtai finalement de trader à crédit, je devais bien plus d'un million de dollars.

Le problème n'était pas que j'avais perdu mon emprise, mais que pendant ces quatre années misérables, les occasions de gagner de l'argent étaient tout simplement inexistantes. Mais je continuai malgré tout, essayant d'en tirer des profits, pour seulement réussir à accroître mes dettes. Après que j'eus cessé de trader pour mon propre compte, car je ne voulais pas devoir encore plus d'argent à mes amis, je gagnai ma vie en gérant des comptes pour des gens qui croyaient que je connaissais assez bien le jeu pour le battre, même dans un marché morose. Pour mes services, je recevais un pourcentage des profits quand il y en avait. C'est ainsi que je vivais. Disons plutôt que c'est ainsi que je survivais.

Bien sûr, je ne perdais pas toujours, mais je ne gagnais jamais assez pour me permettre de sensiblement réduire ce que je devais. Finalement, alors que les choses allaient de plus en plus mal, je ressentis un début de découragement pour la première fois de ma vie.

Tout semblait avoir mal tourné pour moi. Je n'allais pas me lamenter d'être passé d'un million de dollars et un yacht à des dettes et une vie simple. Je n'aimais pas cette situation, mais je ne m'apitoyai pas sur mon sort. Je ne proposai pas d'attendre patiemment que le temps et la Providence mettent un terme à mon inconfort. J'étudiai donc mon problème. Il était évident que la seule façon de me sortir de mes difficultés était de gagner de l'argent. Pour ce faire, j'avais seulement besoin de trader avec succès. Je l'avais déjà fait auparavant et je devais le faire une fois de plus. Plus d'une fois par le passé, j'avais transformé un budget très serré en des centaines de milliers de dollars. Tôt ou tard, le marché m'offrirait une opportunité.

Je m'étais persuadé que tout ce qui allait de travers venait de moi et non du marché. Qu'est-ce qui n'allait pas chez moi ? Je me posai cette question dans le même état d'esprit que celui dans lequel je me trouvais toujours lorsque j'étudiais les différentes phases de mes problèmes de trading. J'y réfléchis calmement et en arrivai à la conclusion que mon principal problème venait du fait que j'étais préoccupé par l'argent que je devais. Je ne pouvais jamais me libérer de l'inconfort mental qui en résultait. Je dois vous expliquer que ce n'était pas simplement dû au fait d'avoir conscience de mes dettes. Tout homme d'affaires contracte des dettes au cours de ses affaires courantes. La plupart de mes dettes n'étaient rien d'autre que des dettes d'affaires, en raison de conditions commerciales défavorables pour moi, et qui n'étaient pas pires que celles dont souffre un marchand, par exemple, lorsqu'il subit un malheureux coup du sort prolongé représenté par d'inhabituelles conditions météorologiques hors saison.

Bien sûr, alors que le temps passait et que je ne pouvais toujours pas payer, je commençai à me sentir moins philosophe au sujet de mes dettes. Je vais vous expliquer : je devais plus d'un million de dollars en pertes boursières, rappelez-vous. La plupart de mes créanciers étaient très gentils et ne m'embêtaient pas ; mais il y en avait deux qui me dérangeaient. Ils me suivaient partout. Chaque fois que je gagnais un peu d'argent, chacun d'eux était sur le terrain, voulant tout savoir et insistant pour que je le rembourse sur-le-champ. L'un d'eux, à qui je devais 800 dollars me menaça de me poursuivre en justice, de saisir mes meubles, etc. Je ne vois pas pourquoi il pensait que je dissimulais un capital, à moins que ce fût le fait que je n'avais pas vraiment l'air du stéréotype d'un clochard sur le point de mourir dans la misère.

Alors que j'étudiais le problème, je vis que ce n'était pas une affaire qui exigeait la lecture du téléscripteur, mais de moi-même. J'arrivai de sang-froid à la conclusion que je ne serais jamais capable d'accomplir quoi que ce soit d'utile tant que je serais inquiet, et il était tout aussi évident que je le serais tant que je devrais de l'argent. Je veux dire, tant que n'importe quel créancier avait le pouvoir de me contrarier ou d'interférer avec mon retour en insistant pour être payé avant que je puisse obtenir un profit décent. Cette observation était tellement vraie et évidente que je me dis : « Je dois passer par la faillite. » Quoi d'autre aurait pu soulager mon esprit ?

Cela semble à la fois simple et sensé, n'est-ce pas ? Mais c'était plus que désagréable, je peux vous le dire. Je détestais faire cela. Je détestais me mettre dans une position où je risquais d'être mal compris ou mal jugé. L'argent ne m'a jamais vraiment importé. Je n'y ai jamais assez réfléchi pour considérer que ça valait le coup de mentir pour cela. Mais je savais que tout le monde ne ressentait pas la même chose. Bien sûr, je savais aussi que si je me remettais sur pied, je rembourserais tout le monde, car l'obligation était toujours là. Mais à moins de trader comme avant, je ne serais jamais capable de rembourser ce million.

Je pris alors mon courage à deux mains et allai voir mes créanciers. C'était une chose très difficile à faire pour moi, car la plupart d'entre eux étaient des amis ou de vieilles connaissances.

Je leur expliquai franchement la situation. Je leur dis :

— Je ne vais pas faire cela, non pas parce que je ne veux pas vous payer, mais parce que, par respect pour vous et pour moi-même, je dois me mettre dans une position de gagner de l'argent. J'ai réfléchi à cette solution par intermittence pendant plus de deux ans, mais je n'ai tout simplement pas eu le courage de venir vous le dire aussi franchement. Ç'aurait été infiniment mieux pour nous tous si je l'avais fait. En résumé : je ne peux absolument pas être moi-même tant que je serai tourmenté ou contrarié par ces dettes. J'ai décidé de faire maintenant ce que j'aurais dû faire il y a un an. Je n'ai pas d'autre raison que celle que je viens de vous donner.

Ce que le premier homme répondit fut exactement la même chose que ce qu'ils dirent tous. Il dit au nom de sa société :

— Livingston, nous comprenons. Nous nous rendons parfaitement compte de votre position. Je vais vous dire ce qu'on va faire : nous allons simplement vous donner une autorisation. Demandez à votre avocat de préparer les papiers dont vous avez besoin et nous les signerons.

Dans le fond, c'est ce qu'ont dit tous mes gros créanciers. C'est l'un des bons côtés de Wall Street. Ce n'était pas seulement de l'imprudence ou un esprit fairplay. C'était également une décision très intelligente, car c'était clairement une bonne affaire. J'appréciais tout autant la bonne volonté et le sens des affaires.

Ils me libérèrent de dettes s'élevant à plus d'un million de dollars. Mais il y avait les deux créanciers mineurs qui ne voulaient pas signer. L'un d'eux était l'homme aux 800 dollars dont je vous ai parlé. Je devais aussi 60 000 dollars à une société de courtage qui avait fait faillite, et les administrateurs judiciaires, qui ne me connaissaient ni d'Ève ni d'Adam, me harcelaient nuit et jour. Même s'ils avaient été disposés à suivre l'exemple donné par mes plus gros créanciers, je présume que le tribunal ne les aurait pas laissé signer. Quoi qu'il en soit, à présent, ma dette ne s'élevait plus qu'à environ 100 000 dollars, même si, comme je l'ai dit, je devais bien plus d'un million.

C'était extrêmement désagréable de voir l'affaire paraître dans les journaux. J'avais toujours payé mes dettes en totalité, et cette nouvelle expérience était horriblement gênante pour moi. Je savais que je rembourserais tout le monde un jour si je vivais assez longtemps pour le faire, mais tous ceux qui lisaient l'article ne le sauraient pas. J'avais honte de sortir après avoir vu le rapport dans les journaux. Mais le sujet commençait à s'effacer des conversations, et je ne peux vous dire à quel point j'étais soulagé de savoir que je n'allais plus être harcelé par des gens qui ne comprenaient pas qu'un homme doive vouer tout son esprit à son entreprise s'il souhaite réussir dans la spéculation boursière.

Mon esprit étant à présent libre de commencer à trader avec une perspective de succès, n'étant plus contrarié par les dettes, l'étape suivante était d'obtenir un autre capital. La Bourse avait été fermée du 31 juillet jusqu'à la mi-décembre 1914, et Wall Street était au trente-sixième dessous. Aucune affaire n'avait été conclue depuis longtemps. Je devais de l'argent à tous mes amis ; je ne pouvais pas leur demander de m'aider à nouveau juste parce qu'ils avaient été si agréables et amicaux avec moi, et, de plus, je savais que personne n'était en mesure de faire grand-chose pour qui que ce soit.

C'était une tâche très difficile d'obtenir un capital décent, car avec la fermeture de la Bourse, il n'y avait rien que je pouvais demander à un courtier de faire pour moi. J'essayai à un ou deux endroits ; sans succès.

Finalement, j'allai voir Dan Williamson. C'était en février 1915. Je lui dis que je m'étais débarrassé du poids mental de la dette et que j'étais prêt à trader comme par le passé. Vous vous souvenez que lorsqu'il avait eu besoin de moi, il m'avait offert de disposer de 25 000 dollars sans que je le lui demande.

À présent que j'avais besoin de lui, il me répondit :

— Lorsque vous voyez quelque chose qui vous paraît bien et que vous voulez acheter 500 actions, allez-y, et tout ira bien.

Je le remerciai et partis. Il m'avait empêché de gagner beaucoup d'argent et le bureau avait empoché un nombre élevé de commissions grâce à moi. J'avoue que cela m'irritait légèrement de penser que Williamson & Brown ne m'avait pas donné un capital décent. Au départ, j'avais l'intention de trader de façon prudente. Cela rendrait ma reprise financière plus facile et plus rapide si je pouvais commencer par une ligne un peu meilleure que 500 actions. Mais, de toute façon, je me rendis compte que, le marché étant ce qu'il était, j'avais une chance de revenir.

Je quittai le bureau de Dan Williamson et étudiai la situation en général, et en particulier mon propre problème. Il s'agissait d'un marché haussier. C'était aussi clair pour moi que pour des milliers de traders. Mais mon capital me permettait d'investir dans seulement 500 actions ; c'est-à-dire que je n'avais pas une grande marge de manœuvre, cela me limitait dans mon trading. Je ne pouvais même pas me permettre un léger revers au début. Je devais absolument augmenter mon capital avec ma première position. Mon premier achat de 500 actions devait être rentable. Je devais réellement gagner de l'argent. Je savais que si je n'avais pas suffisamment de capital pour trader, je serais incapable de faire preuve de bon sens. Sans marges adéquates, il serait impossible d'adopter l'attitude sereine et impassible envers le jeu qui découle de la capacité de se permettre quelques pertes mineures, comme celles auxquelles je me suis souvent exposé en testant le marché avant de placer une grosse mise.

Je pense aujourd'hui que je me trouvais alors dans la période la plus critique de ma carrière de spéculateur. Si j'échouais cette fois-ci, on ne savait ni où ni quand je pourrais obtenir un autre essai, ni même si j'en obtiendrais un autre. Il était très clair que je devais simplement attendre le moment psychologique exact.

Je ne m'approchai pas de Williamson & Brown. Je veux dire, je me tins volontairement loin d'eux pendant six longues semaines de lecture régulière du téléscripteur. Je craignais que si je me rendais au bureau, en sachant que je pouvais acheter 500 actions, je serais tenté de trader au mauvais moment ou sur le mauvais titre. En plus d'étudier les conditions de base, se rappeler les précédents du marché et garder à l'esprit la psychologie du public extérieur ainsi que les limites de ses courtiers, un trader doit aussi se connaître lui-même et se protéger contre ses propres faiblesses. Nul besoin d'être en colère contre le fait d'être humain. J'en suis venu à penser qu'il est aussi nécessaire de savoir comment me lire moi que le téléscripteur. J'étudiais et comptais sur mes propres réactions aux impulsions données ou aux inévitables tentations d'un marché actif, plus ou moins dans le même état d'esprit avec lequel j'étudiais l'état des cultures ou analysais les rapports des gains.

Ainsi, jour après jour, fauché et impatient de reprendre le trading, je m'assis devant un tableau de cotation dans le bureau d'un autre courtier, où je ne pouvais pas acheter ou vendre plus qu'une part d'une action, étudiant le marché, ne ratant pas une seule transaction sur le téléscripteur, attendant que le moment psychologique fasse sonner la cloche qui dirait : « En avant, toute ! »

En raison des conditions connues dans le monde entier, l'action la plus haussière en ces jours critiques du début de l'année 1915 était Bethlehem Steel. J'étais convaincu qu'elle allait monter en flèche, mais afin d'être sûr de gagner sur ma première position, comme il fallait que je le fasse, je décidai d'attendre qu'elle passe la valeur nominale.

Je pense que je vous ai dit que je sais d'expérience que chaque fois qu'une action franchit 100, 200 ou 300 pour la première fois, elle continue presque toujours à monter de 30 à 50 points, et après 300, plus vite qu'après 100 ou 200. L'un de mes premiers gros coups fut sur l'action Anaconda, que j'achetai lorsqu'elle franchit la barre des 200 et que je vendis un jour plus tard à 260. Ma pratique de l'achat d'une action juste après qu'elle avait franchi la valeur nominale remontait à mes débuts chez les bookmakers. C'est un vieux principe de trading.

Vous pouvez imaginer à quel point j'étais motivé à reprendre la spéculation à mon ancienne échelle. J'avais tellement hâte de commencer que je ne pensais à rien d'autre ; mais je me freinai. Je vis Bethlehem Steel grimper, chaque jour, de plus en plus haut, comme j'en étais persuadé, et pourtant, je restreignis mon envie de courir au bureau de

Williamson & Brown et d'acheter 500 actions. Je savais que ma première opération devait être aussi sûre que possible.

Chaque point que cette action gagnait signifiait 500 dollars que je n'avais pas empochés. Les 10 premiers points de l'avance signifiaient que j'aurais été capable de pyramider, et au lieu de 500 pièges, je pourrais à présent porter 1 000 actions qui me rapporteraient 1 000 dollars le point. Mais je restai vissé à ma chaise et, au lieu d'écouter mes espoirs qui me hurlaient d'y aller ou mes croyances qui vociféraient, je ne considérai que la voix de mon expérience et le conseil du bon sens. Une fois que j'aurais réuni un capital décent, je pourrais me permettre de prendre des risques. Mais sans mise importante, prendre des risques, même minimes, était un luxe que je ne pouvais pas m'offrir. Six semaines de patience, mais finalement, une victoire du bon sens sur la cupidité et l'espoir !

Je commençais vraiment à trembler et suer sang et eau lorsque l'action monta à 90. Pensez à ce que je n'avais pas gagné en n'achetant pas alors que j'étais tant haussier. Eh bien, en arrivant à 98, je me dis : « Bethlehem va passer à 100, et quand ce sera le cas, le cours va exploser ! » Le téléscripteur disait la même chose plus que clairement. En fait, il utilisait un mégaphone. Je vous le dis, je vis 100 sur le téléscripteur quand il ne faisait qu'imprimer 98. Et je savais que ce n'était pas la voix de mon espérance ou la vue de mon désir, mais l'affirmation de mon instinct de lecteur de téléscripteur. Alors, je me dis : « Je ne peux pas attendre qu'elle atteigne 100. Je dois l'acheter maintenant. C'est comme si elle avait déjà franchi la valeur nominale. »

Je me précipitai au bureau de Williamson & Brown et passai un ordre d'achat de 500 actions de Bethlehem Steel. Le marché était alors de 98. J'obtins 500 actions de 98 à 99. Ensuite, elle s'envola et ferma ce soir-là à 114 ou 115, il me semble. J'achetai alors 500 actions supplémentaires.

Le lendemain, Bethlehem Steel était à 145 et je reçus mes profits. Mais je les avais mérités. Ces six semaines à attendre le bon moment furent les plus éprouvantes et fatigantes de ma vie. Mais cela paya, car j'avais à présent assez de capital pour trader des lots de taille raisonnable. Je n'aurais pu aller nulle part avec seulement 500 actions.

Il est difficile de bien commencer, quelle que soit l'affaire entreprise, mais je réussis si bien après mon achat de Bethlehem que vous n'auriez pas cru que c'était le même homme qui tradait. En fait, je n'étais plus le même homme, car là où j'avais été persécuté et eu tort, j'étais maintenant à l'aise et avais raison. Il n'y avait pas de créanciers pour m'ennuyer ni de manque de fonds pour interférer avec ma réflexion ou mon écoute de la voix incontestable de l'expérience, et donc je gagnais tout le temps.

Tout d'un coup, alors que j'étais en route vers une fortune certaine, nous eûmes la pause Lusitania. De temps en temps, un homme reçoit un coup comme celui-là dans le plexus solaire, probablement pour lui rappeler le triste fait qu'aucun être humain ne peut être assez bon sur le marché au point d'être à l'abri des accidents peu rentables. J'ai entendu des gens dire qu'aucun spéculateur professionnel n'avait été très durement touché par la nouvelle du torpillage du Lusitania, et ils continuaient en disant qu'ils le savaient bien avant Wall Street. Je ne fus pas assez malin pour sortir grâce à des informations préalables, et tout ce que je peux vous dire, c'est qu'à cause de ce que j'ai perdu pendant la pause Lusitania et d'un ou deux autres revers que je n'ai pas eu la sagesse d'anticiper, je me retrouvai à la fin de l'année 1915 avec un solde chez mon courtier d'environ 140 000 dollars. C'est tout ce que je fis, même si j'avais toujours eu raison sur le marché pendant la majeure partie de l'année.

Je fis bien mieux l'année suivante. J'eus beaucoup de chance. J'étais extrêmement haussier dans un marché en plein boom. Les choses allaient certainement dans mon sens, donc il n'y avait rien d'autre à faire que de gagner de l'argent. Cela me fait penser à un dicton de H. H. Rogers, de la Standard Oil Company, qui disait qu'il y avait des moments où un homme ne pouvait pas plus s'empêcher de gagner de l'argent qu'il ne pouvait empêcher la pluie de le mouiller s'il sortait sans parapluie lors d'une tempête. C'était le marché haussier le plus clairement défini que nous ayons eu. Il était évident pour tout le monde que les achats alliés de toutes sortes de provisions ici faisaient des États-Unis la nation la plus prospère au monde. Nous avions tout ce que personne d'autre n'avait à vendre, et nous obtenions rapidement tout l'argent du monde. Je veux dire que l'or du monde entier se déversait à torrents dans le pays. L'inflation était inévitable et, bien sûr, cela signifiait une hausse de tous les prix.

Tout cela était si clair dès le début qu'aucune manipulation, ou alors légère, n'était nécessaire pour la hausse. C'est la raison pour laquelle le travail préliminaire fut bien moins important que pour d'autres marchés haussiers. Et non seulement le boom dû à la guerre se développa plus naturellement que tous les autres, mais il s'avéra également d'une rentabilité sans précédent pour le grand public. C'est-à-dire que les gains boursiers de 1915 furent plus largement répartis qu'avec n'importe quel autre boom dans l'histoire de Wall Street. Que le public n'ait pas transformé tous ses profits sur papier en argent comptant ou qu'il n'ait pas longtemps gardé les profits qu'il en a tirés n'est que l'Histoire qui se répète. Nulle part ailleurs l'Histoire ne cède à des répétitions aussi souvent ou aussi uniformément qu'à Wall Street. Lorsque vous lisez les comptes rendus contemporains de booms ou de paniques, la seule chose qui vous frappe vraiment est à quel point la spéculation boursière ou les spéculateurs boursiers d'aujourd'hui diffèrent si peu de ceux d'hier. Le jeu ne change pas, et la nature humaine non plus.

Je suivis l'ascension en 1916. J'étais aussi haussier que les autres, mais, bien sûr, je restais en alerte. Je savais, comme tout le monde, qu'il devait y avoir une fin, et j'étais à l'affût des signaux d'alarme. Je n'étais pas particulièrement intéressé par le fait de deviner d'où viendrait le tuyau et je ne regardais donc pas fixement un seul endroit. Je n'étais pas – et je n'en avais jamais eu l'impression – marié indissolublement à l'un ou l'autre côté du marché. Qu'un marché haussier ait ajouté à mon compte bancaire ou qu'un marché baissier ait été particulièrement généreux, je ne considère pas qu'il y ait une raison suffisante pour s'en tenir au côté haussier ou baissier après avoir reçu l'avertissement de sortie. Un homme ne doit pas jurer allégeance éternelle au côté haussier ou baissier. Tout ce qui lui importe, c'est d'avoir raison.

Et il y a une autre chose dont il faut se rappeler : un marché ne culmine pas dans un immense éclat de gloire, et ne se termine pas non plus par un brusque renversement de tendance. Un marché peut cesser et cesse souvent d'être un marché haussier bien avant que les prix ne commencent généralement à baisser. L'avertissement que j'attendais depuis longtemps me vint lorsque je remarquai que, l'une après l'autre, les actions qui avaient été les leaders du marché réagissaient à plusieurs points du sommet et ne revenaient pas pour la première fois depuis plusieurs mois. Leur course était à l'évidence courue, et cela nécessitait clairement un changement dans mes tactiques de trading.

C'était assez simple. Dans un marché haussier, la tendance des prix, bien sûr, est décidément et définitivement à la hausse. Par conséquent, chaque fois qu'une action va à l'encontre de la tendance générale, vous êtes en droit de supposer qu'il y a un problème avec ce titre en particulier. Que le trader expérimenté s'aperçoive que quelque chose ne va pas suffit. Il ne doit pas s'attendre à ce que la bande devienne un conférencier. Son travail consiste à l'écouter quand il dit « Sors ! » et non à attendre qu'il soumette un feuillet juridique pour approbation.

Comme je l'ai déjà dit, je remarquai que les actions qui avaient été les leaders de la merveilleuse avancée avaient cessé de progresser. Elles perdirent 6 ou 7 points et en restèrent là. Dans le même temps, le reste du marché continuait d'avancer sous de nouveaux porteurs ordinaires. Puisque rien de mal ne s'était développé pour les entreprises elles-mêmes, il fallait chercher la raison ailleurs. Ces actions suivaient le courant depuis des mois. Lorsqu'elles cessèrent de se comporter ainsi, même si la vague haussière était encore forte, cela signifiait que le marché haussier était terminé pour ces actions en particulier. En ce qui concerne le reste de la liste, la tendance était encore nettement haussière.

Il n'y avait pas besoin d'être perplexe au point de plonger dans l'inactivité, car il n'y avait vraiment pas de courants croisés. Je ne passai pas baissier sur le marché à l'époque, car le téléscripteur ne me disait pas de le faire. La fin du marché haussier n'était pas arrivée, même si elle était en vue. En attendant, il y avait encore de l'argent haussier à gagner. Dans ce cas, je me contentai de passer baissier sur les actions qui avaient cessé de progresser, et comme le reste du marché avait encore le pouvoir d'augmenter, j'achetais et vendais à la fois.

Je vendis les leaders qui avaient cessé de mener la hausse. Je plaçai une ligne short de 5 000 actions dans chacun d'eux ; puis je fus haussier sur les nouveaux meneurs. Les actions baissières ne firent pas grand-chose, mais mes actions haussières continuèrent de grimper. Quand, finalement, ces dernières cessèrent de progresser à leur tour, je les vendis, et shortai également 5 000 parts de chacune d'elles. À ce moment-là, j'étais plus baissier que haussier, car il était évident que la prochaine grosse somme d'argent allait être gagnée du côté baissier. Même si j'étais certain que le marché baissier avait vraiment commencé avant la véritable fin du marché haussier, je savais que le temps de devenir un baissier effréné n'était pas encore venu. Cela n'avait aucun sens d'être plus royaliste que le roi, surtout trop tôt. Le téléscripteur disait seulement que les patrouilles de l'armée des baissiers majeurs étaient passées en coup de vent. Il était temps de se préparer.

Je continuai à acheter et vendre jusqu'à ce qu'après environ un mois de trading, j'aie accumulé une petite ligne de 60 000 actions, 5 000 actions dans une douzaine de titres différents qui, plus tôt dans l'année, avaient été les préférés du public parce qu'ils avaient été les leaders du grand marché haussier. Ce n'était pas une ligne très lourde, mais n'oubliez pas que le marché n'était pas non plus définitivement baissier.

Puis, un jour, l'ensemble du marché devint assez faible et les prix de toutes les actions commencèrent à chuter. Quand j'obtins un profit d'au moins 4 points sur chacune des 12 actions sur lesquelles j'étais short, je sus que j'avais raison. Le téléscripteur me disait qu'il était maintenant sûr d'être baissier, alors je doublai sur-le-champ.

J'avais ma position. J'étais short d'actions dans un marché qui était désormais clairement baissier. Je n'avais pas besoin de provoquer les choses. Le marché était enclin à aller dans mon sens et, sachant cela, je pouvais me permettre d'attendre. Après avoir doublé, je ne fis aucun autre trade pendant un long moment. Environ sept semaines après avoir établi toute ma ligne, nous eûmes la fameuse « fuite », et les actions s'effondrèrent. On disait que quelqu'un avait reçu des nouvelles anticipées de Washington disant que le président Wilson allait délivrer un message qui ramènerait rapidement la colombe de la paix en Europe. Bien sûr, le boom dû à la guerre avait commencé et s'était poursuivi pendant la Guerre mondiale, et la paix était un élément baissier. Lorsque l'un des traders les plus intelligents sur le parquet fut accusé d'avoir profité d'informations préalables, il dit simplement qu'il avait vendu des actions non pas sur la base d'informations, mais parce qu'il considérait que le marché haussier était trop mûr. J'avais moi-même doublé ma ligne de shorts sept semaines auparavant.

À l'annonce de cette nouvelle, le marché s'effondra, et je couvris, naturellement. C'était le seul coup possible. Quand il se passe quelque chose que vous n'avez pas pris en compte lorsque vous avez fait vos plans, il vous incombe de saisir l'opportunité qu'un destin bienveillant vous offre. Tout d'abord, lors d'une grosse rupture comme celle-ci, où vous avez un marché dans lequel vous pouvez liquider votre position, c'est le moment de transformer vos profits sur papier en argent réel. Même dans un marché baissier, un homme ne peut pas toujours couvrir 120 000 actions sans faire monter son prix. Il doit attendre un marché qui lui permettra d'acheter ce montant sans nuire à son profit tel qu'il se présente sur papier.

J'aimerais souligner que je ne comptais pas sur cette baisse particulière à ce moment-là pour cette raison spécifique. Mais, comme je vous l'ai déjà dit, mon expérience de 30 ans en tant que trader m'a appris que de tels accidents se produisent généralement selon la ligne de moindre résistance sur laquelle je fonde ma position sur le marché. Une autre chose à garder à l'esprit est la suivante : n'essayez jamais de vendre au plus haut ; ce n'est pas judicieux. Vendez après une réaction s'il n'y a pas de reprise.

Je gagnai environ 3 millions de dollars en 1916 en étant haussier aussi longtemps que le marché haussier avait duré, puis en étant baissier lorsque le marché baissier avait commencé. Comme je l'ai déjà dit, un homme n'a pas à se lier à un seul côté du marché jusqu'à ce que la mort les sépare.

Cet hiver-là, je me rendis dans le Sud, à Palm Beach, comme toujours pour les vacances, parce que j'aime beaucoup la pêche en mer.

J'étais short d'actions et de blé, et les deux lignes me montraient un joli profit. Il n'y avait rien qui pourrait m'ennuyer et je passais un bon moment. Bien sûr, à moins que je me rende en Europe, je ne peux pas vraiment être déconnecté des marchés boursiers ou des marchandises.

À Palm Beach, j'avais pour habitude de me rendre régulièrement au bureau de la filiale de mon courtier. Je remarquai que le coton, qui ne m'intéressait absolument pas, était fort et en hausse. À ce moment-là, nous étions en 1917 – j'entendais beaucoup parler des efforts que fournissait le président Wilson pour instaurer la paix. Les rapports arrivaient de Washington, à la fois sous la forme de dépêches de presse et de conseils privés donnés à des amis de Palm Beach. C'est la raison pour laquelle, un jour, j'eus l'impression que l'évolution des différents marchés reflétait la confiance placée dans le succès de M. Wilson. La paix étant censée être proche, les actions et le blé devraient baisser et le coton augmenter. J'étais prêt pour les actions et le blé, mais je n'avais rien fait dans le coton depuis un certain temps.

À 14 h 20 cet après-midi-là, je ne possédais pas un seul ballot, mais à 14 h 25, ma conviction que la paix était imminente me fit en acheter 15 000 pour commencer. Je proposai de suivre mon ancien système de trading, c'est-à-dire acheter ma ligne complète que je vous ai précédemment décrite.

Cet après-midi-là, après la fermeture du marché, nous reçûmes la déclaration de guerre. Il n'y avait rien d'autre à faire qu'attendre l'ouverture du marché le lendemain. Je me souviens que chez Gridley, ce soir-là, l'un des plus grands capitaines d'industrie du pays proposait de vendre n'importe quelle quantité de United States Steel 5 points en dessous du prix de clôture de l'après-midi même. De nombreux millionnaires de Pittsburgh l'écoutèrent ; mais personne n'accepta l'offre du grand homme. Ils savaient qu'il y aurait forcément une importante chute à l'ouverture.

Comme vous pouvez l'imaginer, le lendemain matin, les marchés boursiers et les marchés des denrées connurent évidemment un important tumulte. Certaines actions ouvrirent 8 points en dessous de la clôture de la veille. Pour moi, cela signifiait une occasion providentielle de couvrir tous mes shorts de façon rentable. Comme je l'ai déjà dit, dans un marché baissier, il est toujours judicieux de couvrir si une démoralisation complète se développe soudainement.

C'est la seule façon, si vous balancez une ligne de bonne taille, de transformer un gros profit sur papier en argent réel à la fois rapidement et sans réductions regrettables. Par exemple, j'étais short de 50 000 actions de United States Steel uniquement. Bien sûr, j'étais baissier sur d'autres actions, et quand je vis que j'avais le marché pour couvrir, je le fis. Mes profits s'élevèrent à environ 1 million et demi de dollars. Ce n'était pas une occasion qu'il fallait ignorer.

Le coton, sur lequel j'étais haussier de 15 000 ballots, achetés dans la dernière demi-heure du trading l'après-midi précédent, ouvrit 500 points en dessous. Vous parlez d'une chute ! Cela signifiait une perte de 375 000 dollars en une nuit. Alors qu'il était parfaitement clair que le seul coup judicieux à jouer dans les actions et le blé était de couvrir la chute, je ne voyais pas aussi clairement ce que je devais faire dans le coton. Il y avait diverses choses à prendre en compte, et bien que je prenne toujours ma perte au moment où je suis convaincu que j'ai tort, je n'aimai pas subir cette perte ce matin-là. Puis je me dis que j'étais allé dans le Sud pour passer du bon temps à pêcher au lieu de me laisser troubler par le cours du marché du coton. Et, de plus, j'avais accumulé tellement de profits avec mon blé et les actions que je décidai d'accepter ma perte sur le coton. Je me rendrais ensuite compte que mon profit avait été d'un peu plus d'un million au lieu de plus d'un million et demi. C'était seulement une question de comptabilité, comme les promoteurs ont tendance à vous le dire lorsque vous posez trop de questions.

Si je n'avais pas acheté ce coton juste avant la fermeture du marché la veille, j'aurais économisé ces 400 000 dollars. Cela vous montre à quelle vitesse un homme peut perdre beaucoup d'argent sur une ligne modérée. Ma position principale était tout à fait correcte et je reçus des bénéfices grâce à un accident d'une nature diamétralement opposée aux considérations qui m'avaient conduit à adopter la position que j'avais prise sur les actions et le blé. Notez, s'il vous plaît, que la ligne spéculative de moindre résistance démontra de nouveau sa valeur pour un trader. Les prix se comportèrent comme je l'avais prévu, malgré le facteur de marché inattendu introduit par la déclaration allemande. Si les choses s'étaient passées comme je m'y attendais, j'aurais eu raison à 100 % sur mes trois lignes, car avec la paix, le blé et les actions auraient chuté et le coton aurait augmenté. J'aurais fait un malheur avec mes trois positions. Indépendamment de la paix ou de la guerre, j'avais raison dans ma position sur le marché boursier et du blé, et c'est pourquoi l'évènement imprévu aida. En ce qui concerne le coton, je basai mon coup sur quelque chose qui pourrait se produire en dehors du marché, c'est-à-dire que je pariais sur le succès de M. Wilson dans ses négociations de paix. C'étaient les leaders militaires allemands qui m'avaient fait perdre le pari sur le coton.

Lorsque je retournai à New York au début de l'année 1917, je remboursai tout l'argent que je devais, soit plus d'un million de dollars. Cela fut un grand plaisir pour moi de régler mes dettes. J'aurais pu les rembourser quelques mois plus tôt, mais je n'en fis rien pour une raison très simple : je tradais activement et avec succès et j'avais besoin de tout mon capital. Je le devais à moi-même ainsi qu'aux hommes que je considérais comme mes créanciers afin de profiter de tous les avantages des fabuleux marchés que nous avions en 1915 et 1916. Je savais que je gagnerais beaucoup d'argent et je ne m'inquiétais pas de les laisser attendre quelques mois de plus l'argent que la plupart d'entre eux s'attendaient à ne jamais recevoir. Je ne voulais pas payer mes obligations par bribes ou à un seul homme à la fois, mais en intégralité et à tous en même temps. Donc, tant que le marché faisait tout ce qu'il pouvait pour moi, je continuais simplement à trader sur une aussi grande échelle que mes ressources le permettaient.

Je souhaitais payer des intérêts, mais tous les créanciers qui avaient signé des quittances les refusèrent. L'homme que je remboursai le dernier était celui à qui je devais les 800 dollars, qui avait fait de ma vie un enfer et m'avait contrarié jusqu'à ce que je ne puisse plus trader. Je le laissai attendre jusqu'à ce qu'il apprenne que j'avais remboursé tous les autres. Et seulement à ce moment-là, il obtint son argent. Je voulais lui apprendre à être bienveillant la prochaine fois que quelqu'un lui devrait quelques centaines.

Et c'est ainsi que je revins dans la course.

Après avoir remboursé la totalité de mes dettes, j'investis un montant assez important dans les rentes. Je décidai que je n'allais plus jamais être fauché, embarrassé et sans capital. Bien sûr, après mon mariage, je mis de l'argent en fiducie pour ma femme. Et après l'arrivée de mon garçon, je fis de même pour lui.

La raison pour laquelle je fis cela n'était pas seulement la crainte que le marché boursier puisse me l'enlever, mais parce que je savais qu'un homme dépenserait tout ce qu'il pourrait avoir à portée de main. En faisant cela, je protégeais ma femme et mon enfant de moi.

Plus d'un homme parmi mes connaissances a fait la même chose, mais a amadoué sa femme pour qu'elle l'autorise à retirer l'argent quand il en avait besoin, et il a tout perdu. Mais j'ai tout arrangé pour que ce contrat tienne, peu importe ce que moi ou ma femme veuille. Il est absolument à l'abri de toutes les attaques de l'un ou de l'autre ; à l'abri des besoins de mon marché ; à l'abri même de l'amour d'une épouse dévouée. Je ne prends aucun risque !

15

Parmi les aléas de la spéculation, l'imprévu, je dirais même l'imprévisible, figure au premier rang. Il y a certains risques que même l'homme le plus prudent puisse justifier qu'il prenne s'il veut être plus qu'un mollusque commercial. Les risques spéculatifs normaux ne sont pas pires que ceux qu'un homme court lorsqu'il sort dans la rue ou entame un voyage en train. Quand je perds de l'argent à cause de faits nouveaux que personne ne pouvait prévoir, je n'y pense pas de façon plus vindicative qu'à une tempête qui tombe au mauvais moment. De la naissance à la mort, la vie elle-même est un pari, et ce qui m'arrive parce que je ne possède pas le don de divination, je peux le supporter sans que cela me perturbe. Mais il y a eu des moments dans ma carrière de spéculateur où j'ai à la fois eu raison et joué franc-jeu, et où j'ai néanmoins été dépouillé de mes gains par l'injustice égoïste d'adversaires qui n'étaient pas fairplay.

Contre les méfaits des escrocs, des lâches et des foules, un homme d'affaires vif ou prévoyant peut se protéger. Je ne me suis jamais élevé contre la malhonnêteté pure et simple, sauf chez un bookmaker ou deux, car même là-bas, l'honnêteté était la meilleure chose à faire ; gagner beaucoup d'argent se faisait grâce à l'honnêteté, non grâce aux arnaques. Je n'ai jamais pensé que c'était une bonne affaire de jouer n'importe quoi dans n'importe quel endroit où il était nécessaire de garder un œil sur le négociant parce qu'il était susceptible de tricher si on ne le surveillait pas. Mais contre l'arnaqueur pleurnicheur, l'homme respectable est impuissant. Le fairplay, c'est le fairplay. Point. Je pourrais vous citer une dizaine de cas où j'ai été victime de ma propre croyance dans le caractère sacré de la promesse ou de l'inviolabilité d'un accord conclu entre gentlemen. Je ne le ferai pas, parce que cela ne servirait à rien ainsi.

Les romanciers, les hommes d'Église et les femmes adorent dépeindre la Bourse comme un champ de bataille pour les trafiquants, et l'activité quotidienne à Wall Street comme un combat. C'est assez théâtral mais totalement faux. Je ne pense pas que mes affaires soient des conflits ni des luttes. Je ne me bats jamais contre des individus ou des cliques de spéculateurs. J'ai seulement des opinions différentes, grâce à ma lecture des conditions de base. Ce que les dramaturges appellent des batailles d'affaires ne sont pas des combats entre êtres humains. Ce ne sont que des tests de vision des affaires. J'essaie de m'en tenir aux faits et seulement aux faits, et d'agir en conséquence. C'est la recette du succès pour gagner de l'argent, d'après Bernard M. Baruch. Parfois, je ne vois pas tous les faits assez clairement ou assez tôt, ou bien je ne raisonne pas logiquement. Chaque fois qu'une de ces choses arrive, je perds. Je me trompe. Et ça me coûte toujours de l'argent d'avoir tort.

Aucun homme raisonnable ne refuse de payer pour ses erreurs. Il n'y a aucun créancier privilégié lorsqu'on commet une erreur, et il n'y a aucune exception ni exonération. Néanmoins, je refuse de perdre de l'argent quand j'ai raison. Je ne parle pas non plus de ces opérations qui m'ont coûté de l'argent à cause de changements soudains dans les règles d'un marché boursier en particulier. J'ai à l'esprit certains aléas de la spéculation qui rappellent parfois à un homme qu'aucun profit ne doit être considéré comme acquis avant qu'il ne soit déposé dans sa banque, à son crédit.

Après l'éclatement de la Grande Guerre en Europe, la hausse des prix des marchandises à laquelle il fallait s'attendre commença. Il était aussi facile de le prévoir que l'inflation due à la guerre. Bien sûr, la hausse générale se prolongeait en même temps que la guerre. Comme vous vous en souvenez peut-être, j'étais occupé à « faire mon comeback » en 1915. Le boom des actions était là et il était de mon devoir de m'en servir. Mon gros coup le plus sûr, le plus facile et le plus rapide résidait dans le marché boursier, et j'eus de la chance, comme vous le savez.

En juillet 1917, non seulement j'avais pu rembourser toutes mes dettes, mais il me restait également encore un peu d'argent supplémentaire. Cela signifiait que j'avais maintenant le temps, l'argent et la propension à envisager de spéculer aussi bien sur les marchandises que sur les actions. Depuis de nombreuses années, j'avais pour habitude d'étudier tous les marchés. La hausse des prix des denrées par rapport au niveau d'avant-guerre varia de 100 à 400 %. Il n'y avait qu'une seule exception : le café. Bien sûr, il y avait une raison à cela ; l'éclatement de la guerre signifiait la fermeture des marchés européens et d'énormes chargements furent envoyés dans ce pays, qui était le seul grand marché. Avec le temps, cela entraîna ici un énorme surplus de café vert, ce qui permit de maintenir le prix bas. Alors, lorsque je commençai à considérer ses possibilités spéculatives, le café se vendait en fait à des prix inférieurs à ceux d'avant-guerre. Si les raisons de cette anomalie étaient évidentes, il n'en était pas moins évident que l'opération active et de plus en plus efficace des sous-marins allemands et autrichiens devait signifier une effroyable réduction du nombre de navires disponibles à des fins commerciales. Ensuite, cela devrait conduire à une diminution des importations de café. Avec des recettes réduites et une consommation inchangée, le surplus devrait être absorbé, et lorsque cela se produirait, le prix du café devrait faire ce que les prix de toutes les autres marchandises avaient fait : monter en flèche.

Nul besoin d'être Sherlock Holmes pour évaluer la situation. Pourquoi tout le monde n'a pas acheté du café, je ne peux vous le dire. Lorsque je décidai d'en acheter, je ne le considérai pas comme une spéculation ; c'était plutôt un investissement. Je savais qu'il faudrait du temps pour que cela me rapporte de l'argent, mais je savais également qu'il me montrerait forcément un beau profit. Cela en faisait une opération d'investissement prudente, un acte de banquier plutôt qu'un jeu de parieur.

Je commençai mes opérations d'achat à l'hiver 1917. J'achetai pas mal de café. Cependant, le marché ne faisait rien de significatif. Il resta inactif et, quant au prix, il n'augmenta pas comme je l'avais prévu. Le résultat de tout cela était que je portai simplement ma ligne sans but pendant neuf longs mois. Puis mes contrats expirèrent et je vendis toutes mes options. Je connus une énorme perte dans cette affaire, et pourtant, j'étais sûr que mon point de vue était valable. J'avais clairement eu tort en ce qui concerne le timing, mais j'étais persuadé que le café devrait progresser comme l'avaient fait toutes les autres marchandises ; j'étais si sûr de moi qu'à peine avais-je vendu ma ligne que je commençai à en acheter de nouveau. J'achetai trois fois plus de café que ce que j'avais porté de façon si peu rentable pendant ces neuf mois décevants. Bien sûr, j'achetai des options différées avec des échéances aussi éloignées que possible.

À ce moment-là, je n'avais plus si tort que cela. Dès que j'eus pris ma ligne triplée, le marché commença à grimper. Partout, les gens semblaient tout à coup se rendre compte de ce qui allait se passer sur le marché du café. Je commençais à sentir que mon investissement allait me rapporter un taux d'intérêt très intéressant.

Les vendeurs des contrats que je détenais étaient des torréfacteurs, pour la plupart d'origine allemande, qui avaient acheté le café au Brésil en espérant l'apporter dans ce pays, sûrs de leur coup. Mais il n'y avait pas de navires pour le transporter jusqu'ici, et à l'heure actuelle, ils se retrouvaient dans une position inconfortable, à savoir ne pas disposer de stocks de café sur place et être lourdement vendeurs avec moi. Rappelez-vous que j'étais d'abord devenu haussier sur le café alors que le prix était pratiquement au niveau d'avant-guerre, et n'oubliez pas qu'après l'avoir acheté, je l'ai porté pendant presque un an, puis j'ai subi une grosse perte sur ce dernier. La punition pour avoir tort est de perdre de l'argent. La récompense pour avoir raison est d'en gagner. Ayant clairement raison et portant une grosse ligne, il m'était justifié de m'attendre à faire un malheur. Il ne me faudrait pas une hausse très importante pour faire un profit qui me satisferait, car je portais plusieurs centaines de milliers de sacs. Je n'aime pas parler de mes opérations en chiffres, car, parfois, ils semblent plutôt formidables, et les gens pourraient penser que je me vante. À vrai dire, je trade en fonction de mes moyens et je me laisse toujours une importante marge de sécurité. Dans ce cas-ci, j'étais assez prudent. La raison pour laquelle j'achetais des options si librement était que je ne voyais pas comment je pourrais perdre. Les conditions étaient en ma faveur. On m'avait fait attendre un an, mais à présent, j'allais être payé à la fois pour mon attente et pour avoir eu raison. Je voyais le profit venir rapidement. Il n'y avait rien d'intelligent là-dedans ; je n'étais simplement pas aveugle.

Les millions devaient venir rapidement et facilement, c'était certain ! Mais je n'en vis jamais la couleur. Non, il n'y eut aucun changement soudain des conditions. Le marché ne connut aucun brusque retournement. Le café ne se déversa pas dans le pays. Que s'était-il passé ? L'imprévisible ! Ce qui ne s'était jamais produit pour personne ; ce dont je n'avais donc aucune raison de me méfier. J'ajoutai donc une nouvelle ligne à la longue liste des risques de la spéculation que je dois toujours garder sous les yeux. C'était simplement que les gars qui m'avaient vendu le café, les shorts, savaient ce qui les attendait et, dans leurs efforts pour se dépêtrer de la position dans laquelle ils s'étaient eux-mêmes mis, ils avaient manigancé une nouvelle escroquerie. Ils s'étaient précipités à Washington pour demander de l'aide, et l'avaient obtenue.

Vous vous rappelez peut-être que le gouvernement avait développé divers plans pour éviter que les marchandises ne rapportent d'importants profits. Vous savez combien de ces plans avaient fonctionné. Eh bien, les vendeurs de café philanthropes comparurent devant le Comité de fixation des prix de la Commission des industries de guerre – il me semble qu'il s'agit de la dénomination officielle – et lancèrent un appel patriotique à cette organisation pour protéger le petit-déjeuner des Américains. Ils affirmèrent qu'un spéculateur professionnel, un certain Lawrence Livingston, avait pris ou était sur le point de prendre le contrôle du café. Si ses plans spéculatifs n'étaient pas réduits à néant, il profiterait des conditions créées par la guerre et le peuple américain serait forcé de payer des prix exorbitants pour son café quotidien. Pour ces patriotes qui m'avaient vendu des chargements de café pour lesquels ils ne trouvaient pas de bateaux, il était impensable qu'environ 100 millions d'Américains aient à payer des spéculateurs sans scrupules. Ils représentaient le commerce du café, et non les spéculateurs sur le café, et ils étaient prêts à aider le gouvernement à freiner les profits réels ou potentiels qui pourraient être engendrés.

J'ai horreur des pleurnicheurs et je ne veux pas insinuer que le Comité de fixation des prix ne faisait pas de son mieux pour freiner les profits et le gaspillage. Mais cela ne m'empêche pas d'exprimer l'avis que le comité n'avait pas pu approfondir le problème du marché du café en particulier. Ils bloquèrent un prix maximum pour le café vert, ainsi qu'un délai fixe pour la clôture de tous les contrats existants. Bien entendu, cette décision signifiait que la Bourse du café devrait fermer ses portes. Je n'avais qu'une seule chose à faire, et je la fis : je vendis tous mes contrats. Ces profits de millions de dollars que j'avais jugés plus certains de venir à moi qu'aucun autre auparavant ne se matérialisèrent aucunement. J'étais et je suis toujours aussi hostile que n'importe qui à l'égard de ceux qui profitent des marchandises, mais au moment où le Comité de fixation des prix rendit sa décision sur le café, toutes les autres denrées se vendaient de 250 à 400 % au-dessus des prix d'avant-guerre, alors que le café vert était en fait en-dessous de la moyenne en vigueur pendant quelques années avant la guerre. De mon point de vue, cela ne fit aucune réelle différence pour le café. Le prix ne pouvait qu'augmenter ; et la raison n'en était pas les opérations de spéculateurs sans scrupules, mais la diminution du surplus dont les importations en baisse étaient responsables, et elles étaient à leur tour exclusivement affectées par l'effroyable destruction des navires du monde entier par les sous-marins allemands. Le comité n'avait pas attendu que le café grimpe ; il l'avait freiné avant même qu'il n'entame son ascension.

En termes de principe et d'opportunité, ce fut une erreur de forcer la Bourse du café à fermer à ce moment précis. Si le comité avait laissé le café tranquille, le prix aurait certainement augmenté pour les raisons que j'ai déjà mentionnées, ce qui n'avait rien à voir avec une prétendue manipulation. Mais le prix élevé, qui n'aurait pas été exorbitant, aurait engendré une motivation à s'approvisionner sur ce marché. J'ai entendu M. Bernard M. Baruch dire que la Commission des industries de guerre avait tenu compte de ce facteur pour assurer l'approvisionnement en fixant les prix, et pour cette raison, certaines des plaintes concernant la limite élevée de certaines marchandises étaient injustes. Plus tard, lorsque la Bourse du café reprit ses activités, le café se vendait à 0,23 dollar. Le peuple américain paya ce prix à cause de la faiblesse de l'offre, et cette dernière était faible parce que le prix avait été fixé trop bas, selon les vendeurs philanthropes, pour qu'il soit possible de payer le fret maritime élevé et donc d'assurer des importations continues.

J'ai toujours pensé que mon opération sur le café était la plus légitime de toutes celles que j'avais menées sur les marchandises. Je la considérais plutôt comme un investissement qu'une spéculation. J'y avais passé plus d'un an. S'il y avait une spéculation, elle était menée par les torréfacteurs patriotiques aux noms allemands. Ils avaient du café au Brésil et me le vendaient à New York. Le Comité de fixation des prix avait arrêté le prix de la seule marchandise qui n'avait pas augmenté. Ils protégeaient le public contre les profits avant qu'ils ne démarrent, mais pas contre les inévitables hausses de prix qui s'ensuivirent. Non seulement cela, mais même lorsque le café vert coûtait environ 0,09 dollars la livre, le café torréfié augmentait avec tout le reste. Seuls les torréfacteurs en retiraient un bénéfice. Si le prix du café vert avait augmenté de 0,02 ou 0,03 dollar la livre, cela aurait entraîné plusieurs millions pour moi. Et cela n'aurait pas coûté autant au public que l'augmentation qui suivit.

En spéculation, ressasser le passé est une perte de temps. Cela ne vous apporte rien. Mais cette affaire possède une certaine valeur éducative. Plus qu'aucune autre auparavant. L'augmentation était si sûre, si logique, que je m'étais dit que je ne pouvais faire autrement que gagner plusieurs millions de dollars. Mais ce ne fut pas le cas.

J'ai souffert à deux autres occasions de l'action des Comités d'échange qui ont rendu des décisions, modifiant les règles de la spéculation sans crier gare. Mais dans ces cas-là, ma propre position, bien que techniquement dans le vrai, n'était pas aussi solide sur le plan commercial que dans le cas du café. On ne peut être absolument sûr de rien dans une opération spéculative. C'est l'expérience que je viens de vous raconter qui m'a fait ajouter l'imprévu et l'imprévisible dans ma liste des risques.

Après l'épisode du café, j'eus tellement de succès dans d'autres marchandises et sur le côté baissier du marché boursier que je commençai à souffrir de ragots stupides. Les professionnels de Wall Street et les journalistes prirent l'habitude de me reprocher, à moi et mes supposés raids, les inévitables baisses des prix. Parfois, on qualifiait mes ventes comme étant non patriotiques, que je vende réellement ou non. La raison pour laquelle on exagérait l'ampleur et l'effet de mes opérations était, je présume, le besoin de satisfaire la demande insatiable du public d'obtenir des raisons pour chaque mouvement des prix.

Comme je l'ai dit mille fois, aucune manipulation ne peut faire baisser les actions ni les garder au plus bas. Il n'y a rien de mystérieux là-dedans. La raison est évidente pour tous ceux qui prennent la peine d'y réfléchir trente secondes. Supposons qu'un opérateur fasse un raid sur une action, c'est-à-dire qu'il fasse baisser le prix à un niveau inférieur à sa valeur réelle, que se passerait-il inévitablement ? Le pilleur se heurterait tout de suite aux meilleurs acheteurs. Les gens qui connaissent la valeur d'une action l'achèteront toujours lorsqu'elle est vendue à un prix cassé. Si les initiés ne sont pas en mesure d'acheter, ce sera parce que les conditions générales vont contre leurs propres ressources, et de telles conditions ne sont pas haussières. Lorsque les gens parlent de raids, ils en déduisent qu'ils sont injustifiés ; presque criminels. Mais vendre une action à un prix bien en-dessous de sa valeur est une entreprise très dangereuse. Il vaut mieux garder à l'esprit qu'une action faisant l'objet d'un raid qui ne parvient pas à se redresser n'obtient pas beaucoup d'acheteurs internes et, lorsqu'il y a un raid, c'est-à-dire une vente à découvert injustifiée, il est généralement probable qu'il y ait un achat intérieur ; et lorsque tel est le cas, le prix ne reste pas bas. Je dois dire que dans 99 % des cas, les soi-disant raids sont réellement des déclins légitimes, parfois accélérés, mais pas principalement causés par les opérations d'un trader professionnel, quelle que soit l'ampleur de la ligne qu'il est capable de porter.

La théorie selon laquelle la plupart des déclins soudains ou des chutes particulièrement brutales sont le résultat d'opérations de certains vendeurs à découvert a probablement été inventée comme un moyen facile de fournir des raisons à ces spéculateurs qui, n'étant que des parieurs aveugles, préfèrent croire tout ce qu'on leur dit plutôt que de réfléchir un instant. L'excuse du raid pour les pertes que les spéculateurs malheureux reçoivent si souvent à cause d'informations erronées de leurs courtiers et des commérages financiers est en fait un tuyau inversé. La différence repose ici : un tuyau baissier est un conseil net et positif de vendre à découvert. Mais le tuyau inversé, c'est-à-dire l'explication qui, finalement, n'explique rien, vous sert seulement à vous éviter de vendre judicieusement à découvert. La tendance naturelle lorsqu'une action va mal est de la vendre. Il y a une raison, inconnue, mais une bonne raison ; par conséquent, sortez. Mais il n'est pas sage de sortir lorsque la rupture est le résultat d'un raid d'un opérateur, car au moment où il arrête, le prix doit rebondir. Des tuyaux inversés !

16

Des tuyaux ! Tout le monde veut des tuyaux ! Ils ont non seulement envie de les obtenir, mais aussi de les donner. C'est une question d'avidité, et de vanité. C'est très amusant, parfois, de voir des gens vraiment intelligents aller à la pêche aux tuyaux. Le fournisseur de tuyaux n'a pas besoin d'insister sur la qualité, car le receveur ne recherche pas vraiment un bon tuyau, mais n'importe lequel. Si ça marche, très bien ! Si ce n'est pas le cas, ce sera pour la prochaine fois. Je pense ici au client moyen d'une maison de commission moyenne. Il y a un type de promoteur ou manipulateur qui croit dur comme fer aux tuyaux. Il considère bon nombre de tuyaux comme une sorte de travail de publicité sublimée, les meilleures marchandises au monde, car, puisque ceux qui cherchent et prennent les informations sont invariablement des passeurs de tuyaux, répandre ces derniers devient une sorte de chaîne de publicité sans fin. Le promoteur d'astuces se berce de l'illusion qu'aucun être humain vivant ne peut résister à un tuyau s'il est correctement fourni. Il étudie l'art de le leur donner artistiquement.

Je reçois tout le temps des centaines de tuyaux de toutes sortes de gens. Je vais vous raconter une histoire à propos de Borneo Tin. Vous vous rappelez quand les actions furent mises en valeur ? C'était au plus fort du boom. Le pool du promoteur avait suivi les conseils d'un banquier très intelligent et avait décidé d'introduire immédiatement la nouvelle compagnie sur le marché au lieu de laisser un syndicat de garantie prendre le temps de le faire. C'était un bon conseil. La seule erreur commise par les membres du pool vint de leur inexpérience. Ils ignoraient ce que le marché boursier était capable de faire pendant un gros boom, et en même temps, ils n'étaient pas assez libéraux, en tout cas de façon intelligente. Ils étaient d'accord sur la nécessité d'augmenter le prix afin de lancer l'action, mais ils commencèrent le trading à un prix auquel les traders et les pionniers de la spéculation ne pouvaient pas l'acheter sans nourrir des doutes.

Légitimement, les promoteurs auraient dû se retrouver bloqués, mais dans un tel marché haussier, leur cupidité se révéla être de la prudence nauséabonde. Le public achetait tout ce qui était vu comme une bonne affaire. Personne ne voulait d'investissements. On voulait de l'argent facile, pour le profit certain du jeu. L'or se déversait dans ce pays à travers les importants achats de matériels de guerre. On m'a dit que les promoteurs, tout en préparant leurs plans pour lancer le titre Borneo Tin, majorèrent le prix d'ouverture à trois reprises avant que leur première transaction ne soit officiellement ouverte au public.

J'avais été approché pour rejoindre le pool ; j'avais examiné la question, mais je déclinai l'offre, car s'il y a des manœuvres de marché à faire, j'aime les mener moi-même. Je trade à partir de mes propres informations et je suis mes propres méthodes. Quand Borneo Tin fut lancé, sachant quelles étaient les ressources du pool et ce qu'ils avaient prévu de faire, et sachant aussi ce dont le public était capable, j'achetai 10 000 actions pendant la première heure du premier jour. Ses débuts sur le marché furent couronnés de succès, du moins dans cette mesure. En fait, les promoteurs trouvèrent la demande si active qu'ils décidèrent que ce serait une erreur de perdre autant d'actions si tôt. Ils découvrirent que j'avais acquis mes 10 000 actions à peu près en même temps qu'ils comprirent qu'ils seraient probablement en mesure de vendre toutes les actions qu'ils possédaient s'ils faisaient simplement monter le prix de 25 ou 30 points. Ils conclurent donc que le profit sur mes 10 000 actions prendrait une trop grande partie des millions qu'ils considéraient déjà comme acquis. Ils cessèrent donc leurs opérations haussières et essayèrent de me faire sortir. Mais je me contentai de ne rien faire. Ils laissèrent tomber mon cas, car ils ne voulaient pas que le marché leur échappe, puis ils commencèrent à faire monter le prix, sans perdre plus d'actions qu'il ne leur était permis.

Ils virent les hauts sommets qu'atteignirent les autres actions et commencèrent à penser en milliards. Eh bien, lorsque Borneo Tin grimpa à 120, je leur revendis mes 10 000 actions. Cela calma la hausse et les gérants du pool laissèrent tomber leur manipulation de flambée des prix. Lors du rallye général suivant, ils essayèrent à nouveau d'en faire un marché actif et en profitèrent assez peu, mais cela s'avéra coûteux. Finalement, ils firent monter le cours jusqu'à 150. Mais l'effervescence n'était définitivement plus sur le marché haussier, de sorte que le pool fut contraint de vendre toutes les actions qu'il pouvait à ceux qui aiment acheter après une bonne réaction, sur l'erreur qu'une action qui a déjà été vendu à 150 doit être bon marché à 130 et donc une bonne affaire à 120. En outre, ils transmirent d'abord le tuyau aux traders de la Bourse, qui sont souvent en mesure de constituer un marché temporaire, et plus tard aux maisons de commission. Chaque petite transaction était toujours cela de pris et le pool utilisait tous les moyens connus pour arriver à ses fins. Le problème était que le temps des actions haussière était révolu. Les poissons avaient mordu à d'autres hameçons. Mais la clique de Borneo Tin ne le voyait pas, ou ne voulait pas le voir.

J'étais à Palm Beach avec ma femme. Un jour, je me fis un peu d'argent chez Gridley's, et lorsque je rentrai chez moi, je donnai à Mme Livingston un billet de 500 dollars, sorti de mon petit pécule. C'était une curieuse coïncidence, mais le soir même, elle rencontra le président de la Borneo Tin Company à un dîner, un certain M. Wisenstein, qui était devenu le gérant du pool d'actions. Nous n'apprîmes que peu de temps après que ce Wisenstein avait délibérément manœuvré pour pouvoir être assis à côté de Mme Livingston pendant ce dîner.

Il s'efforça d'être particulièrement gentil avec elle et parla de façon très divertissante. Finalement, il lui dit, en confidence :

— Mme Livingston, je vais faire quelque chose que je n'ai jamais fait auparavant. Je suis très heureux de le faire, parce que vous savez exactement ce que cela signifie.

Il s'arrêta et regarda Mme Livingston avec anxiété pour s'assurer qu'elle était non seulement prudente mais aussi discrète. Elle pouvait le lire sur son visage, comme dans un livre ouvert. Mais voici tout ce qu'elle répondit :

— Oui.

— Oui, Mme Livingston. J'ai été très heureux de vous rencontrer, vous et votre mari, et je tiens à prouver ma sincérité en vous faisant gagner beaucoup d'argent, à tous les deux. Je suis certain que je n'ai pas à vous rappeler que ce que je vais vous dire est strictement confidentiel !

Puis il chuchota :

— Si vous achetez des actions Borneo Tin, vous gagnerez beaucoup d'argent.

— Vous en êtes sûr ? demanda-t-elle.

— Juste avant de quitter l'hôtel, expliqua-t-il, j'ai reçu quelques nouvelles qui ne seront pas révélées au public avant au moins plusieurs jours. Je vais rassembler autant d'actions que possible. Si vous vous en procurez à l'ouverture demain matin, vous les achèterez au même moment et au même prix que moi. Je vous donne ma parole que Borneo Tin augmentera. Vous êtes la seule personne à qui j'ai partagé cette information. Absolument la seule !

Elle le remercia, puis lui dit qu'elle ne connaissait rien à la spéculation boursière. Mais il lui assura qu'il ne lui était pas nécessaire d'en savoir plus que ce qu'il venait de lui dire. Pour s'assurer qu'elle avait bien compris, il lui répéta son conseil :

— Tout ce que vous avez à faire, c'est acheter autant de Borneo Tin que vous le voulez. Je vous jure que si vous le faites, vous ne perdrez pas un centime. Je n'ai jamais dit à une femme ou à un homme d'acheter quoi que ce soit de ma vie. Mais je suis tellement persuadé que l'action ne s'arrêtera pas à 200 que j'aimerais que vous y gagniez de l'argent. Je ne peux pas acheter toutes les actions moi-même, vous savez, et si quelqu'un d'autre que moi doit bénéficier de la hausse, je préférerais que ce soit vous plutôt qu'un étranger. C'est même au-delà de cela ! Je vous ai confié cette information car je sais que vous n'en parlerez pas. Croyez-moi sur parole, Mme Livingston, et achetez Borneo Tin !

Son attitude était très sérieuse et il réussit à impressionner Mme Livingston au point qu'elle commença à penser qu'elle avait trouvé un excellent usage aux 500 dollars que je lui avais donnés cet après-midi-là. Cet argent ne m'avait rien coûté et elle était libre d'en disposer. En d'autres termes, c'était de l'argent facile qu'elle pouvait se permettre de perdre si le sort allait contre elle. Mais il avait dit qu'elle gagnerait à coup sûr. Cela lui plaisait de se faire de l'argent toute seule et de me raconter tout cela après.

Donc, dès le lendemain matin, avant l'ouverture du marché, elle se rendit dans le bureau de Harding et dit au gérant :

— M. Haley, je veux acheter des actions, mais je ne veux pas qu'elles aillent dans mon compte régulier, parce que je veux que mon mari n'en sache rien avant que j'aie gagné un peu d'argent. Pouvez-vous gérer cela pour moi ?

Haley, le gérant, lui répondit :

— Oh, oui. On peut faire un compte spécial. Quelle est l'action que vous voulez acheter et en quelle quantité ?

Elle lui donna les 500 dollars et dit :

— Écoutez, s'il vous plaît. Je ne veux pas perdre plus que ce montant. Si c'est le cas, je ne veux rien vous devoir ; et n'oubliez pas, je ne veux pas que M. Livingston sache quoi que ce soit au sujet de cette affaire. Achetez-moi autant de Borneo Tin que vous pouvez avec cette somme, à l'ouverture.

Haley prit l'argent et lui assura qu'il ne dirait jamais un mot à personne, puis il lui acheta 100 actions à l'ouverture. Je crois qu'elle les eut à 108. Le titre était très actif ce jour-là et clôtura avec une hausse de 3 points. Mme Livingston était si ravie de son exploit qu'elle ne put s'empêcher de venir m'en parler.

Il se trouve que j'avais été de plus en plus baissier sur le marché en général. L'activité inhabituelle de Borneo Tin attira mon attention. Je ne pensais pas qu'il était l'heure pour une action de monter et encore moins pour une comme celle-ci. J'avais décidé de démarrer mes opérations baissières ce jour-là, et je commençai en vendant environ 10 000 actions de Borneo Tin. Si je ne l'avais pas fait, je pense que l'action aurait gagné plutôt 5 ou 6 points au lieu de 3.

Dès le lendemain, je vendis 2 000 actions à l'ouverture et 2 000 autres juste avant la clôture, et le titre chuta à 102.

Haley, le gérant de la filiale de Harding Brothers à Palm Beach, attendait que Mme Livingston s'y rende le troisième matin. D'habitude, tout en se promenant, elle y passait vers 11 h pour voir comment les choses se passaient ainsi que ce que je faisais.

Haley la prit à part et lui dit :

— Mme Livingston, si vous voulez que je continue à porter ces 100 actions de Borneo Tin pour vous, vous devrez me donner plus de marge.

— Mais je n'en ai plus, répondit-elle.

— Je peux les transférer sur votre compte régulier, suggéra-il.

— Non, objecta-t-elle, parce que de cette façon, Larry l'apprendrait.

— Mais votre compte montre déjà une perte de… commença-t-il.

— Mais je vous avais clairement dit que je ne voulais pas perdre plus que les 500 dollars que je vous avais donnés. Je ne voulais même pas perdre cela, le coupa-t-elle.

— Je sais, Mme Livingston, mais je ne voulais pas les vendre sans vous consulter, donc, maintenant, à moins que vous m'autorisiez à les garder, je vais devoir les laisser partir.

— Mais ça s'est si bien passé le jour où je les ai achetées que je ne croyais pas que le titre se comporterait de cette façon si tôt. Et vous ?

— Non, répondit Haley. Je ne le pensais pas non plus.

Dans les maisons de courtage, les employés se doivent d'être diplomatiques.

— Qu'est-ce qu'il s'est passé, M. Haley ?

Haley le savait, mais il ne pouvait pas le lui dire sans me dénoncer, et les affaires d'un client sont sacrées. Alors il répliqua :

— Je n'ai rien entendu de spécial à ce propos, d'aucune façon. Tenez, la voilà qui baisse encore !

Il pointa un doigt en direction du tableau de cotation.

Mme Livingston regarda les actions en train de chuter et se lamenta :

— Oh, M. Haley ! Je ne voulais pas perdre mes 500 dollars ! Que dois-je faire ?

— Je ne sais pas, Mme Livingston, mais si j'étais vous, je demanderais à M. Livingston.

— Oh, non ! Il ne veut pas que je spécule pour mon propre compte. Il me l'a déjà dit. Il achètera ou vendra des actions pour moi, si je le lui demande, mais je n'avais encore jamais fait de trading dont il n'avait pas connaissance. Je n'oserai pas le lui dire.

— Ce n'est pas grave, dit doucement M. Haley. C'est un fabuleux trader et il saura exactement quoi faire.

La voyant secouer violemment la tête, il ajouta diaboliquement :

— Ou bien vous mettez 1 000 ou 2 000 dollars pour conserver vos titres Borneo Tin.

L'alternative la décida immédiatement. Elle resta appuyée sur le bureau, mais au fur et à mesure que le marché s'effondrait, elle s'approcha de l'endroit où j'étais assis à regarder le tableau et me dit qu'elle souhaitait me parler. Nous allâmes dans le bureau privé et elle me raconta toute l'histoire. Alors je lui répondis simplement :

— Espèce de petite idiote, sors-toi de là.

Elle promit qu'elle le ferait, alors je lui rendis ses 500 dollars et elle repartit heureuse. À ce moment-là, l'action avait atteint la valeur nominale.

Je compris alors ce qu'il s'était passé. Wisenstein était un homme futé. Il pensait que Mme Livingston me raconterait ce qu'il lui avait dit et que j'étudierais l'action. Il savait que l'activité m'attirait toujours et que j'étais connu pour prendre des lignes assez importantes. Je suppose qu'il pensait que j'achèterais 10 000 ou 20 000 actions.

C'était l'un des stratagèmes les plus intelligemment planifiés et l'un des tuyaux les plus artistiquement propulseurs dont j'aie jamais entendu parler. Cependant, la manœuvre échoua. En premier lieu, la dame avait reçu ce jour-là 500 dollars qu'elle n'avait pas gagnés et était donc d'humeur beaucoup plus aventureuse que d'ordinaire. Elle voulait gagner de l'argent toute seule, et comme toutes les femmes, elle considéra cette tentation beaucoup trop attirante pour pouvoir y résister. Elle savait ce que je pensais de la spéculation boursière pratiquée par des novices, donc elle n'osait pas m'en parler. Wisenstein n'avait pas bien évalué sa psychologie.

Il s'était par ailleurs totalement trompé dans ses suppositions sur le type de trader que j'étais. Je ne prends jamais de tuyaux et j'étais baissier sur l'ensemble du marché. Les tactiques qu'il pensait efficaces pour m'inciter à acheter Borneo, c'est-à-dire l'activité et la hausse de 3 points, étaient précisément ce qui m'avait incité à choisir Borneo Tin comme point de départ lorsque j'avais décidé de vendre l'ensemble du marché.

Après avoir entendu l'histoire de Mme Livingston, je fus plus motivé que jamais à vendre Borneo. Chaque matin à l'ouverture et tous les après-midis juste avant la fermeture, je le laissais régulièrement obtenir des actions, jusqu'à ce que je voie une opportunité de couvrir mes shorts avec un beau profit.

Il m'a toujours semblé que trader en se basant sur des tuyaux était le comble de la stupidité. Je suppose que je ne suis pas fait comme ces preneurs de tuyaux. J'ai parfois l'impression que ces derniers sont comme des ivrognes Il y en a qui ne peuvent pas résister et attendent toujours ces bêtises avec impatience, qu'ils considèrent indispensables à leur bonheur. Il est si facile d'ouvrir les écoutilles et de laisser le tuyau vous envahir. Se faire dire précisément ce qu'il faut faire pour être heureux d'une manière telle que l'on puisse facilement obéir est la deuxième plus belle chose après être heureux, qui représente un premier grand pas vers l'accomplissement du désir de votre cœur. Ce n'est pas tant l'avidité rendue aveugle par l'enthousiasme que l'espoir bandé par la réticence à réfléchir.

Et ce n'est pas seulement parmi le grand public que l'on trouve des invétérés des tuyaux. Le trader professionnel sur le parquet de la Bourse de New York ne vaut pas mieux. Je suis tout à fait conscient que beaucoup d'entre eux se font une fausse idée de moi parce que je ne donne jamais de tuyaux à personne. Si je disais au boursicoteur moyen : « Vends 5 000 Acier ! », il le ferait sur-le-champ. Mais si je lui dis que je suis plutôt baissier sur l'ensemble du marché et que je lui explique mes raisons en détail, il aura du mal à m'écouter et, après que j'aie fini de parler, il me reprochera de lui avoir fait perdre son temps à exprimer mon opinion sur les conditions générales au lieu de lui donner un conseil direct et spécifique, comme un véritable philanthrope comme il y en a tant à Wall Street, le genre qui aime mettre des millions dans les poches de ses amis, connaissances et parfaits inconnus.

Croire aux miracles que tous les hommes chérissent est né d'une indulgence immodérée envers l'espoir. Il y a ceux qui succombent à l'espoir de temps en temps, et nous connaissons tous l'ivrogne d'espoir chronique qui se tient devant nous comme un optimiste exemplaire. Les preneurs de tuyaux ne sont que ce qu'ils sont.

J'ai une connaissance, un membre de la Bourse de New York, qui faisait partie de ceux qui pensaient que j'étais un homme vil, égoïste et sans cœur parce que je ne donnais jamais de conseils ou ne mettais jamais mes amis dans la confidence. Un jour, il y a quelques années, il parlait avec un journaliste qui mentionna avec désinvolture qu'il avait obtenu d'une source sûre que G. O. H. allait monter. Mon ami courtier acheta rapidement 1 000 actions et vit le prix chuter si rapidement qu'il avait perdu 3 500 dollars avant même de pouvoir arrêter sa perte. Il rencontra le journaliste un ou deux jours plus tard, alors que sa colère n'était toujours pas retombée.

— C'était un sacré tuyau que vous m'avez donné, se lamenta-t-il.

— De quel tuyau parlez-vous ? demanda le journaliste, qui ne s'en souvenait pas.

— À propos de G. O. H. Vous m'aviez dit que vous le teniez d'une source sûre.

— C'était le cas. Un gérant de la société qui est membre du comité des Finances me l'avait dit.

— Lequel ? demanda le courtier d'un ton vindicatif.

— Si vous voulez vraiment savoir, répondit le journaliste, c'était votre propre beau-père : M. Westlake.

— Pourquoi diable ne m'avez-vous pas dit que cela venait de lui ! s'écria le courtier. Vous m'avez coûté 3 500 dollars !

Il ne croyait pas aux tuyaux familiaux. Plus la source est éloignée, plus l'information est pure.

Le vieux Westlake était un banquier et un promoteur riche et accompli. Un jour, il croisa John W. Gates. Ce dernier lui demanda s'il avait des tuyaux.

— Si vous agissez en conséquence, je vous donnerai un conseil. Si vous n'en avez pas l'intention, je vais économiser ma salive, répondit le vieux Westlake, grincheux.

— Bien sûr que je vais agir en conséquence, promit joyeusement Gates.

— Vendez Reading ! Il y a 25 points sûrs et certains à faire, et peut-être même plus. Mais 25, c'est absolument certain, déclara Westlake de manière impressionnante.

— Je vous suis très reconnaissant.

Puis Je-Te-Parie-Un-Million Gates lui serra chaleureusement la main et partit en direction du bureau de son courtier.

Westlake s'était spécialisé dans Reading. Il connaissait tout sur l'entreprise et se tenait aux côtés des initiés, si bien qu'il lisait le marché comme un livre ouvert, et tout le monde le savait. Et maintenant, il conseillait au parieur de l'Ouest de le vendre.

Eh bien, Reading ne cessa jamais de monter. Il grimpa d'une centaine de points en quelques semaines. Un jour, le vieux Westlake se heurta à John W. Gates à Wall Street, mais il comprit qu'il ne l'avait pas vu et il continua donc de marcher. John W. Gates le rattrapa, tout sourire, et lui tendit la main. Le vieux Westlake la serra, abasourdi.

— Je tiens à vous remercier pour le tuyau que vous m'avez donné sur Reading, dit Gates.

— Je ne vous ai pas donné de tuyau, dit Westlake en fronçant les sourcils.

— Bien sûr que si. C'était même un super tuyau. J'ai gagné 60 000 dollars.

— 60 000 dollars ?

— Bien sûr ! Vous ne vous rappelez pas ? Vous m'aviez dit de vendre Reading ; alors je l'ai acheté ! J'ai toujours gagné de l'argent en inversant vos conseils, Westlake, dit aimablement John W. Gates. Toujours !

Le vieux Westlake regarda l'Occidental qui bluffait et énonça immédiatement avec admiration :

— Gates, quel homme riche je serais si j'avais votre cerveau !

L'autre jour, je rencontrai M. W. A. Rogers, le célèbre dessinateur de bandes dessinées, que les courtiers spécialisés en art de Wall Street admirent tant. Ses caricatures quotidiennes dans le *New York Herald* depuis des années ont distrait des milliers de personnes. Eh bien, il m'a raconté une histoire. C'était juste avant que nous entrions en guerre contre l'Espagne. Il passait une soirée avec un ami courtier. Quand il partit, il prit son chapeau melon sur le portemanteau – du moins, il pensait que c'était le sien, car il avait la même forme et lui allait parfaitement.

À cette époque, Wall Street ne pensait et ne parlait de rien d'autre que de la guerre avec l'Espagne. Allait-elle avoir lieu ou non ? Si c'était le cas, le marché chuterait ; pas tant par nos propres ventes que par la pression des détenteurs européens de nos titres. Si la paix régnait, ce serait un jeu d'enfant d'acheter des actions, car il y avait eu des baisses considérables provoquées par les propos alarmistes des journaux. M. Rogers me raconta le reste de l'histoire comme suit :

— Mon ami, le courtier, chez qui j'avais passé la nuit précédente, se trouvait le lendemain à la Bourse, se demandant avec anxiété quel côté du marché il allait jouer. Il pesa le pour et le contre, mais il était impossible de distinguer les rumeurs des faits. Il n'y avait pas de nouvelles authentiques pour le guider. À un moment, il pensait que la guerre était inévitable, et l'instant d'après, il s'était presque convaincu qu'elle était tout à fait improbable. Sa perplexité dut faire monter sa température, car il enleva son chapeau melon pour essuyer son front couvert de sueur. Il ne savait toujours pas s'il devait acheter ou vendre. Il regarda alors à l'intérieur de son chapeau. Là, en lettres d'or, était écrit le mot « WAR » *(« guerre » en anglais)*. C'était le signe dont il avait besoin. N'était-ce pas un tuyau de la Providence que lui offrait son chapeau ? Alors, il vendit un paquet d'actions, la guerre fut déclarée comme prévu, il couvrit pendant la rupture et fit un malheur.

Enfin, W. A. Rogers conclut :

— Je n'ai jamais récupéré ce chapeau !

Toutefois, la meilleure histoire de tuyaux de ma collection concerne l'un des membres les plus populaires de la Bourse de New York, J. T. Hood. Un jour, un autre trader en Bourse, Bert Walker, lui dit qu'il avait fait réaliser un bon coup à un éminent responsable d'Atlantic & Southern. En retour, l'initié reconnaissant lui dit d'acheter toutes les actions A. & S. qu'il pouvait porter. Les gérants allaient faire quelque chose qui ferait grimper le titre d'au moins 25 points. Ils n'étaient pas tous d'accord, mais la majorité d'entre eux voterait sans aucun doute dans ce sens.

Bert Walker conclut que le taux de dividende allait être augmenté. Il le dit à son ami Hood et ils achetèrent chacun quelques milliers d'actions A. & S. L'action était très faible, avant et après leur achat, mais Hood dit que cela était évidemment destiné à faciliter l'accumulation par la clique d'initiés, dirigée par l'ami reconnaissant de Bert.

Le jeudi suivant, après la fermeture du marché, les responsables d'Atlantic & Southern se réunirent et supprimèrent le dividende. L'action perdit 6 points dans les premières six minutes de trading le vendredi matin.

Bert Walker était vert de rage. Il appela le directeur reconnaissant ; cela le désola et il en était vraiment navré. Il dit qu'il avait oublié avoir recommandé à Walker d'acheter. C'était la raison pour laquelle il avait négligé de l'appeler pour l'informer d'un changement dans les plans de la faction dominante du conseil. Le responsable, plein de remords, était tellement impatient de se racheter qu'il prodigua un autre conseil à

Bert. Il expliqua aimablement que quelques-uns de ses collègues voulaient se procurer des actions bon marché et, contre son jugement, avaient recours à des pratiques peu recommandables. Il avait dû céder pour gagner leurs votes. Mais à présent qu'ils avaient tous accumulé leurs lignes complètes, rien ne pouvait être fait pour arrêter la hausse. Il s'agissait d'un double tuyau pour acheter A. & S. maintenant, destiné à captiver ; du gâteau, en somme.

Non seulement Bert lui pardonna, mais il serra chaleureusement la main du grand financier. Naturellement, il s'empressa de trouver son ami et compagnon victime, Hood, pour lui transmettre la bonne nouvelle. Ils allaient faire un malheur. Auparavant, l'action avait été manipulée pour qu'elle monte et ils l'avaient achetée. Mais à présent, elle avait chuté de 15 points. C'était une aubaine. Ils achetèrent donc 5 000 actions sur un compte commun.

Comme s'ils avaient sonné la cloche pour la faire démarrer, l'action s'effondra effroyablement à cause de ce qui semblait assez évidemment être de la vente par les initiés. Deux spécialistes confirmèrent joyeusement leurs soupçons. Hood vendit leurs 5 000 actions. Lorsqu'il eut fini, Bert Walker lui dit :

— Si ce sale type ne s'était pas enfui en Floride avant-hier, je lui aurais montré de quel bois je me chauffe. Oh oui, je vais lui montrer. Mais tu viens avec moi.

— Où ça ? demanda Hood.

— Au bureau du télégraphe. Je veux envoyer à ce putois un télégramme qu'il n'oubliera pas de sitôt. Allons-y.

Hood le suivit. Bert se dirigeait vers le bureau du télégraphe. Là, emporté par ses sentiments, furieux d'avoir subi une perte importante sur les 5 000 actions, il composa un chef-d'œuvre de blâmes. Il lut son télégramme à Hood et conclut :

— Ça devrait lui donner une idée de ce que je pense de lui.

Il était sur le point de le glisser vers le réceptionniste lorsque Hood dit :

— Attends, Bert !

— Qu'est-ce qu'il y a ?

— Je ne l'enverrais pas, si j'étais toi, conseilla sérieusement Hood.

— Pourquoi pas ? répliqua Bert.

— Ça le rendra furieux.

— C'est ce que nous voulons, non ? dit Bert en regardant Hood avec surprise.

Mais Hood secoua la tête d'un air désapprobateur et répondit, très sérieux :

— Nous n'aurons plus jamais un seul tuyau de sa part si tu envoies ce télégramme !

Un trader professionnel dit réellement ceci. Maintenant, quel intérêt de parler des idiots qui chassent les tuyaux ? Les hommes ne prennent pas les tuyaux parce qu'ils sont idiots, mais parce qu'ils aiment ces cocktails d'espoir dont j'ai parlé. La recette du vieux baron Rothschild pour devenir riche s'applique plus que jamais à la spéculation. Quelqu'un lui demanda si gagner de l'argent à la Bourse n'était pas une affaire très difficile, et il répondit qu'au contraire, il trouvait cela très facile.

— C'est parce que vous êtes très riche, objecta le journaliste.

— Pas du tout. J'ai trouvé un moyen facile et je m'y tiens. Je ne peux simplement pas m'empêcher de gagner de l'argent. Je vous partage mon secret, si vous voulez : je n'achète jamais au plus bas et je vends toujours trop tôt.

Les investisseurs sont une race différente. La plupart d'entre eux analyse par milliers les stocks, les statistiques des gains et toutes sortes de données mathématiques, comme si cela signifiait des faits et des certitudes. En règle générale, le facteur humain est minimisé. Très peu de gens aiment investir dans une entreprise dirigée par un seul homme. Mais l'investisseur le plus sage que j'aie jamais connu avait débuté comme matelot en Pennsylvanie et avait suivi en venant à Wall Street et en fréquentant Russell Sage un long moment.

C'était un grand enquêteur et un infatigable homme du Missouri. Il pensait qu'il devait poser ses propres questions et voir les choses de ses propres yeux. Il n'avait pas besoin de revêtir les lunettes d'un autre. C'était il y a quelques années ; il détenait visiblement des actions Atchison. Il commença bientôt à entendre des rumeurs inquiétantes sur l'entreprise et sa direction. On lui rapporta que M. Reinhart, le président, au lieu d'être la merveille qu'on lui attribuait être, était en réalité un directeur des plus extravagants dont l'imprudence poussait rapidement l'entreprise dans le chaos. Le jour où il faudrait rendre des comptes, il devrait payer plein pot.

C'était précisément le genre de nouvelles qui constituait l'oxygène de cet ancien matelot de Pennsylvanie. Il se précipita à Boston pour interroger M. Reinhart et lui poser quelques questions. Elles consistaient à répéter les accusations qu'il avait entendues, puis à demander au président d'Atchison, Topeka & Santa Fe Railroad si elles étaient vraies.

Non seulement M. Reinhart nia les allégations avec insistance, mais il en dit encore plus : il s'appliqua ensuite à prouver par les chiffres que les colporteurs étaient des menteurs malveillants. Le matelot avait demandé des informations exactes et le président lui en donna, lui montrant ce que l'entreprise faisait ainsi que sa stabilité financière, au centime près.

Le matelot de Pennsylvanie remercia le président Reinhart, retourna à New York et vendit rapidement tout ce qu'il possédait d'Atchison. Environ une semaine plus tard, il utilisa ses fonds inutilisés pour acheter un gros lot de Delaware, Lackawanna & Western.

Des années plus tard, nous parlions d'échanges chanceux, et il cita son propre cas. Il expliqua ce qui l'avait poussé à le faire.

— Vous voyez, dit-il, j'ai remarqué que le président Reinhart, lorsqu'il écrivait des chiffres, prenait des feuilles de papier à lettres dans un casier de son bureau à cylindre en acajou. C'était un très joli papier de lin épais avec des en-têtes magnifiquement gravés en deux couleurs. C'était non seulement très coûteux, mais pire encore, c'était inutilement coûteux. Il écrivait quelques chiffres sur une feuille pour me montrer exactement ce que l'entreprise gagnait dans certaines divisions ou pour prouver comment elles réduisaient les dépenses ou les coûts d'exploitation, puis il froissait la feuille au papier onéreux et la jetait dans la poubelle. Il voulait rapidement m'impressionner avec les économies qu'ils étaient en train de mettre en place et attrapait une nouvelle feuille du beau papier à lettre avec les en-têtes gravés en deux couleurs. Quelques chiffres et bingo, dans la poubelle ! Plus d'argent gaspillé sans y penser. J'ai été frappé par le fait que si le président était un homme de ce genre, il ne serait guère enclin à insister pour faire des économies ou bien encourager à en faire. J'ai donc décidé de croire les personnes qui m'avaient dit que la direction était extravagante au lieu d'accepter la version du président, et j'ai vendu les actions Atchison que je détenais. Il se trouve que j'ai eu l'occasion de me rendre dans les bureaux de Delaware, Lackawanna & Western quelques jours plus tard. Le vieux Sam Sloan en était le président. Son bureau était le plus proche de l'entrée et sa porte était grande ouverte. Elle était toujours ouverte. À l'époque, personne ne pouvait entrer dans les bureaux de D., L. & W. sans voir le président de la société assis derrière son bureau. N'importe quel homme pouvait entrer et conclure des affaires avec lui tout de suite, s'il était intéressé. Les journalistes financiers me disaient qu'ils n'avaient jamais eu à tourner autour du pot avec le vieux Sam Sloan :

ils posaient leurs questions et obtenaient toujours un oui ou un non catégorique, peu importe les urgences boursières des autres directeurs. Lorsque j'entrai, je vis que le vieil homme était occupé. Je crus d'abord qu'il ouvrait son courrier, mais après m'être approché du bureau, je vis clairement ce qu'il faisait. J'appris par la suite qu'il avait coutume de le faire tous les jours. Après que le courrier avait été trié et ouvert, au lieu de jeter les enveloppes vides, il les faisait ramasser et apporter à son bureau. Lorsqu'il avait un peu de temps libre, il déchirait le tour de l'enveloppe. Cela lui offrait deux bouts de papier, chacun avec un côté vierge et propre. Il les empilait et les faisait ensuite distribuer, pour les utiliser, au lieu de blocs-notes, comme des brouillons, comme Reinhart l'avait fait avec moi sur du papier à lettres gravé. Pas de gaspillage d'enveloppes vides et pas de gaspillage du temps libre du président. Tout servait. Je fus frappé par le fait que si c'était le genre d'homme que D. L. & W. avait comme président, l'entreprise était gérée de manière économique dans tous les départements. Le président devait y veiller ! Bien sûr, je savais que l'entreprise payait des dividendes réguliers et qu'il s'agissait d'un bon établissement. J'achetai autant d'actions D. L. & W. que je le pus. Depuis, le capital social a doublé, puis quadruplé. Mes dividendes annuels s'élèvent au même montant que mon investissement initial. J'ai encore mes actions D. L. & W. Et Atchison passa entre les mains d'un administrateur judiciaire quelques mois après que j'avais vu le président jeter dans la poubelle, feuille après feuille, du papier à lettres en lin à en-têtes gravés en deux couleurs, pour me prouver par des chiffres qu'il n'était pas extravagant.

Et la beauté de cette histoire, c'est qu'elle est vraie, et qu'aucune autre action que le matelot de Pennsylvanie aurait pu acheter ne se serait avérée être un aussi bon investissement que D. L. & W.

17

L'un de mes amis les plus intimes adore raconter des histoires sur ce qu'il appelle mes intuitions. Il m'attribue toujours des pouvoirs qui défient toute analyse. Il déclare que je ne fais que suivre aveuglément certaines impulsions mystérieuses et que je sors ainsi du marché boursier précisément au bon moment. Son histoire préférée raconte qu'un chat noir m'aurait dit, au petit-déjeuner, de vendre la plupart des actions que je possédais, et qu'après avoir entendu le message de ce chat, j'étais grincheux et nerveux jusqu'à ce que je vende chaque action que je portais. J'avais alors obtenu pratiquement les meilleurs prix du mouvement, ce qui, bien entendu, renforça la théorie de mes intuitions de mon ami têtu.

Je m'étais rendu à Washington pour essayer de convaincre quelques membres du Congrès qu'il n'était pas judicieux de nous taxer à mort, et je ne faisais pas vraiment attention au marché boursier. Ma décision de vendre ma ligne m'était venue soudainement, d'où l'histoire de mon ami.

J'admets que j'ai parfois des impulsions irrésistibles qui me conduisent à faire certaines choses sur le marché. Peu importe que je sois haussier ou baisser : il faut que je sorte. Je me sens mal à l'aise jusqu'à ce que je le fasse. Pour ma part, je pense que ce qu'il se passe, c'est que je vois beaucoup de signaux d'alarme. Peut-être qu'il n'y en a pas un seul qui soit suffisamment clair ou puissant pour m'offrir une raison précise de faire ce dont j'ai soudainement envie. C'est probablement ce qu'ils appellent « le sens du téléscripteur » que les vieux traders disent que James R. Keene avait si fortement développé, ainsi que d'autres opérateurs avant lui. En général, je l'avoue, l'avertissement se révèle non seulement sensé, mais également excellement chronométré. Mais dans ce cas particulier, il n'y avait aucune intuition. Le chat noir n'avait rien à voir avec tout ça. Je pense que ce qu'il raconte à tout le monde, comme quoi je m'étais levé d'humeur grincheuse ce matin-là, peut être expliqué par le fait qu'en vérité, j'étais grincheux car déçu. Je savais que je n'avais pas convaincu le membre du Congrès auquel j'avais parlé, et le Comité ne voyait pas le problème des taxes imposées à Wall Street du même œil que moi. Je ne tentais pas d'arrêter ou d'échapper aux taxes sur les transactions d'actions, mais de suggérer une taxe que je ne considérais ni injuste ni idiote, selon le spéculateur expérimenté que j'étais. Je ne voulais pas que l'Oncle Sam abatte la poule qui pouvait offrir tant d'œufs d'or si on la traitait bien. Il est possible que mon échec m'ait non seulement rendu irrité, mais également pessimiste concernant l'avenir d'affaires injustement taxées. Mais je vais vous raconter exactement ce qu'il s'est passé.

Au début du marché haussier, j'avais une bonne opinion des perspectives du marché de l'acier et du cuivre, et je me sentais donc haussier sur les actions des deux groupes. Je commençai donc à en accumuler quelques-unes. Je commençai par acheter 5 000 actions d'Utah Copper puis arrêtai, parce que cela ne fonctionnait pas bien, c'est-à-dire que le titre ne se comportait pas comme il aurait dû le faire pour que j'aie le sentiment qu'il était judicieux de l'acheter. Je pense que le prix était autour de 114. Je commençai également à acheter United States Steel presque au même prix. J'achetai en tout 20 000 actions le premier jour parce qu'elle se comportait bien. Je suivais la méthode que j'ai décrite précédemment.

L'acier continua d'agir correctement et je continuai donc à accumuler des actions jusqu'à ce que j'en détienne 72 000 au total. Mais mes possessions d'Utah Copper représentaient mon achat initial. Je ne dépassai jamais les 5 000 actions. Son comportement ne m'encouragea pas à aller au-delà.

Tout le monde sait ce qu'il s'est passé. Nous eûmes un gros mouvement haussier. Je savais que le marché était en hausse. Les conditions générales étaient favorables. Même après que les actions eurent fortement augmenté et que mes profits sur papier n'étaient pas négligeables, le téléscripteur continuait à claironner : « Pas encore ! Pas encore ! » Lorsque j'arrivai à Washington, le téléscripteur me disait toujours la même chose. Bien sûr, je n'avais pas l'intention d'augmenter ma ligne à ce moment tardif, même si j'étais encore haussier. En même temps, le marché allait clairement dans mon sens et je n'avais pas le loisir de m'asseoir toute la journée devant un tableau de cotation, à attendre pendant des heures d'obtenir un tuyau qui me dirait de sortir. Avant que le signal sonnant de battre en retraite ne vienne, à moins d'une catastrophe tout à fait inattendue, bien sûr, le marché hésiterait ou me préparerait différemment à un renversement de la situation spéculative. C'est la raison pour laquelle j'allai gaiement parler de mes affaires avec les membres du Congrès.

Au même moment, les prix continuaient à monter, ce qui signifiait que la fin du marché haussier approchait.

Je ne cherchai pas le moment exact de la fin du mouvement. C'était quelque chose que je n'avais pas le pouvoir de déterminer. Mais nul besoin de vous dire que j'étais à l'affût de la moindre information. Je le suis toujours, de toute façon. C'est devenu une question d'habitude professionnelle chez moi.

Je ne peux pas le jurer, mais je soupçonne plutôt que la veille du jour où je vendis, voir les prix élevés me fit prendre conscience de l'ampleur de mes profits sur papier, ainsi que de la ligne que je portais et, plus tard, de mes vains efforts pour inciter nos législateurs à traiter Wall Street avec justesse et intelligence. C'était probablement la façon et le moment où la graine fut plantée en moi. Le subconscient travailla dessus toute la nuit. Le matin venu, je pensai au marché et commençai à me demander comment il allait se comporter ce jour-là. Lorsque je me rendis au bureau, je ne vis pas vraiment que les prix étaient encore plus élevés et que j'avais un profit satisfaisant, mais plutôt qu'il y avait un très grand marché avec un immense pouvoir d'absorption. Je pouvais vendre n'importe quelle quantité d'actions sur ce marché ; et, bien sûr, lorsqu'un homme possède encore toute sa ligne d'actions, il doit être à l'affût d'une opportunité de transformer son profit sur papier en argent réel. Il devrait essayer de perdre le moins de profit possible dans l'échange. L'expérience m'a appris qu'un homme peut toujours trouver une occasion de rendre ses profits réels et que cette occasion se présente généralement à la fin du mouvement. Ce n'est pas une question de lecture du téléscripteur ni d'intuition.

Bien sûr, lorsque je trouvai, ce matin-là, un marché auquel je pouvais vendre toutes mes actions sans problème, je le fis. Quand vous vendez, il n'est ni plus judicieux ni plus courageux de vendre 50 actions que 50 000 ; mais 50 actions, vous pouvez les vendre sur le marché le plus maussade sans casser le prix, alors que 50 000, c'est différent. J'avais 72 000 actions U.S. Steel. Cela n'a peut-être pas l'air d'une ligne colossale, mais vous ne pouvez pas toujours en vendre autant sans perdre une partie de ce profit qui semble si beau sur le papier quand vous le découvrez et qui vous fait aussi mal à perdre que si vous l'aviez vraiment sur votre compte en banque.

J'avais un profit total d'environ 1 500 000 dollars et je le saisis tant qu'il en était encore temps. Mais ce n'était pas la principale raison qui me faisait penser que j'avais fait le bon choix en vendant à ce moment précis. Le marché me le prouva, et cela fut pour moi source de satisfaction. Voici comment cela se passa : je réussis à vendre toute ma ligne de 72 000 actions d'U.S. Steel à un prix qui me fit perdre en moyenne 1 point par rapport au sommet de la journée et du mouvement. Cela prouva que j'avais raison, à la minute près. Mais quand, à la même heure du même jour, je m'apprêtais à vendre mes 5 000 Utah Copper, le prix perdit 5 points. Rappelez-vous que j'ai commencé à acheter les deux actions en même temps et que j'ai agi judicieusement en augmentant ma ligne d'actions U.S. Steel de 20 000 à 72 000, et tout aussi judicieusement en ne touchant pas à ma ligne d'Utah, la laissant à 5 000 actions. La raison pour laquelle je ne vendis pas mon Utah Copper avant était que j'étais haussier sur le marché du cuivre et qu'il s'agissait d'un marché haussier des actions, et je ne pensais pas qu'Utah me ferait beaucoup de tort, même s'il ne me rapportait pas grand-chose. Mais pour ce qui est des intuitions, il n'y en avait pas.

L'entraînement d'un trader en Bourse est comme une formation médicale. Le médecin doit passer de longues années à apprendre l'anatomie, la physiologie, la pharmacologie et les sujets collatéraux par dizaines. Il apprend la théorie, puis consacre sa vie à la pratique. Il observe et classe toutes sortes de phénomènes pathologiques. Il apprend à diagnostiquer. Si son diagnostic est exact, et cela dépend de la précision de son observation, il devrait faire un bon pronostic, en gardant toujours à l'esprit, bien sûr, que la faillibilité humaine et l'imprévu l'empêcheront de taper dans le mille dans 100 % des cas. Et puis, au fur et à mesure qu'il acquiert de l'expérience, il apprend non seulement à faire ce qu'il faut, mais aussi à le faire sur-le-champ, de sorte que beaucoup de gens pensent qu'il le fait instinctivement. Ce n'est pas du tout de l'automatisme. C'est qu'il a diagnostiqué le cas en fonction de ses observations sur des cas similaires pendant de nombreuses années ; et, naturellement, après l'avoir diagnostiqué, il ne peut le traiter que de la manière dont l'expérience lui a enseigné que le traitement est approprié. Vous pouvez transmettre des connaissances, c'est-à-dire votre collection particulière de faits établis, mais pas votre expérience. Un homme peut savoir quoi faire et perdre de l'argent s'il ne le fait pas assez vite.

L'observation, l'expérience, la mémoire et les mathématiques sont ce sur quoi le trader accompli doit compter. Il doit non seulement observer avec précision, mais aussi se souvenir à tout moment de ce qu'il a observé. Il ne peut miser sur le déraisonnable ou l'inattendu, quelle que soit la force de ses convictions personnelles quant au caractère déraisonnable de l'homme ou quelle que soit la certitude qu'il ait que l'imprévu arrive très fréquemment. Il doit toujours parier sur les probabilités, c'est-à-dire essayer de les anticiper. Des années de pratique du jeu, d'étude constante, de mémoire permanente, permettent au trader d'agir à l'instant où l'inattendu se produit aussi bien qu'au moment où ce qui est prévisible se produit.

Un homme peut avoir une grande aptitude mathématique et un sens de l'observation inhabituellement aiguisé et malgré tout échouer dans la spéculation à moins qu'il ne possède également l'expérience et la mémoire. Et puis, comme le médecin qui suit les progrès de la science, le spéculateur avisé ne cesse jamais d'étudier les conditions générales, de suivre, où qu'il soit, les évolutions susceptibles d'affecter ou d'influencer le cours des différents marchés. Après des années à pratiquer le jeu, se tenir au courant devient une habitude. Il agit presque automatiquement. Il acquiert l'inestimable attitude professionnelle, et cela lui permet parfois de battre le jeu ! Mais on ne doit pas accorder une trop grande importance à cette différence entre le trader professionnel et l'amateur ou l'occasionnel. Je trouve, par exemple, que la mémoire et les mathématiques m'aident beaucoup. Wall Street gagne son argent sur une base mathématique. Je veux dire par là qu'il le gagne en traitant des faits et des chiffres.

Lorsque j'ai dit qu'un trader doit se tenir au courant à chaque instant et qu'il doit adopter une attitude purement professionnelle envers tous les marchés et toutes les évolutions, je voulais simplement souligner à nouveau que les intuitions et le mystérieux « sens du téléscripteur » n'ont pas grand-chose à voir avec le succès. Bien sûr, il arrive souvent qu'un trader expérimenté agisse si vite qu'il n'a pas le temps de donner toutes ses raisons à l'avance, mais ce sont néanmoins de bonnes raisons suffisantes, car elles sont basées sur des faits qu'il a recueillis au cours de ses années de travail, de réflexion et de vision des choses sous l'angle du professionnel, pour qui tout ce qu'il apprend apporte de l'eau à son moulin. Laissez-moi illustrer ce que j'entends par « attitude professionnelle ».

Je suis toujours le marché des denrées. C'est une habitude depuis des années. Comme vous le savez, les rapports du gouvernement indiquaient une récolte de blé d'hiver à peu près pareille à celle de l'année précédente et une récolte de blé de printemps plus importante qu'en 1921. Les conditions étaient bien meilleures et nous aurions probablement une récolte plus précoce que d'ordinaire. Lorsque j'obtins les chiffres en rapport avec les conditions et que je vis ce à quoi nous pourrions nous attendre en termes de bénéfices mathématiques, je pensai également à la grève des mineurs et à celle des manutentionnaires des chemins de fer. Je ne pouvais m'empêcher d'y penser, car mon esprit songe toujours à tous les développements qui ont une incidence sur les marchés. Je fus instantanément frappé par le fait que la grève qui avait déjà affecté le mouvement des transports partout dans le monde devait avoir une incidence défavorable sur les prix du blé. Voilà comment je compris la situation : le transport du blé d'hiver jusqu'au marché allait forcément être considérablement retardé en raison des installations de transport touchées par la grève, et le temps que la situation s'améliore, la récolte du blé de printemps serait prête à être acheminée. Cela signifie que lorsque les chemins de fer seraient capables d'acheminer du blé en quantité, ils feraient entrer les deux récoltes en même temps, l'hiver retardé et le printemps précoce, ce qui signifierait qu'une grande quantité de blé se déverserait sur le marché d'un seul coup. Au vu de ces faits, il était évidemment probable que les traders, qui le savaient comme moi, ne soient pas haussiers sur le blé pendant quelque temps. Ils n'auraient pas envie de l'acheter à moins que le prix baisse à un niveau tel que l'achat de blé soit un bon investissement. Sans pouvoir d'achat sur le marché, le prix devait chuter. En raisonnant à ma manière, je devais savoir si j'avais raison ou non. Et comme le disait si bien Pat Hearne : « On ne peut pas savoir avant d'avoir parié. » Entre être baissier et vendre, il n'y a pas de temps à perdre.

L'expérience m'a appris que la façon dont se comporte un marché est un excellent guide à suivre pour un opérateur. C'est comme prendre la température et le pouls d'un patient ou noter la couleur ses globes oculaires et l'aspect de sa langue.

Normalement, un homme devrait pouvoir acheter ou vendre 1 million de boisseaux de blé dans une fourchette d'un quart de centime. Ce jour-là, lorsque je vendis les 250 000 boisseaux pour tester la rapidité du marché, le prix baissa précisément d'un quart de centime. Puis, comme la réaction ne disait pas vraiment tout ce que je voulais savoir, je vendis un autre quart de million de boisseaux. Je remarquai qu'il fut pris par bribes, c'est-à-dire que l'achat se fit par lots de 10 000 ou 15 000 boisseaux au lieu d'être pris en deux ou trois transactions, ce qui aurait été normal. En plus des achats homéopathiques, le prix baissa encore d'un quart de centime sur mes ventes. Maintenant, je n'ai pas besoin de perdre mon temps à souligner que la façon dont le marché a pris mon blé et la baisse disproportionnée de mes ventes m'ont dit qu'il n'y avait pas de pouvoir d'achat sur ce marché. Dans ces conditions, quelle était la seule chose à faire ? Vendre beaucoup plus, bien sûr. De temps en temps, suivre les diktats de l'expérience peut vous tromper. Mais ne pas les suivre fait invariablement de vous un idiot. Je vendis donc 2 millions de boisseaux et le prix baissa un peu plus. Quelques jours plus tard, le comportement du marché m'obligea pratiquement à vendre 2 millions de boisseaux supplémentaires et le prix chuta de plus belle ; encore quelques jours après, le blé commença à dégringoler et chuta de 0,06 dollar le boisseau. Et il ne s'arrêta pas là. Il poursuivit sa chute avec quelques reprises de courte durée.

Je ne suivis pas une intuition. Personne ne me donna de tuyau. C'est mon habitude mentale habituelle ou professionnelle envers les marchés des denrées qui me donna le profit, et cette attitude venait de mes années passées à exercer ce métier. J'étudie car mon boulot, c'est de trader. Dès que le téléscripteur me dit que j'étais sur la bonne voie, mon devoir professionnel fut d'augmenter ma ligne ; ce que je fis. C'était tout ce qu'il y avait à faire.

J'ai constaté que l'expérience est susceptible d'être celle qui paye les dividendes réguliers dans ce jeu et que l'observation vous donne les meilleurs tuyaux entre tous. Le comportement d'une certaine action est parfois tout ce dont vous avez besoin. Vous devez l'observer. Puis l'expérience vous montre comment tirer profit des variations par rapport à l'habituel, c'est-à-dire par rapport au probable. Par exemple, nous savons que les actions ne bougent pas toutes dans un seul sens, mais que toutes les actions d'un groupe monteront dans un marché haussier et descendront dans un marché baissier. C'est une évidence de la spéculation. C'est le conseil le plus commun de tous ; les maisons de commission le connaissent bien et le transmettent à tout client qui n'y a pas pensé par lui-même, j'entends par là de négocier les actions qui sont en retard par rapport aux autres du même groupe. Ainsi, si U.S. Steel augmente, on suppose logiquement que ce n'est qu'une question de temps pour que Crucible, Republic ou Bethlehem en fassent autant. Les conditions et les perspectives de trading devraient fonctionner de la même manière pour toutes les actions d'un groupe et la prospérité devrait être partagée par tous. Sur la théorie, corroborée par l'expérience de nombreuses fois, que chacun connaîtra son heure de gloire, le public achètera de l'action A. B. Steel parce qu'elle n'a pas avancé, alors que C. D. Steel et X. Y. Steel ont augmenté.

Je n'achète jamais une action, même dans un marché haussier, si elle ne se comporte pas comme elle le devrait dans ce genre de marché. J'ai parfois acheté une action pendant un marché haussier incontestable et j'ai découvert que d'autres actions du même groupe ne se comportaient pas de façon haussière ; je les ai alors toutes vendues. Pourquoi ? L'expérience me dit qu'il n'est pas judicieux de s'opposer à ce que j'appelle la tendance manifeste de groupe. Je ne peux pas m'attendre à jouer uniquement des certitudes. Je dois calculer les probabilités et les anticiper. Un vieux courtier m'a dit un jour : « Si je marche le long d'une voie ferrée et que je vois un train venir vers moi à cent à l'heure, est-ce que je continue à marcher sur les traverses ? Bien sûr, mon ami, je l'évite. Et je ne me félicite même pas d'être aussi sage et prudent. »

L'an dernier, bien après le début du mouvement haussier général, je remarquai qu'une action d'un certain groupe ne suivait pas le reste, bien que le groupe, à cette exception près, s'adaptait au reste du marché. J'étais haussier d'une importante quantité d'actions Blackwood Motors. Tout le monde savait que l'entreprise faisait de très grosses affaires. Le prix augmentait de 1 à 3 points par jour et le public s'y intéressait de plus en plus. L'attention naturellement centrée sur le groupe et les différentes actions commencèrent à grimper. Cependant, l'une d'entre elles se retenait obstinément : Chester. Elle prit du retard par rapport aux autres, de sorte qu'elle ne tarda pas à faire parler d'elle. Le bas prix de Chester et son apathie furent contrastés avec la force et l'activité des autres actions de Blackwood ; alors, le public écouta assez logiquement les ragots et tuyaux et commença à acheter Chester en se basant sur la théorie qu'elle devrait bientôt monter avec le reste du groupe.

Au lieu d'augmenter grâce à ces achats modérés du public, en réalité, Chester chuta. Il n'aurait donc servi à rien de la faire monter dans ce marché haussier, prenant en considération que Blackwood, une action du même groupe, faisait partie des leaders sensationnels de la progression générale, et nous n'entendions rien d'autre que la merveilleuse amélioration de la demande d'automobiles de toutes sortes et la production record.

Il était donc évident que la clique d'initiés de Chester ne faisait rien de ce qu'ils font invariablement dans un marché haussier. Deux raisons pouvaient expliquer cette incapacité à faire les choses habituelles. Peut-être que les initiés ne l'achetèrent pas parce qu'ils voulaient accumuler plus d'actions avant d'augmenter le prix. Mais c'était une théorie insoutenable si l'on analysait le volume et le caractère du trading sur Chester. L'autre raison pouvait être qu'ils ne l'achetaient pas parce qu'ils avaient peur de se procurer des actions s'ils essayaient.

Quand les hommes qui devraient vouloir une action n'en veulent pas, pourquoi en voudrais-je ? Je me dis que peu importe la possible prospérité des autres constructeurs automobiles, c'était un jeu d'enfant de vendre Chester à découvert. L'expérience m'avait appris à me méfier de l'achat d'une action qui refuse de suivre le leader du groupe.

J'établis facilement le fait que non seulement il n'y avait pas d'achat interne, mais qu'il y avait en fait une vente interne. D'autres avertissements symptomatiques contre l'achat de Chester se manifestaient, même si tout ce dont j'avais besoin était son comportement incohérent avec le marché. C'était encore une fois le téléscripteur qui m'avait informé, et c'est pourquoi je vendis Chester à découvert. Un jour, peu de temps après, l'action s'effondra. Plus tard, nous apprîmes officiellement, pour ainsi dire, que les initiés l'avaient effectivement vendue, sachant très bien que l'entreprise n'était pas dans une bonne situation. La raison, comme d'habitude, fut révélée après la rupture. Mais l'avertissement était arrivé avant. Je ne cherche pas les ruptures ; seulement les avertissements. Je ne savais pas quel était le problème avec Chester ; je ne suivais pas non plus une intuition. Je savais simplement que quelque chose n'allait pas.

L'autre jour, nous eûmes ce que les journaux appelèrent un mouvement sensationnel sur Guiana Gold. Après avoir été vendue à environ 50 dollars sur le Curb Market, l'action fut officiellement admise à la Bourse. Tout débuta autour des 35 dollars, elle commença à s'effondrer et finit par chuter à 20 dollars.

Je n'aurais jamais qualifié cette chute de sensationnelle parce qu'il fallait s'y attendre. Si vous l'aviez demandé, vous auriez pu connaître l'histoire de l'entreprise. Beaucoup de gens la connaissaient. Il me fut dit ce qui suit : un syndicat fut formé d'une demi-douzaine de capitalistes très connus et d'une banque réputée. L'un des membres était à la tête de la Belle Isle Exploration Company, qui avait fait progresser Guiana Gold de plus de 10 millions de dollars comptants et avait reçu en retour des obligations et 250 000 actions pour un total d'un million d'actions de la Guiana Gold Mining Company. L'action était vendue sur la base d'un dividende et elle fut très bien annoncée. Les gens de Belle Isle pensèrent qu'il était bon d'encaisser et donnèrent donc un mandat de vente de leurs 250 000 actions aux banquiers, qui s'arrangèrent pour essayer de vendre ces actions et également certaines des leurs. Ils pensèrent confier la manipulation du marché à un professionnel dont les honoraires devaient représenter un tiers des profits engendrés par la vente des 250 000 actions au-dessus de 36. Je crois savoir que l'accord était rédigé et prêt à être signé, mais au dernier moment, les banquiers décidèrent d'entreprendre la commercialisation eux-mêmes pour économiser les frais du professionnel. Les banquiers avaient une option d'achat sur les 250 000 actions de Belle Isle à 36. Ils firent monter l'action jusqu'à 41. En d'autres termes, les initiés payaient à leurs propres collègues banquiers un profit de 5 points pour commencer. Je ne sais pas s'ils le savaient ou non.

Il est tout à fait évident que pour les banquiers, l'opération avait tout l'air d'un jeu d'enfant. Nous nous étions heurtés à un marché haussier et les actions du groupe auquel appartenait Guiana Gold étaient parmi les leaders du marché. L'entreprise faisait de gros profits et payait des dividendes réguliers. Ceci, conjugué à la bonne réputation des sponsors, encouragea le public à considérer Guiana comme un investissement. On m'a dit qu'environ 400 000 actions furent vendues au public jusqu'à 47.

Le groupe de l'or était très fort. Mais bientôt, Guiana commença à baisser. Elle perdit 10 points. Ça allait si le pool vendait des actions. Mais assez rapidement, Wall Street commença à entendre des choses qui ne lui plaisaient pas du tout, et les possessions ne confirmaient pas les grandes attentes des promoteurs. Puis, bien entendu, la raison du déclin devint évidente. Mais avant qu'elle ne soit connue, j'avais reçu l'avertissement et entrepris de tester le marché pour Guiana. L'action se comportait à peu près comme Chester Motors en son temps. Je vendis donc Guiana. Le prix baissa. J'en vendis encore plus. Le prix chuta encore. Cette action répétait la performance de Chester et d'une dizaine d'autres titres dont je me rappelais les antécédents. Le téléscripteur me dit clairement que quelque chose n'allait pas, et que cela empêchait les initiés de l'acheter, des initiés qui savaient exactement pourquoi ils ne devraient pas acheter leurs propres actions dans un marché haussier. D'un autre côté, les novices, qui ne le savaient pas, achetaient maintenant, parce qu'après avoir valu 45 et plus, le titre semblait bon marché à 35 ou moins. Le dividende était toujours payé. L'action était une bonne affaire.

Puis la nouvelle arriva. Elle me parvint, comme le font souvent les nouvelles importantes du marché, avant qu'elle n'atteigne le public. Mais la confirmation des rapports d'avoir atteint des cailloux et non des minerais précieux me donna simplement la raison à la vente interne précédente. Je ne vendis pas dès que je reçus la nouvelle. Je l'avais déjà fait bien avant, en me basant sur le comportement des actions. Ma préoccupation n'était pas d'ordre philosophique. Je suis un trader, je cherchai donc un signe : l'achat interne. Il n'y en avait aucun. Je n'avais pas besoin de savoir pourquoi les initiés n'avaient pas assez de considération pour leur propre titre pour l'acheter alors qu'il déclinait. Il suffisait que leurs plans de marché n'incluent visiblement pas d'autres manipulations pour la hausse. C'était donc un jeu d'enfant de vendre les actions à découvert. Le public avait acheté près d'un demi-million d'actions, et le seul changement possible de propriété venait d'un groupe de novices ignorants qui vendrait dans l'espoir d'arrêter les pertes à un autre groupe de novices d'ignorants qui achetait dans l'espoir de gagner de l'argent.

Je ne vous dis pas cela pour faire la morale sur les pertes subies par le public en achetant Guiana ni sur mon profit en la vendant, mais pour souligner l'importance de l'étude du comportement des groupes et le fait que ses leçons soient ignorées par des spéculateurs mal préparés, qu'ils soient grands ou petits. Et le téléscripteur ne vous avertit pas seulement sur les actions. Le sifflet retentit tout aussi fort sur les marchandises.

Je connus une expérience intéressante avec le coton. J'étais baissier sur les actions et retirai une ligne vendeuse modérée. En même temps, je vendis 50 000 ballots de coton à découvert. Mon opération sur les actions s'avéra rentable et je négligeai mon coton. La première chose que je sus, c'était que j'avais une perte de 250 000 dollars sur mes 50 000 ballots. Comme je l'ai dit, mon opération sur les actions était si intéressante et je m'en sortais si bien que je ne voulais pas arrêter d'y penser. Chaque fois que je songeais au coton, je me disais : « J'attendrai une réaction et je couvrirai. » Le prix réagit un peu, mais avant que je décide de prendre ma perte et de couvrir, le prix remonta à nouveau, et encore plus haut que jamais. Je décidai donc d'attendre encore un peu, je retournai à mon opération sur les actions et me concentrai là-dessus. Finalement, je clôturai mes actions avec un très beau profit, puis je partis à Hot Springs pour me reposer et prendre des vacances.

C'était vraiment la première fois que j'avais l'esprit libre pour m'occuper du problème de ma perte sur le coton. Le trade était allé contre moi. Il y avait eu des moments où l'on aurait presque dit que j'aurais pu gagner. Je remarquai qu'à chaque fois que n'importe qui vendait massivement, il y avait toujours une bonne réaction. Mais presque instantanément, le prix se redressa, puis atteignit un nouveau sommet.

Finalement, après avoir passé quelques jours à Hot Springs, j'avais perdu environ 1 million et la tendance haussière ne cessait pas. Je réfléchis encore et encore à tout ce que j'avais fait et n'avais pas fait, puis je me dis : « Je dois avoir tort ! » Avec moi, sentir que j'ai tort et décider de sortir du marché ne font presque qu'un. Donc je couvris, avec une perte d'environ 1 million.

Le lendemain matin, je jouais au golf et ne pensais à rien d'autre. Je m'étais positionné sur le coton. J'avais eu tort. J'avais payé pour m'être trompé et la facture acquittée était dans ma poche. Je ne me préoccupais pas plus du marché du coton que maintenant. Lorsque je rentrai à l'hôtel pour le déjeuner, je m'arrêtai au bureau du courtier et jetai un œil aux cotations. Je vis alors que le coton avait perdu 50 points. Ce qui n'était pas rien. Mais je remarquai aussi qu'il ne s'était pas redressé comme il avait l'habitude de le faire depuis des semaines, dès que la pression de la vente particulière qui l'avait fait baisser s'était atténuée. Cela indiquait que la ligne de moindre résistance était à la hausse, et cela m'avait coûté 1 million de dollars de l'avoir ignoré.

Cependant, la raison qui m'avait poussé à couvrir avec une grosse perte n'était plus valable, puisqu'il n'y avait pas eu la reprise rapide et énergique habituelle. Je vendis donc 10 000 ballots et j'attendis. Très vite, le marché baissa de 50 points. J'attendis un peu plus longtemps. Toujours pas de reprise. À ce moment-là, j'avais un peu faim, donc je me rendis dans la salle à manger et commandai mon déjeuner. Avant que le serveur ne me serve, je me levai précipitamment et me rendis au bureau du courtier ; je vis qu'il n'y avait pas eu de reprise, et je vendis donc 10 000 ballots de plus. J'attendis un peu et eus le plaisir de voir le prix baisser de 40 points de plus. Cela me montra que je tradais correctement, alors je retournai à la salle à manger, avalai mon déjeuner, puis je retournai chez le courtier. Il n'y eut aucune reprise du coton ce jour-là. Le soir même, je quittai Hot Springs.

C'était bien beau de jouer au golf, mais j'avais eu tort de vendre puis de couvrir au moment où je l'avais fait. Je devais donc simplement reprendre le travail et me trouver quelque part où je pourrais trader confortablement. La façon dont le marché prit mes 10 000 premiers ballots me fit vendre les 10 000 seconds, et la façon dont le marché les absorba m'assura que le moment était venu. C'était la différence de comportement que j'attendais.

J'arrivai donc à Washington et me rendis au bureau de mon courtier dans cette ville, qui était géré par mon vieil ami Tucker. Pendant que j'y étais, le marché continua de baisser un peu plus. J'étais bien plus persuadé que j'avais raison que je n'avais été convaincu d'avoir tort auparavant. Je vendis donc 40 000 ballots et le marché baissa de 75 points. Cela montra qu'il n'y avait aucun soutien. Ce soir-là, le marché ferma encore plus bas. L'ancien pouvoir d'achat avait tout simplement disparu. On ne savait pas à partir de quel niveau ce pouvoir se développerait à nouveau, mais j'avais confiance en la sagesse de ma position. Le lendemain matin, je quittai Washington pour New York en voiture. Nul besoin de me presser.

Lorsque nous arrivâmes à Philadelphie, je conduisis jusqu'au bureau d'un courtier. Je vis que le marché du coton était un véritable carnage. Les prix s'étaient effondrés et on pouvait sentir une sorte de légère panique. Je n'attendis pas d'arriver à New York. J'appelai mes courtiers à distance et je couvris mes shorts. Dès que je reçus mes rapports et constatai que j'avais pratiquement compensé ma perte précédente, je roulai jusqu'à New York sans avoir à m'arrêter en route pour voir d'autres cotations.

Des amis qui étaient avec moi à Hot Springs parlent encore aujourd'hui de la façon dont je quittai précipitamment la table du déjeuner pour vendre ce deuxième lot de 10 000 ballots. Mais encore une fois, ce n'était clairement pas une intuition. Il s'agissait d'une impulsion qui venait de la conviction que le moment de vendre du coton était venu, aussi grande que fût mon erreur précédente. Il fallait que j'en tire profit ; c'était ma chance. Le subconscient continua probablement à travailler, tirant des conclusions pour moi. La décision de vendre à Washington était le résultat de mon observation. Mes années d'expérience dans le trading m'avaient dit que la ligne de moindre résistance avait baissé.

Je n'en voulais pas au marché du coton de m'avoir pris un million de dollars et je ne me détestais pas d'avoir commis une erreur de cette taille, pas plus que je n'étais fier d'avoir couvert à Philadelphie et compensé ma perte. Mon esprit de trader se préoccupe des problèmes de spéculation et je pense justifié d'affirmer que j'ai compensé ma première perte parce que j'avais l'expérience et la mémoire.

18

L'histoire se répète sans cesse à Wall Street. Vous souvenez-vous d'une histoire que je vous ai racontée sur le fait que je couvrais mes shorts au moment où Stratton avait tenté de manipuler le maïs ? Eh bien, une autre fois, j'utilisai pratiquement la même stratégie sur le marché boursier. L'action était Tropical Trading. Je gagnai de l'argent en l'achetant et aussi en la vendant. Elle avait toujours été une action active et une favorite des traders aventuriers. La clique interne fut accusée à maintes reprises par les journaux d'être plus préoccupée par les fluctuations de l'action que d'encourager l'investissement permanent dans celle-ci. L'autre jour, l'un des meilleurs courtiers que je connaisse affirma que même Daniel Drew dans l'Erie ou H. O. Havemeyer dans le Sucre n'avait pas développé une méthode aussi parfaite pour pomper le marché des actions que le président Mulligan et ses amis pour Tropical Trading. À maintes reprises, ils encouragèrent les baissiers à vendre TT à découvert, puis s'appliquèrent ensuite à les ruiner avec une minutie professionnelle. Il n'y avait pas plus de caractère vindicatif dans ce procédé que dans une presse hydraulique, ni de grande sensibilité non plus.

Bien sûr, il y eut des gens qui parlèrent de certains « incidents regrettables » dans l'évolution du marché de l'action TT. Mais j'ose dire que ces critiques souffraient de la pression. Pourquoi les petits boursicoteurs, qui ont si souvent souffert des dés truqués des initiés, continuent-ils à se mesurer au jeu ? D'une part, ils aiment l'action, et ils l'ont sans aucun doute avec Tropical Trading. Aucun marché maussade qui durerait dans le temps. Aucune raison demandée ou donnée. Pas de temps gaspillé. Pas de patience rendue fatigante par l'attente que le mouvement attendu commence. Toujours assez d'actions pour tout le monde, excepté lorsque l'intérêt vendeur est assez important pour que la rareté finisse par en valoir la peine. Il en naît chaque jour !

Il y a quelque temps, j'étais en Floride pour mes vacances d'hiver habituelles. Je pêchais et je passais un bon moment sans accorder une seule pensée aux marchés, sauf lorsque nous reçûmes un lot de journaux. Un matin, lorsque le courrier bihebdomadaire arriva, je regardai les cotations boursières et vis que Tropical Trading se vendait à 155. La dernière fois que j'avais vu une cotation concernant ce titre, je crois

207

que c'était aux alentours de 140. Je pensais que nous nous dirigions vers un marché baissier ; je prendrais mon temps avant de vendre mes actions. Mais il n'y avait aucune précipitation. C'est la raison pour laquelle je continuai à pêcher et à me tenir loin du téléscripteur. Je savais que je serais de retour à la maison quand le véritable signal arriverait. En attendant, rien de ce que je ferais ou non n'aurait une grande importance.

Le comportement de Tropical Trading était la particularité la plus frappante du marché, selon les journaux que je reçus ce matin-là. Cela servit à figer mon caractère baissier général, car je trouvais particulièrement stupide que les initiés fassent augmenter le prix de TT face au poids de la liste générale. Il y a des moments où la traite doit être suspendue. Ce qui est anormal est rarement un facteur souhaitable dans les calculs d'un trader, et il me semblait que l'augmentation de ce titre était une erreur capitale. Personne ne peut commettre des bourdes de cette ampleur en toute impunité ; pas dans le marché boursier.

Après avoir lu les journaux, je retournai à ma pêche, mais je n'arrêtais pas de penser à ce que les initiés de Tropical Trading essayaient de faire. Le fait que leur manipulation soit vouée à l'échec était aussi certain qu'un homme se brisera la nuque s'il saute du toit d'un immeuble de vingt étages sans parachute. Je n'arrivais à penser à rien d'autre et je finis par renoncer à essayer de pêcher ; j'envoyai un télégramme à mes courtiers pour qu'ils vendent 2 000 actions de TT au marché. Après cela, je pus retourner à ma pêche. Je m'en sortis plutôt bien.

Cet après-midi-là, je reçus la réponse à mon télégramme par courrier spécial. Mes courtiers rapportèrent qu'ils avaient vendu les 2 000 actions Tropical Trading à 153. Jusqu'ici, tout allait bien. Je vendais à découvert sur un marché en déclin, comme il se devait. Mais je ne pouvais plus pêcher. Je me trouvais trop loin d'un tableau de cotation. Je m'en aperçus après avoir commencé à penser à toutes les raisons pour lesquelles Tropical Trading devrait baisser avec le reste du marché au lieu de monter grâce à des manipulations internes. Je quittai donc mon camp de pêche et retournai à Palm Beach, ou plutôt à ma ligne directe avec New York.

Dès que j'arrivai à Palm Beach et que je vis ce que les initiés malavisés essayaient encore de faire, je leur vendis un deuxième lot de 2 000 TT. Le rapport revint et je vendis alors 2 000 autres actions. De nouveau un rapport, puis je vendis 2 000 actions supplémentaires. Le marché réagit très bien, c'est-à-dire qu'il déclina lors de mes ventes. La situation étant satisfaisante, je sortis faire un tour. Mais je n'étais toujours pas content. Plus j'y pensais et plus j'étais irrité ; je regrettais de ne pas avoir plus vendu. Je retournai donc au bureau du courtier et vendis 2 000 autres actions.

Je ne fus satisfait que lorsque je vendis ces dernières parts. À présent, j'étais short de 10 000 actions. Puis je décidai de retourner à New York. À présent, j'avais des choses à faire. Je pêcherais une autre fois.

Lorsque j'arrivai à New York, je fis un point sur les affaires actuelles et futures de l'entreprise pour me faire une idée. Ce que j'appris renforça ma conviction que les initiés avaient été plus que téméraires en faisant grimper le prix à un moment où une telle augmentation n'était justifiée ni par le ton du marché général ni par les bénéfices de l'entreprise.

Cette hausse, aussi illogique et malvenue fût-elle, avait fait naître certains adeptes parmi le public, ce qui encouragea sans aucun doute les initiés à poursuivre leurs tactiques peu judicieuses. Je vendis donc encore plus d'actions. Les initiés cessèrent de poursuivre leur folie. Je testai donc le marché encore et encore, conformément à mes méthodes de trading, jusqu'à ce que je sois finalement short de 30 000 actions de la Tropical Trading Company. À ce moment-là, le prix était de 133.

On m'avait prévenu que les initiés de TT savaient exactement qui détenait chaque certificat d'actions à Wall Street, la taille et l'identité précises des positions courtes, ainsi que d'autres faits d'importance tactique. C'étaient des hommes compétents et des traders rusés. En somme, il s'agissait d'une combinaison qu'il était dangereux de défier. Mais les faits sont les faits, et les meilleures alliées restent les conditions.

Bien sûr, en chutant de 153 à 133, l'intérêt à court terme avait augmenté, et le public qui achète sur les réactions commença à argumenter, comme d'habitude. Ce titre avait été considéré comme un bon achat à 153 et plus. À présent que ce dernier avait perdu 20 points, c'était nécessairement une aubaine. Même action, même dividende, mêmes agents et même entreprise : quelle bonne affaire !

Les achats du public réduisirent l'offre flottante, et les initiés, sachant que beaucoup de traders professionnels étaient baissiers, pensèrent que le moment était propice à faire pression. Comme il se doit, le prix fut augmenté à 150. J'ose dire qu'il y eut beaucoup de rachats, mais je restai sur ma position. Pourquoi devrais-je faire autrement ? Les initiés devaient sûrement savoir qu'une ligne short de 30 000 actions n'avait pas été couverte, mais pourquoi cela m'effrayerait-il ? Les raisons qui m'avaient poussé à commencer à vendre à 153 et à continuer de le faire en descendant jusqu'à 133 étaient non seulement valables, mais elles étaient encore plus fortes que jamais. Les initiés pourraient vouloir me forcer à couvrir, mais ils n'avancèrent aucun argument convaincant. Les conditions fondamentales se battaient pour moi. Il n'était pas difficile d'être à la fois courageux et patient. Un spéculateur doit avoir foi en lui-même et en son jugement. Le regretté Dickson G. Watts, ex-président de la New York Cotton Exchange et célèbre auteur de *Speculation as a Fine Art and Thoughts on Life*, dit que le courage d'un spéculateur est simplement la confiance en sa capacité d'agir selon sa propre décision. Personnellement, je ne peux pas craindre d'avoir tort, car je ne pense jamais avoir tort jusqu'à ce qu'on me le prouve. En fait, je me sens plutôt mal à l'aise à moins que je ne capitalise mon expérience. Le cours du marché à un moment donné ne prouve pas forcément que j'ai tort. C'est le caractère de la hausse ou de la baisse qui détermine pour moi l'exactitude ou l'erreur de ma position sur le marché. Je ne peux m'élever que par la connaissance. Si je tombe, ce doit être à cause de mes propres erreurs.

Il n'y avait rien dans le caractère de la reprise de 133 à 150 qui m'effrayait pour que je me couvre et, bientôt, comme on pouvait s'y attendre, l'action recommença à baisser. Elle franchit même la barre des 140 avant que la clique d'initiés ne commence à la soutenir. Leur achat coïncidait avec un déluge de rumeurs haussières au sujet de l'action. Nous entendîmes dire que l'entreprise faisait des profits tout à fait fabuleux et que les bénéfices justifiaient une augmentation du dividende régulier. On disait également de l'intérêt à court terme qu'il était très important et que la crise du siècle allait être infligée aux baissiers en général, et en particulier à un certain opérateur qui prenait bien trop de risques. Je ne peux vous raconter tout ce que j'entendis lorsqu'ils firent monter le prix de 10 points.

La manipulation ne me semblait pas particulièrement dangereuse, mais lorsque le prix atteignit 149, je décidai qu'il n'était pas judicieux de laisser Wall Street prendre comme vrais tous les constats haussiers qui flottaient autour de l'action. Bien entendu, il n'y avait rien que moi ou n'importe quel autre étranger puisse dire pour convaincre les shorts effrayés ni ces acheteurs crédules des maisons de commission qui tradent en se basant sur des tuyaux et des rumeurs. La seule riposte efficace et appropriée est celle que seul le téléscripteur peut imprimer. Les gens croiront cela lorsqu'ils ne croiront pas une déclaration sous serment de n'importe quel homme vivant, encore moins celle d'un type short de 30 000 actions. J'utilisai donc la même tactique que j'avais employée à l'époque pour la manipulation de Stratton sur le maïs, lorsque je vendis l'avoine pour que les traders deviennent baissiers sur le maïs. Encore l'expérience et la mémoire.

Lorsque les initiés firent monter le prix de Tropical Trading en vue d'effrayer les vendeurs, je n'essayai pas d'enrayer la hausse en vendant ces actions. J'étais déjà short de 30 000 actions, ce qui représentait un pourcentage de l'offre flottante aussi important que je le pensais judicieux concernant la vente. Je n'offris pas de me passer la corde au cou, même si elle pendait de façon complaisante pour que j'y glisse la tête ; cette deuxième reprise était réellement une invitation insistante. Lorsque TT arriva à 149, je vendis environ 10 000 actions de l'Equatorial Commercial Corporation. Cette société possédait un grand bloc de Tropical Trading.

Equatorial Commercial, qui n'était pas un titre aussi actif que TT, chuta gravement sur ma vente, comme je l'avais prévu ; et, bien sûr, mon but fut atteint. Lorsque les traders et les clients des maisons de courtage qui avaient écouté les rumeurs haussières incontestées au sujet TT virent que la hausse de Tropical était synchronisée avec une forte vente et une rupture brutale sur Equatorial, ils conclurent naturellement que la force de TT était simplement une couverture, une hausse manipulée évidemment destinée à faciliter la liquidation interne d'Equatorial Commercial, qui possédait la plus grande partie des actions TT. Cela devait être à la fois des actions haussières d'initiés d'Equatorial, car aucun étranger ne voudrait vendre autant d'actions au moment même où Tropical Trading était si fort. Ils vendirent donc Tropical Trading et endiguèrent la hausse sur ce titre, les initiés ne souhaitant pas, à juste titre, prendre toutes les actions qui se vendaient. Dès que les initiés retirèrent leur soutien, le prix de TT chuta. Les traders et les maisons de courtage principales vendirent alors quelques Equatorial et je pus racheter ma ligne avec un petit profit. Je ne l'avais pas vendue pour gagner de l'argent avec cette opération, mais pour endiguer la hausse de TT.

À maintes reprises, les initiés de Tropical Trading et leur publicitaire qui travaillait dur inondèrent Wall Street de toutes sortes d'articles haussiers et essayèrent d'en faire monter le prix. Et chaque fois qu'ils le faisaient, je vendais Equatorial Commercial et le couvrais avec les réactions de TT, portant EC avec. Cela enleva le vent dans les voiles des manipulateurs. Le prix de TT finit par descendre à 125 et l'intérêt à court terme devint si élevé que les initiés purent le faire grimper de 20 ou 25 points. Cette fois-ci, il s'agissait d'une manœuvre assez légitime contre un intérêt à court terme trop important ; mais malgré le fait que j'avais prévu cette reprise, je ne la couvris pas, ne souhaitant pas perdre ma position. Avant qu'Equatorial Commercial puisse augmenter en accord avec la hausse de TT, j'en vendis un paquet à découvert avec les résultats habituels. Cela donna tort aux rumeurs haussières au sujet de TT, qui avait commencé à faire du bruit après la dernière hausse sensationnelle.

À ce moment-là, le marché en général était devenu assez faible. Comme je vous l'ai dit, c'était la conviction que nous nous trouvions dans un marché baissier qui m'avait décidé à vendre TT à découvert dans le camp de pêche en Floride. J'étais short d'un certain nombre d'autres actions, mais TT était ma préférée. Finalement, les conditions générales se révélèrent un trop grand défi pour la clique d'initiés et TT commença son plongeon. Pour la première fois depuis des années, il passa sous la barre des 120, puis des 110, et encore plus bas, et je ne le couvrais toujours pas. Un jour où l'ensemble du marché était extrêmement faible, Tropical Trading chuta à 90 et, sous l'effet du découragement, je couvris. Toujours la même raison ! J'avais l'opportunité, le gros marché, la faiblesse et l'excès des vendeurs par rapport aux acheteurs. Je peux vous dire, au risque d'avoir l'air de me vanter de mon ingéniosité, que je pris mes 30 000 actions de TT pratiquement aux prix les plus bas du mouvement. Mais je ne pensais pas à me couvrir au plus bas. J'avais l'intention de transformer mes profits sur papier en argent comptant sans en perdre une grande partie dans la bataille.

J'étais resté sur ma position pendant tout ce temps parce que je savais que ma position était sensée. Je n'allais pas contre la tendance du marché ni contre les conditions de base, au contraire, et c'est ce qui me rendit si certain de l'échec d'une clique d'initiés bien trop sûrs d'eux. Ce qu'ils avaient essayé de faire, d'autres l'avaient déjà tenté et cela avait toujours échoué. Les fréquentes reprises, même quand je savais aussi bien que quiconque qu'elles étaient attendues, ne pouvaient pas me faire peur. Je savais que je ferais beaucoup mieux en fin de compte en restant tranquille plutôt qu'en essayant de couvrir pour acquérir une nouvelle ligne baissière à un prix plus élevé. En m'en tenant à la position que j'estimais être la bonne, je gagnai plus d'un million de dollars. Je ne le devais pas à des intuitions, à une lecture habile du téléscripteur ou à du courage tenace. C'était un bénéfice acquis grâce à ma foi en mon jugement et non grâce à mon intelligence ou à ma vanité. La connaissance, c'est le pouvoir, et le pouvoir n'a pas à craindre les mensonges, pas même lorsque le téléscripteur les imprime. Le reniement suit assez rapidement.

Un an plus tard, TT remonta à 150 et resta dans ces eaux-là pendant quelques semaines. L'ensemble du marché eut droit à une bonne réaction, car il avait augmenté sans discontinuer et s'était soudainement arrêté de monter. Je le sais parce que je l'ai testé. À présent, le groupe auquel appartenait TT souffrait d'un cruel manque d'affaires, et, de toute manière, je ne voyais rien à entreprendre pour faire grimper ces actions, même si le reste du marché devait connaître une hausse, ce qui n'était pas le cas. Je commençai donc à vendre Tropical Trading. J'avais l'intention d'émettre 10 000 actions en tout. Avec ma vente, le prix chuta. Je ne voyais aucun soutien d'aucune sorte. Puis, soudain, les achats changèrent de nature.

Je n'essaie pas de me faire passer pour un sorcier quand je vous assure que je pus voir le moment où le soutien arriva. Je fus tout de suite frappé par le fait que si les initiés de ce titre, qui n'avaient jamais ressenti une obligation morale de maintenir le prix haut, achetaient maintenant le titre face à un marché général en déclin, c'était qu'il devait y avoir une raison. Ils n'étaient ni des ânes ignorants, ni des philanthropes, pas plus que des banquiers soucieux de maintenir le prix haut pour vendre plus d'actions au comptoir. Le prix augmenta malgré mes ventes et celles des autres. À 153, je couvris mes 10 000 actions, et à 156, je pris une position haussière parce qu'à ce moment-là, le téléscripteur me disait que la ligne de moindre résistance était en hausse. J'étais baissier sur le marché en général, mais j'étais défié par une condition spéculative d'une certaine action et non par une théorie spéculative en général. Le prix s'envola au-dessus de 200. C'était la chose la plus sensationnelle de l'année. Les rapports oraux et écrits me confirmèrent que j'étais passé à côté de 8 ou 9 millions de dollars. De ce fait, au lieu d'être vendeur, j'étais acheteur de TT tout au long de sa hausse. À vrai dire, je m'accrochai un peu trop longtemps et je laissai certains de mes profits sur papier s'envoler. Voulez-vous savoir pourquoi je l'ai fait ? Parce que je pensais que les initiés de TT feraient naturellement ce que j'aurais fait si j'avais été à leur place. Mais c'était quelque chose que je n'avais pas le droit de penser, parce que mon travail est de trader, c'est-à-dire de m'en tenir aux faits que j'ai devant les yeux et non à ce que je pense que les autres devraient faire.

19

Je ne sais pas quand ni par qui le mot « manipulation » a été utilisé pour la première fois dans le cadre de ce qui n'est en réalité rien de plus qu'un procédé commercial courant appliqué à la vente en gros d'actions en bourse. Truquer le marché pour faciliter les achats bon marché d'une action que l'on souhaite accumuler est aussi de la manipulation. Mais c'est différent. Il n'est peut-être pas nécessaire de s'abaisser à des pratiques illégales, mais il serait difficile d'éviter de faire ce que certains pourraient juger illégitime. Comment allez-vous acheter un gros paquet d'actions dans un marché haussier sans faire monter les prix ? Ce serait là tout le problème. Comment peut-on le résoudre ? Cela dépend de tant de choses que vous ne pouvez pas donner une solution universelle, à moins que vous disiez : peut-être au moyen d'une manipulation très adroite. Par exemple ? Eh bien, cela dépendrait des conditions. Vous ne pouvez pas donner une réponse plus précise que cela.

Je m'intéresse profondément à toutes les facettes de mon trading et, bien sûr, j'apprends autant de l'expérience des autres que de la mienne. Mais il est très difficile d'apprendre comment manipuler les actions aujourd'hui comme on le faisait dans les histoires que l'on raconte dans les bureaux des courtiers après la fermeture. La plupart des astuces, techniques et moyens efficaces du passé sont obsolètes et futiles, ou illégaux et impraticables. Les règles et conditions de la Bourse ont changé, et l'Histoire, même le récit détaillé avec précision de ce que Daniel Drew, Jacob Little ou Jay Gould pouvaient faire cinquante ou soixante-quinze ans auparavant, ne vaut guère la peine d'être écoutée. Le manipulateur actuel n'a pas plus besoin de considérer ce qu'ils ont fait et comment ils l'ont fait qu'un élève officier de West Point d'étudier le tir à l'arc comme pratiqué par les anciens afin d'alimenter ses connaissances élémentaires en balistique.

D'autre part, il est avantageux d'étudier les facteurs humains, la facilité avec laquelle les êtres humains croient ce qu'il leur plaît de croire, et comment ils se permettent et même s'incitent à se laisser influencer par leur cupidité ou par la négligence à deux francs six sous de l'homme moyen. La peur et l'espoir restent les mêmes ; par conséquent, l'étude de la psychologie des spéculateurs est aussi précieuse qu'elle l'a toujours été. Les armes changent, mais la stratégie reste la stratégie, à la

Bourse de New York comme sur le champ de bataille. Je pense que le résumé le plus clair de tout cela fut exprimé par Thomas F. Woodlock lorsqu'il déclara : « Les principes d'une spéculation boursière réussie sont basés sur l'hypothèse que les gens continueront à faire à l'avenir les erreurs qu'ils ont faites par le passé. »

Pendant les booms, c'est-à-dire lorsque le public est présent en plus grand nombre sur le marché, il n'y a jamais besoin de subtilité, donc aucune raison de perdre du temps à discuter de manipulation ou de spéculation pendant ces périodes ; cela reviendrait à essayer de trouver une différence entre les gouttes de pluie qui tombent synchroniquement sur le même toit de l'autre côté de la rue. Le pigeon a toujours essayé d'obtenir quelque chose contre rien, et tous les booms appellent ouvertement à l'instinct de jeu excité par la cupidité et stimulé par une prospérité omniprésente. Les gens qui recherchent de l'argent facile paient invariablement pour le privilège de prouver définitivement qu'il ne peut être trouvé sur cette terre sordide. Au départ, lorsque j'écoutais les récits des vieilles opérations et techniques, je pensais que les gens étaient plus naïfs dans les années 1860 et 1870 que 1900. Mais j'étais sûr de lire dans les journaux, le jour même ou le lendemain, quelque chose à propos de la dernière pyramide de Ponzi ou de la crise d'un courtier et des millions de dollars perdus par les pigeons qui sont allés rejoindre la majorité silencieuse des profits disparus.

Lorsque j'arrivai à New York pour la première fois, on avait fait toute une histoire à propos de ventes fictives et d'ordres appariés, car de telles pratiques étaient interdites par la Bourse. Parfois, le lavage était trop évident pour duper qui que ce soit. Les courtiers n'hésitaient pas à dire que « la lessive était active » chaque fois que quiconque essayait de lessiver une action ou une autre, et, comme je l'ai déjà dit, ils eurent plus d'une fois ce qu'ils appelaient franchement « les rues des bookmakers », lorsqu'une action était offerte à deux ou trois points plus bas en un rien de temps, uniquement pour établir la chute sur le téléscripteur et écarter les innombrables traders avec un budget restreint qui voulaient acheter l'action chez les bookmakers. En ce qui concerne les ordres appariés, ils étaient toujours utilisés avec quelques doutes, en raison de la difficulté de coordination et de synchronisation demandée aux courtiers, tout ceci violant les lois de la Bourse. Quelques années auparavant, un célèbre opérateur annula la partie vente de ses ordres appariés, mais pas la partie achat, et il en résulta qu'un courtier innocent fit monter le prix d'environ 25 points en quelques minutes, uniquement pour le voir chuter à une vitesse équivalente dès que son achat cessa. L'intention de base était de créer une apparente activité. Une sale affaire, jouée avec des armes si peu fiables. Voyez-vous, vous ne pouvez pas mettre vos meilleurs courtiers dans la confidence de ce que vous prévoyez, pas si vous voulez qu'ils restent membres de la Bourse de New York. Et puis, les taxes ont également rendu toutes les pratiques incluant des transactions fictives bien plus onéreuses qu'elles ne l'étaient par le passé.

La définition du dictionnaire du mot « manipulation » inclue des monopolisations. À vrai dire, une monopolisation peut être le résultat d'une manipulation ou d'un achat compétitif, comme, par exemple, la monopolisation de Northern Pacific le 9 mai 1901, qui n'était certainement pas une manipulation. Celle de Stutz coûta cher à tous ceux qui étaient impliqués, à la fois en termes d'argent et de prestige. Et il ne s'agissait pas d'une monopolisation délibérément intentionnelle, en prime.

En réalité, très peu de grandes monopolisations furent profitables à ceux qui les avaient engendrées. Les deux réalisées par le commodore Vanderbilt sur Harlem avaient rapporté beaucoup d'argent, mais ce dernier méritait les millions qu'il avait gagnés sur des mauvais perdants, des législateurs malhonnêtes et des conseillers municipaux qui avaient essayé de le doubler. D'un autre côté, Jay Gould perdit lors de sa monopolisation de Northwestern. Deacon S. V. White gagna 1 million avec celle qu'il avait orchestrée sur Lackawanna, mais Jim Keene avait laissé également 1 million dans l'opération Hannibal & St. Joe. Le succès financier d'une monopolisation dépend bien entendu de la commercialisation des biens accumulés plus cher que leur coût, et l'intérêt à court terme doit avoir une certaine ampleur pour que cela se produise facilement.

Je me demandais pourquoi les monopolisations étaient si populaires parmi les grands opérateurs d'il y a un demi-siècle. C'étaient des hommes compétents et expérimentés, vigilants et peu enclins à avoir aveuglément confiance en la philanthropie de leurs collègues traders. Pourtant, ils se faisaient dépouiller à une fréquence étonnante. Un vieux et sage trader m'a dit que tous les gros opérateurs des années 1860 et 1870 avaient une seule ambition : réaliser une monopolisation. Dans de nombreux cas, c'était le résultat de l'orgueil ; pour d'autres, le désir de vengeance. Quoi qu'il arrive, être reconnu comme l'homme qui avait monopolisé telle ou telle action avec succès revenait en réalité à reconnaître l'intelligence, l'audace et l'argent. Cela donnait à cet homme le droit d'être hautain. Il considérait les louanges de ses collègues comme amplement méritées. C'était bien plus que le potentiel profit financier qui poussait les cerveaux des monopolisations à faire les choses les plus improbables dont ils étaient capables. C'était le complexe de l'orgueil qui s'affirmait parmi les opérateurs sans pitié.

Ils devaient certainement tous se tirer dans les pattes, avec délectation et sérénité. Je crois vous avoir déjà dit que j'ai réussi à éviter d'être ruiné plus d'une fois, non pas grâce à la possession d'un mystérieux sens du téléscripteur, mais parce que je peux généralement dire le moment où le caractère de l'achat dans l'action rend imprudent pour moi d'en être short. C'est ce que je fais avec mes tests de bon sens, qui ont aussi dû être essayés par le passé. Le vieux Daniel Drew dépouillait assez souvent les gamins et leur faisait payer des prix élevés pour les actions Erie qu'ils lui avaient vendues à découvert. Il fut à son tour ruiné par le commodore Vanderbilt sur Erie, et lorsque Drew lui demanda grâce, le commodore cita la phrase immortelle du Grand Ours d'un air sombre : « S'il vend ce qui n'est pas à lui, soit il le rachète, soit il va en prison. »

Wall Street se souvient très peu d'un opérateur qui, pendant plus d'une génération, fut un de ses Titans. Le principal titre d'immortalité semble être l'expression « délayage d'action ».

Addison G. Jerome était le roi reconnu du Conseil au printemps 1863. On prétendait que ses tuyaux sur le marché étaient pris pour argent comptant. De toute évidence, c'était un grand trader et il gagnait des millions. Il était libéral jusqu'à l'extravagance et avait de nombreux adeptes à Wall Street jusqu'à ce qu'Henry Keep, connu sous le nom de William le Silencieux, le dépouille de tous ses millions dans la manipulation d'Old Southern. D'ailleurs, Keep était le beau-frère du gouverneur Roswell P. Flower.

Dans la plupart des cas, la manipulation consistait principalement à ne pas laisser l'autre homme savoir que vous étiez en train de prendre le contrôle de l'action qu'il était invité de différentes façons à vendre à découvert. Cela visait donc généralement des collègues professionnels, car le grand public n'apprécie pas les shorts. Les raisons qui ont poussé ces professionnels prudents à mettre en place des lignes baissières avec de telles actions étaient à peu près les mêmes que celles qui les poussent aujourd'hui à faire pareil. En dehors des ventes organisées par des hommes politiques qui trahissaient la confiance d'autres pendant la manipulation de Harlem organisée par le commodore, j'ai appris par les histoires que j'ai lues que les traders professionnels ont vendu l'action parce que son prix était trop élevé. Et la raison pour laquelle ils pensaient cela était qu'elle ne s'était jamais vendue aussi haut auparavant, et cela les rendaient trop chères à acheter ; et si elles étaient trop chères à acheter, il était tout à fait juste de les vendre. Ça a l'air moderne, n'est-ce pas ? Ils pensaient au prix, et le commodore pensait à la valeur ! Et donc, des années plus tard, de vieux traders me disent que les gens affirmaient : « Il a vendu Harlem à découvert ! » chaque fois qu'ils voulaient décrire une pauvreté abjecte.

Il y a de nombreuses années, je me retrouvai à parler à l'un des anciens courtiers de Jay Gould. Il m'assura sincèrement que M. Gould n'était pas seulement un homme extraordinaire, à tel point que le vieux Daniel Drew avait fait cette remarque tremblante à propos de lui : « Son toucher, c'est la mort ! », mais il était également la tête et les épaules de tous les autres manipulateurs passés et présents. Il avait dû être un sorcier financier pour avoir fait ce qu'il avait accompli ; aucun doute là-dessus. Même avec le recul, il m'est évident qu'il possédait un don incroyable pour s'adapter à de nouvelles conditions, une chose précieuse pour un trader. Il variait ses méthodes d'attaque et de défense sans sourciller, car il se souciait plus de la manipulation de biens que de la spéculation boursière. Il manipulait pour l'investissement plutôt que pour un retournement de marché. Il s'est vite rendu compte que les gains conséquents étaient engendrés par le fait de détenir des titres des chemins de fer au lieu de les truquer sur le parquet de la Bourse.

Bien sûr, il a utilisé la Bourse. Mais je le soupçonne de l'avoir fait car c'était le moyen le plus rapide et le plus aisé d'obtenir de l'argent facile, et il avait besoin de plusieurs millions, tout comme le vieux Collis P. Huntington était toujours fauché car il avait toujours besoin de 20 ou 30 millions de dollars de plus que ce que les banquiers le laissaient emprunter. La vision sans argent était synonyme de chagrin ; avec de l'argent, cela voulait dire la réussite, donc le pouvoir, donc de l'argent, donc la réussite, et ainsi de suite, encore et encore.

Bien sûr, la manipulation ne se limitait pas aux grands personnages de l'époque. Il y avait une multitude de petits manipulateurs. Je me souviens d'une histoire qu'un vieux courtier m'a racontée à propos des usages et de la morale du début des années 60. Il disait :

— Le souvenir le plus ancien que j'ai de Wall Street est celui de ma première visite dans le quartier financier. Mon père avait des affaires à régler là-bas et, pour une raison ou une autre, il m'avait emmené avec lui. Nous sommes descendus à Broadway et je me rappelle avoir tourné vers Wall Street. Nous avons descendu la rue et, dès que nous allions arriver à Broad Street, ou plutôt Nassau Street, dans le coin où les locaux de la Bankers' Trust Company se trouvent aujourd'hui, j'ai vu une foule suivre deux hommes. Le premier marchait vers l'est, essayant d'afficher un air imperturbable. Il était suivi par le deuxième, un homme au visage rougi qui agitait sauvagement son chapeau d'une main et secouait son poing en l'air. Il criait sans cesse : « Shylock ! Shylock ! Quel est le prix de l'argent ? Shylock ! Shylock ! » Je pouvais apercevoir des têtes sortir des fenêtres. À cette époque, il n'y avait pas de gratte-ciels, mais j'étais certain que les curieux du deuxième et troisième étages allaient tomber dans le vide tant ils se penchaient pour voir la scène. Mon père a demandé ce qu'il se passait, et quelqu'un a donné une réponse que je n'ai pas entendue. J'étais trop occupé à tenir fermement la main de mon père pour que la bousculade ne nous sépare pas. La foule devenait plus dense, comme dans les manifestations de rue, et je ne me sentais pas à l'aise. Des hommes avec des yeux fous sont arrivés à Wall Street ; ils descendaient de Nassau Street en courant, d'autres montaient depuis Broad Street, et d'autres encore venaient de l'est et de l'ouest. Après avoir enfin réussi à nous extirper de la foule, mon père m'a expliqué que l'homme qui criait « Shylock ! » était Untel. J'ai oublié son nom, mais il était le plus grand opérateur sur les actions des cliques de la ville et était connu pour avoir gagné et perdu plus d'argent que tout autre à Wall Street, à l'exception de Jacob Little. Je me souviens du nom de Jacob Little parce que je pensais que c'était un drôle de nom pour un homme. L'autre protagoniste, le dénommé Shylock, était un gérant de *lock-up* tristement célèbre. J'ai également oublié son véritable nom. Mais je me souviens qu'il était grand, mince et pâle. À cette époque, les cliques avaient pour habitude de bloquer l'argent en l'empruntant ou, plutôt, en réduisant le montant disponible pour les emprunteurs à la Bourse. Ils empruntaient de l'argent et recevaient un chèque certifié. Ils ne prenaient pas vraiment l'argent et ne l'utilisaient pas. Bien sûr que c'était du truquage. C'était une forme de manipulation, selon moi.

Je suis d'accord avec cet homme. C'était une phase de manipulation que nous n'avons plus aujourd'hui.

Moi-même, je n'ai jamais conversé avec aucun des grands manipulateurs d'actions dont Wall Street parle encore. Je n'entends pas des dirigeants, mais des manipulateurs. Ils étaient tous en fonction bien avant moi, même si, lorsque je suis arrivé à New York pour la première fois, James R. Keene, le plus grand d'entre eux, était dans la fleur de l'âge. Mais je n'étais alors qu'un simple jeune homme exclusivement préoccupé par l'envie de réitérer le succès que j'avais connu chez les bookmakers de ma ville natale, mais cette fois-ci dans un bureau de change réputé. Et, également, à l'époque où Keene négociait des actions d'US Steel – sa meilleure manipulation – je n'avais aucune expérience de la manipulation, aucune connaissance réelle de celle-ci, de sa valeur ou de sa signification, et d'ailleurs, aucun grand besoin d'une telle connaissance. Si je m'y étais intéressé un minimum, je présume que j'aurais sans doute vu cela comme une forme élégante d'un jeu de dés où le joueur s'en remettait au hasard, dont la version peu intellectuelle représentait tels tours de passe-passe identiques à ceux que j'avais expérimentés chez les bookmakers. Un tel discours, car j'ai entendu des choses sur le sujet depuis ce temps-là, consistait en grande partie à exprimer des hypothèses, des soupçons, et des suppositions plutôt que d'intelligentes analyses.

Plus d'un homme qui le connaissait bien m'a dit que Keene était l'opérateur le plus audacieux et le plus brillant qui ait jamais travaillé à Wall Street. Cela en dit long, car il y a eu nombre de grands traders. Leurs noms sont maintenant presque oubliés ; néanmoins, ils ont pourtant été rois pour un journée en leurs temps ! Ils sont sortis de l'ombre et sont passés dans la lumière de la gloire financière grâce au téléscripteur, et le petit ruban de papier ne s'est pas avéré assez solide pour qu'ils y restent suspendus assez longtemps pour qu'ils deviennent des figures historiques. En tous les cas, Keene était de toute évidence le meilleur manipulateur de son époque, et sa période fut longue et palpitante.

Il capitalisait sa connaissance du jeu, son expérience en tant qu'opérateur et ses talents en vendant ses services aux frères Havemeyer, qui exigeaient de lui qu'il développe un marché pour les actions Sugar. À l'époque, il était fauché ; sinon, il aurait continué à trader à son propre compte, et c'était un sacré parieur ! Il a connu un certain succès avec Sugar ; il a fait en sorte que les actions soient les préférées des traders, ce qui les rendait facilement vendables. Après cela, on lui demanda de temps à autre de diriger des pools. On m'a dit que dans ces opérations de pools, il ne demandait ni n'acceptait jamais une réduction sur le prix et payait sa part comme les autres membres. Bien entendu, il était exclusivement responsable du comportement du marché de l'action. On parlait souvent de traîtrise des deux côtés. Sa querelle avec la clique de Whitney-Ryan résulta de telles accusations. Il n'est pas difficile pour un manipulateur d'être incompris par ses associés. Ils ne voient pas ses besoins comme lui. Je le sais par ma propre expérience.

Il est regrettable que Keene n'ait pas laissé une trace précise de son plus grand exploit : la manipulation réussie des actions US Steel au printemps 1901. Si j'ai bien compris, Keene n'a jamais eu d'entretien avec J. P. Morgan à ce sujet. Le cabinet de Morgan avait fait affaire avec ou par l'entremise de Talbot J. Taylor & Co, au bureau duquel Keene avait établi son QG. Talbot Taylor était le gendre de Keene. Je suis certain que les honoraires de Keene pour son travail étaient représentés par le plaisir qu'il en tirait. Il est bien connu qu'il avait gagné des millions en tradant sur le marché qu'il avait aidé à augmenter ce printemps-là. Il avait dit à l'un de mes amis qu'au cours de quelques semaines, il avait vendu sur le libre marché du syndicat des assureurs plus de 750 000 actions. Pas mal quand on considère deux choses : qu'il s'agissait d'actions nouvelles et encore jamais testées d'une société dont la capitalisation était supérieure à la dette totale des États-Unis à l'époque ; et deuxièmement, que des hommes comme D. G. Reid, W. B. Leeds, les frères Moore, Henry Phipps, H. C. Frick et les autres magnats de Steel aient également vendu au même moment des centaines de milliers d'actions au public et dans le même marché que Keene avait aidé à créer.

Bien sûr, les conditions générales lui étaient favorables. Son succès fut rendu possible non seulement par les conditions des affaires de l'époque, mais également par l'opinion et son soutien financier illimité. Nous n'avions pas seulement un gros marché haussier, mais aussi un boom et un état d'esprit que l'on ne reverra probablement jamais. La panique au sujet des titres indigestes survint plus tard, lorsque Steel Common, que Keene avait fait monter à 55 en 1901, se vendit à 10 en 1903 et à 8 7/8 en 1904.

On ne peut pas analyser les campagnes manipulatrices de Keene. Ses livres ne sont pas disponibles ; le rapport suffisamment détaillé n'existe pas. Par exemple, il serait intéressant de voir comment il travaillait dans Amalgamated Copper. H. H. Rogers et William Rockefeller avaient essayé de vendre leur surplus sur le marché et avaient échoué. Finalement, ils demandèrent à Keene de vendre leur ligne, et il accepta. Gardez à l'esprit que H. H. Rogers était le spéculateur le plus audacieux de son époque à Wall Street, et William Rockefeller, de toute la clique de la Standard Oil. Ils avaient des ressources pratiquement illimitées et un grand prestige, ainsi que des années d'expérience dans le jeu de la spéculation boursière. Et pourtant, ils durent aller trouver Keene. Je mentionne cela pour vous montrer qu'il y a des tâches qui nécessitent un spécialiste pour être accomplies. Il s'agissait d'une action largement promue, sponsorisée par les plus grands capitalistes américains, qui ne pouvait être vendue qu'au prix d'un grand sacrifice d'argent et de prestige. Rogers et Rockefeller étaient assez intelligents pour décider que Keene était le seul à pouvoir les aider.

Keene se mit alors immédiatement au travail. Il avait un marché haussier avec lequel travailler et vendit 220 000 actions Amalgamated pratiquement à la valeur nominale. Après qu'il fut débarrassé de la ligne des initiés, le public continua d'acheter et le prix augmenta de 10 points.

En effet, les initiés devinrent haussiers sur le titre qu'ils avaient vendu quand ils virent à quel point le public se jetait dessus. Une rumeur courut selon laquelle Rogers avait en fait conseillé à Keene d'être haussier sur Amalgamated. Il est peu crédible que Rogers ait voulu se décharger sur Keene. Il était trop malin pour ignorer que Keene n'était pas un agneau bêlant. Keene travaillait comme à son habitude, c'est-à-dire qu'il faisait son importante vente sur la descente après la grande hausse. Bien entendu, ses mouvements tactiques étaient dictés par ses besoins et les tendances mineures qui changeaient d'un jour à l'autre. Sur le marché boursier, comme à la guerre, il est bon de garder à l'esprit la différence entre stratégie et tactique.

L'un des hommes de confiance de Keene – le meilleur pêcheur à la mouche que je connaisse – m'a dit seulement l'autre jour que pendant la campagne Amalgamated, Keene se retrouva presque à cours d'actions, de celles qu'il avait été forcé de prendre pour faire monter le prix ; le lendemain, il racheta des milliers d'actions. Le jour suivant, tout compte fait, il revendit. Ensuite, il laissa le marché tranquille, pour voir comment il se débrouillerait tout seul, et également pour l'habituer à le faire. Concernant la véritable vente de la ligne, il fit ce que je vous ai dit : il l'éclusa pendant la baisse. En trading, le public cherche toujours une reprise, et, de plus, il y a possibilité de couvrir avec les shorts.

L'homme le plus proche de Keene pendant cette transaction m'a dit qu'après que Keene avait vendu la ligne Rogers-Rockefeller pour quelque chose comme 20 ou 25 millions de dollars en argent comptant, Rogers lui envoya un chèque de 200 000 dollars. Cela rappelle la femme du millionnaire qui avait donné une récompense de 50 cents à la femme de ménage du Metropolitan Opera House pour avoir retrouvé son collier de perles qui valait 100 000 dollars. Keene renvoya le chèque avec une note polie disant qu'il n'était pas un agent de change et qu'il était heureux de leur avoir rendu service. Ils gardèrent le chèque et lui écrivirent qu'ils seraient ravis de travailler à nouveau avec lui. Peu de temps après, ce fut H. H. Rogers qui donna à Keene le conseil amical d'acheter Amalgamated à environ 130 !

Un brillant opérateur, ce James R. Keene ! Sa secrétaire privée m'a dit que lorsque le marché allait dans son sens, M. Keene était irascible ; et ceux qui le connaissaient disaient que son irritation était exprimée par des expressions sardoniques qui imprégnaient longtemps la mémoire de ceux qui les entendaient. Mais quand il perdait, il était de très bonne humeur, devenait l'homme le plus raffiné du monde, agréable, satirique, captivant.

Il avait à un degré superlatif les qualités d'esprit qui sont associées à des spéculateurs talentueux de par le monde. Le fait qu'il n'ait pas contesté le téléscripteur est clair. Il n'avait absolument peur de rien, mais n'était jamais téméraire. Il pouvait retourner sa veste en un clin d'œil s'il se rendait compte d'une erreur de sa part.

Depuis son époque, il y a eu tant de changements dans les règles de la Bourse, tant d'application rigoureuse des anciennes règles, tant de nouvelles taxes sur les ventes d'actions et les profits, etc., que le jeu semble différent. Les stratégies que Keene pouvait utiliser avec habileté et profit ne peuvent plus être employées. Aussi, nous en sommes certains, l'éthique commerciale de Wall Street est passée à un niveau supérieur. Néanmoins, il est juste de dire qu'à n'importe quelle période de notre histoire financière, Keene aurait été un grand manipulateur car il était un grand spéculateur boursier et connaissait le jeu de la spéculation de A à Z. Il a pu accomplir tout cela parce que les conditions de l'époque le lui permettaient. Il aurait eu autant de succès dans ses opérations en 1922 qu'en 1901 ou 1876, lorsqu'il se rendit pour la première fois de la Californie à New York et gagna 9 millions de dollars en deux ans. Il est des hommes dont l'allure est bien plus rapide que celle de la foule. Ils sont tenus de diriger, peu importe à quel point la foule change.

En fait, le changement n'est jamais aussi radical qu'on se l'imagine. Les récompenses ne sont pas si grandes, car ce n'est plus un travail de pionnier et, par conséquent, ce n'est pas la même rémunération. Mais, à certains égards, la manipulation est plus facile qu'elle ne l'était ; à d'autres, beaucoup plus difficile qu'à l'époque de Keene.

Il ne fait aucun doute que la publicité est un art, et la manipulation est l'art de la publicité par le biais du téléscripteur. Ce dernier doit raconter l'histoire que le manipulateur souhaite que ses lecteurs voient. Plus l'histoire est plausible, plus elle a des chances d'être convaincante, et plus elle convainc, meilleure est la publicité. Aujourd'hui, par exemple, un manipulateur ne doit pas seulement donner l'impression qu'une action est forte, mais aussi la rendre forte. La manipulation doit donc reposer sur de solides principes spéculatifs. C'est ce qui fit de Keene un si merveilleux manipulateur : c'était avant tout un trader accompli.

20

Le mot « manipulation » a fini par avoir un côté péjoratif, donc il a besoin d'un synonyme. Je ne crois pas qu'il y ait quoi que ce soit de si mystérieux ou malhonnête dans le procédé lui-même lorsqu'il concerne la vente d'actions en gros, à condition, bien entendu, que de telles opérations ne soient pas accompagnées d'une représentation biaisée. Il ne fait aucun doute qu'un manipulateur recherche nécessairement ses acheteurs parmi les spéculateurs. Il se tourne vers des hommes qui recherchent de gros rendements sur leur capital et sont donc prêts à courir un risque bien supérieur à celui qu'ils prennent sur une affaire normale. Je ne peux ressentir beaucoup de sympathie pour l'homme qui, sachant cela, blâme néanmoins les autres pour son propre échec à faire de l'argent facile. C'est un homme diablement intelligent quand il gagne ; mais quand il perd de l'argent, l'autre est un escroc ; un manipulateur ! Dans de tels moments et provenant de telles bouches, le mot évoque l'utilisation de cartes marquées. Mais ce n'est pas le cas.

En général, le but de la manipulation est de développer les possibilités de vente, c'est-à-dire la capacité à disposer de lots d'une taille raisonnable à un certain prix à n'importe quel moment. Bien entendu, un pool, à cause d'une inversion des conditions générales du marché, peut se retrouver incapable de vendre à moins d'un sacrifice trop important pour être agréable. À ce moment-là, ils peuvent décider d'engager un professionnel, croyant que ses compétences et son expérience lui permettront d'organiser un repli sans heurts, au lieu d'endurer une effroyable débâcle.

Vous remarquerez que je ne parle pas de manipulation visant à permettre l'accumulation considérable d'une action à un prix aussi bas que possible, comme, par exemple, en achetant pour contrôler le titre, car cela n'arrive pas souvent de nos jours.

Lorsque Jay Gould voulut assurer son contrôle de Western Union et décida d'acheter un gros lot d'actions, Washington E. Connor, qui n'avait pas été vu sur le parquet de la Bourse depuis des années, se présenta soudainement en personne au comptoir de Western Union. Il commença à faire des offres pour acheter des actions Western Union. Les traders rirent de sa stupidité en pensant qu'il y avait là un coup facile à jouer et ils lui vendirent joyeusement toutes les actions qu'il voulait acheter. C'était un peu gros de penser qu'il pourrait faire monter le prix en se comportant comme si M. Gould voulait acheter Western Union. Était-ce de la manipulation ? Je pense que je ne peux répondre qu'en disant : « Non ; et oui ! »

Dans la majorité des cas, le but de la manipulation est, comme je l'ai dit, de vendre des actions au public au meilleur prix possible. Il ne s'agit pas seulement de vendre, mais de partager. Il est évidemment préférable à tout point de vue qu'un titre soit détenu par un millier de personnes que par un seul homme pour le marché auquel il appartient. Un manipulateur ne doit donc pas seulement prendre en considération la vente à un bon prix, mais aussi le caractère de la répartition.

Il ne sert à rien d'augmenter le prix à un niveau très élevé si vous ne pouvez pas inciter le public à vous en défaire plus tard. Chaque fois que des manipulateurs inexpérimentés essaient de décharger au sommet et échouent, les anciens ont l'air très sages et vous disent que vous pouvez mener un cheval jusqu'à un point d'eau, mais vous ne pouvez pas l'obliger à boire. C'est évident ! À vrai dire, il est bon de se rappeler une règle de manipulation, une règle que Keene et ses prédécesseurs compétents connaissaient bien : les actions sont manipulées jusqu'au plus haut point possible, puis vendues au public à la baisse.

Commençons par le début. Supposons qu'untel – un syndicat d'assureurs, un pool ou un particulier – possède un lot d'actions qu'il souhaite vendre au meilleur prix possible. Il s'agit d'une action dûment cotée à la Bourse de New York. Le meilleur endroit pour le vendre devrait être le libre marché, et le meilleur acheteur, le grand public. Un seul homme est responsable des négociations pour la vente. Lui ou un associé, présent ou passé, a essayé de vendre les actions à la Bourse et n'a pas réussi. Il est ou devient bientôt suffisamment familier avec les opérations boursières pour se rendre compte qu'il a besoin de plus d'expérience et de plus grandes aptitudes pour ce travail qu'il n'en possède. Il connaît personnellement ou par ouï-dire de nombreux hommes qui ont réussi à gérer des affaires similaires, et il décide d'utiliser leurs compétences professionnelles. Il cherche l'un d'eux comme il chercherait un médecin s'il était malade ou un ingénieur s'il avait besoin de ce genre d'expert.

Supposons qu'il ait entendu parler de moi comme d'un homme qui connaît le jeu. Eh bien, je présume qu'il essaiera de découvrir tout ce qu'il peut à mon sujet. Ensuite, il arrange une entrevue et, en temps utile, appelle à mon bureau.

Bien sûr, il y a de fortes chances que je connaisse l'action et ce qu'elle représente. C'est mon travail de le savoir.

C'est comme ça que je gagne ma vie. Mon visiteur me dit ce que lui et ses associés souhaitent faire et me demande d'entreprendre l'affaire.

C'est alors à mon tour de parler. Je demande toute information que je juge nécessaire pour comprendre clairement ce que l'on me demande de faire. Je détermine la valeur et estime les possibilités du marché de ce titre. À la fois cela et ma lecture des conditions actuelles m'aident à mesurer les probabilités de succès de l'opération proposée.

Si mes informations me font pencher vers un avis favorable, j'accepte la proposition et je lui dis alors quelles seront mes conditions pour mes services. S'il accepte à son tour mes conditions et mes honoraires, je me mets immédiatement au travail.

Généralement, je demande et reçois des *calls* sur des lots d'actions. J'insiste sur des calls graduels, afin que cela soit juste pour tout le monde. Le prix du call commence un peu en dessous du prix prédominant du marché, puis augmente ; disons, par exemple, que je reçoive des calls sur 100 000 actions et que le titre soit coté à 40. Je commence par un call de quelques milliers d'actions à 35, un autre à 37, puis à 40, 45 et 50, et ainsi de suite jusqu'à 75 ou 80.

Si, à la suite de mon travail professionnel de manipulation, le prix augmente, et si, au plus haut niveau, il y a une bonne demande pour l'action, assez pour que je puisse en vendre des lots de taille raisonnable, bien sûr, je vends. Je gagne de l'argent, mais mes clients aussi. C'est comme ça que ça marche. Si mes compétences sont ce pour quoi ils paient, ils devraient en avoir pour leur argent. Bien sûr, parfois, un pool peut être ruiné d'un coup, mais cela reste rare, car je ne m'engage pas dans un travail à moins que j'entrevoie clairement un profit. Cette année, je n'ai pas eu autant de chance dans une ou deux affaires, et je n'ai pas fait de profit. Il y a des raisons à cela, mais c'est une autre histoire, que je vous raconterai peut-être plus tard.

La première étape dans un mouvement haussier d'un titre consiste à promouvoir le fait qu'il y ait bien un mouvement haussier. Ça a l'air idiot, n'est-ce pas ? Réfléchissez un instant. Ce n'est pas aussi stupide que ça en avait l'air en premier lieu, si ? La façon la plus efficace d'annoncer ce que sont, dans les faits, vos intentions honorables est de rendre l'action active et forte. Au bout du compte, le plus grand agent de publicité du monde entier est le téléscripteur, et la bande du téléscripteur est de loin le meilleur support publicitaire. Je n'ai pas besoin de publier de documentation pour mes clients, ni d'informer la presse quotidienne de la valeur de l'action ou d'éplucher les analyses financières pour obtenir des avis concernant les perspectives de l'entreprise, ni d'avoir un suivi. J'accomplis toutes ces tâches hautement bénéfiques en rendant simplement l'action active. Quand il y a de l'activité, il y a une demande simultanée d'explications ; et, bien sûr, cela signifie que les raisons nécessaires à la publication se fournissent elles-mêmes sans la moindre aide de ma part.

L'activité est tout ce que les traders en bourse demandent. Ils achèteront ou vendront n'importe quelle action à n'importe quel niveau s'il y a seulement un marché libre. Ils géreront des milliers d'actions partout où ils verront une activité, et leur capacité totale est considérable. Il arrive nécessairement qu'ils constituent la première récolte d'acheteurs du manipulateur. Ils vous suivront jusqu'au bout et sont donc d'une grande aide à toutes les étapes de l'opération. Je comprends que James R. Keene eût l'habitude d'employer les traders les plus actifs, à la fois pour dissimuler la source de la manipulation et également parce qu'il savait qu'ils étaient de loin les meilleurs propagateurs d'affaires et fournisseurs de tuyaux. Il leur donnait souvent des calls verbaux sur le marché, afin qu'ils puissent exécuter un travail utile avant qu'ils puissent encaisser le profit. Il le leur faisait gagner. Pour obtenir un suivi des professionnels, je n'ai personnellement jamais eu à faire plus que rendre une action active. Les traders n'en demandent pas davantage. Bien entendu, il est bon de se rappeler que ces professionnels sur le parquet de la Bourse achètent des actions avec l'intention de les vendre à profit. Ils ne demandent pas que ce soit un gros profit, mais il doit être rapide.

Je rends l'action active dans le but d'attirer l'attention des spéculateurs sur elle, pour les raisons que j'ai données. Je l'achète, je la vends, et les traders m'imitent. La pression de la vente n'est pas susceptible d'être forte là où un homme a spéculativement autant gardé d'actions dans des calls, comme je l'exige. La pression de l'achat prévaut donc sur la vente, et le public suit l'exemple, non pas tant du manipulateur que des spéculateurs professionnels. Il se présente alors en acheteur. Cette demande hautement désirable, je la comble, c'est-à-dire que je finis par vendre des actions. Si la demande est ce qu'elle devrait être, elle absorbera plus que la quantité d'actions que j'ai été contraint d'accumuler dans les premières étapes de la manipulation ; et lorsque cela se produit, je vends les actions à découvert, du moins techniquement. En d'autres termes, je vends plus d'actions que je n'en détiens réellement. Faire cela est parfaitement sûr pour moi, puisque je vends vraiment contre mes calls. Bien sûr, quand la demande du public se relâche, l'action cesse d'augmenter. Alors, j'attends.

Disons donc que l'action ait cessé de progresser. Arrive un jour faible. L'ensemble du marché peut développer une tendance réactionnaire ou bien un trader au regard puissant peut percevoir qu'aucun ordre d'achat digne de ce nom n'est donné sur mon titre ; alors, il le vend, et ses collègues suivent. Quelle qu'en soit la raison, mon titre commence à chuter. Eh bien, je commence à l'acheter. Je lui donne le soutien qu'un titre devrait recevoir s'il est dans les bonnes grâces de ses propres sponsors. Plus que cela : je suis capable de le soutenir sans l'accumuler, c'est-à-dire sans augmenter la quantité que je devrai vendre plus tard. Notez que je le fais sans faire baisser mes ressources financières. Bien sûr, ce que je fais en réalité, c'est couvrir les actions que j'ai vendues à découvert à des prix plus élevés lorsque la demande du public, des traders ou des deux me le permettait. Il est toujours bon de l'indiquer clairement aux traders et au public, et également qu'il y a une demande pour l'action en baisse. Cela a tendance à freiner à la fois la vente à découvert imprudente par les professionnels et la liquidation par des détenteurs effrayés, ce qui est la vente que l'on constate habituellement lorsqu'une action s'affaiblit de plus en plus, ce que fait un titre à son tour lorsque celui-ci n'est pas soutenu. Ces achats de couvrement constituent ce que j'appelle le procédé de stabilisation.

Alors que le marché s'élargit, bien entendu, je vends le titre lorsqu'il augmente, mais jamais assez pour enrayer la hausse. Cela était dans le strict respect de mes plans de stabilisation. Il est évident que plus je vends d'actions sur une hausse raisonnable et fluide, plus j'encourage les spéculateurs prudents, qui sont plus nombreux que les téméraires, et, en prime, plus je serai en mesure de soutenir le titre sur les inévitables jours faibles. En étant toujours short, je suis constamment en position de soutenir le titre sans me mettre en danger. En règle générale, je commence ma vente à un prix qui me montrera un profit. Mais je vends souvent sans bénéfice, simplement pour créer ou augmenter ce que je pourrais appeler mon pouvoir d'achat sans risque. Mon travail ne consiste pas seulement à faire monter le prix ou vendre un gros lot d'actions pour un client, mais aussi à gagner de l'argent moi-même. C'est pourquoi je ne demande à aucun client de financer mes opérations. Mes honoraires dépendent de mon succès.

Bien sûr, ce que j'ai décrit n'est pas une pratique fixe. Je n'ai ni n'adhère à un système inflexible. Je modifie mes conditions selon les circonstances.

Une action que l'on souhaite répartir doit être manipulée jusqu'au plus haut point possible, puis vendue. Je le répète à la fois parce que c'est fondamental et parce que le public croit visiblement que la vente se fait au sommet. Parfois, une action est en quelque sorte saturée ; elle n'augmente pas. C'est le moment de vendre. Avec votre vente, le prix baissera naturellement plus que vous ne le souhaitiez, mais vous pouvez généralement le rattraper. Tant qu'une action que je manipule monte avec mes achats, je sais que tout va comme sur des roulettes, et, si besoin, je l'achète avec assurance et utilise mon propre argent sans crainte, précisément comme je le ferais pour tout autre action qui agit de la même façon. C'est la ligne de moindre résistance. Vous vous souvenez de mes théories de trading en ce qui concerne cette fameuse ligne, n'est-ce pas ? Eh bien, lorsque le prix de la ligne de moindre résistance est établi, je le suis, non parce que je manipule cette action en particulier à ce moment précis, mais parce que je reste constamment un spéculateur.

Quand mes achats ne font pas monter le titre, j'arrête de l'acheter et je le vends ; et c'est aussi exactement ce que je ferais avec ce même titre si je ne le manipulais pas. La vente principale de l'action, comme vous le savez, se fait sur le déclin. Il est tout à fait étonnant de constater le nombre d'actions dont un homme peut se débarrasser lors d'une baisse.

Je répète qu'à aucun moment de la manipulation, je n'oublie d'être un spéculateur en bourse. Après tout, mes problèmes en tant que manipulateur sont les mêmes que ceux auxquels je suis confronté en tant qu'opérateur. Toute manipulation prend fin lorsque le manipulateur ne peut pas faire faire à une action ce qu'il veut qu'elle accomplisse. Lorsque l'action que vous manipulez n'agit pas comme il se doit, arrêtez. Ne discutez pas avec le téléscripteur. Ne cherchez pas à faire revenir le profit. Arrêtez tant qu'abandonner ne vous coûte pas trop cher.

21

Je suis bien conscient que toutes ces généralités ne semblent pas particulièrement impressionnantes. Elles le sont d'ailleurs rarement. Il est possible que je réussisse mieux ma démonstration si je donne un exemple concret. Je vais vous raconter comment j'ai fait monter le prix d'une action de 30 points et, ce faisant, accumulé seulement 7 000 actions et développé un marché qui absorberait presque n'importe quelle quantité d'actions.

C'était avec Imperial Steel. L'action avait été mise en valeur par des gens réputés et les tuyaux disaient qu'elle représentait un bien de valeur. Environ 30 % du capital était placé auprès du grand public par l'intermédiaire de diverses maisons de Wall Street, mais il n'y avait eu aucune activité significative dans les actions après qu'elles avaient été cotées. De temps à autre, quelqu'un posait des questions à leur sujet et l'un ou l'autre des membres internes du syndicat d'assurances original disait que les bénéfices de l'entreprise étaient meilleurs que prévu et que les perspectives étaient plus qu'encourageantes. Dans les faits, cela était plus ou moins vrai et une très bonne chose, mais pas tout à fait excitant. L'attrait spéculatif était absent et, du point de vue de l'investisseur, la stabilité du prix et la permanence des dividendes de l'action n'étaient pas encore démontrées. C'était une action qui ne s'était jamais comportée de façon sensationnelle. Elle se distinguait tant qu'aucune hausse réconfortante n'avait jamais suivi les rapports éminemment véridiques des initiés. D'un autre côté, le prix ne chutait pas non plus.

Imperial Steel ne fut ni mis en avant, ni encensé, ni sujet à des tuyaux positifs, se contentant d'être l'une de ces actions qui ne baissent pas parce que personne ne vend, et personne ne vend parce que personne n'aime être baissier sur un titre qui est mal partagé : le vendeur est bien trop à la merci de la clique d'initiés. De la même façon, il n'y a pas d'incitation à acheter un tel titre. Pour l'investisseur, Imperial Steel restait donc une spéculation. Pour le spéculateur, il s'agissait d'un titre mort, le genre qui fait de vous un investisseur contre votre gré par le simple fait de vous trouver dans un état second au moment même où vous devenez haussier sur ce titre. Le type contraint de traîner un poids mort un an ou deux perd toujours plus que le coût initial de ce poids ;

il est certain de s'y retrouver enchaîné lorsque de très bonnes choses se présenteront à lui.

Un jour, le membre le plus en vue du syndicat d'Imperial Steel, agissant pour lui-même et ses associés, vint me voir. Ils souhaitaient créer un marché pour ce titre, dont ils contrôlaient les 70 % non partagés. Ils voulaient que je vende leurs avoirs à des prix plus avantageux que ce qu'ils pensaient obtenir s'ils essayaient de les vendre au libre marché. Ils voulaient savoir quelles seraient mes conditions pour ce travail.

Je lui dis alors que je lui répondrais quelques jours plus tard. Je menai ensuite mon enquête. Je demandai à des experts de passer en revue les différents départements de l'entreprise : industriel, commercial et financier. Ils me fournirent des rapports impartiaux. Je ne cherchais pas les bons ou les mauvais points, mais les faits, tels qu'ils étaient.

Les rapports montrèrent qu'il s'agissait d'un bien de valeur. Les perspectives justifiaient les achats du titre au prix du marché en vigueur si l'investisseur était enclin à attendre un peu. Dans ces circonstances, une hausse du prix serait en réalité le mouvement de marché le plus courant et le plus légitime à connaître, le processus d'actualisation de l'avenir. Je ne voyais donc aucune raison qui me pousserait à ne pas entreprendre consciencieusement et avec assurance la manipulation haussière d'Imperial Steel.

Je fis part de ma décision à mon homme et il m'appela à mon bureau pour discuter de l'affaire en détail. Je lui annonçai quelles étaient mes conditions. Pour mes services, je ne demandais pas d'argent comptant, mais plutôt des options d'achat sur 100 000 actions du titre Imperial Stock. Le prix de ces calls allait de 70 à 100. Pour certains, cela peut sembler être une grosse somme d'argent. Mais ils devraient considérer que les initiés étaient certains qu'ils ne pouvaient pas eux-mêmes vendre 100 000 actions, ni même 50 000, à 70. Il n'y avait pas de marché pour ce titre. Tout ce qu'on disait sur les fabuleux bénéfices et les excellentes perspectives n'avait pas fait venir d'acheteurs, du moins trop peu. De plus, je ne pourrais pas toucher mes honoraires sous forme d'argent comptant sans que mes clients gagnent d'abord quelques millions de dollars. Ce que j'exigeais n'était pas une commission de vente exorbitante ; il s'agissait d'honoraires prévoyants équitables.

Sachant que le titre avait une réelle valeur et que les conditions générales du marché étaient haussières et donc favorables à une hausse de tous les bons titres, je compris que je devrais plutôt bien m'en sortir. Mes clients furent encouragés par les opinions que j'avais exprimées ;

ils acceptèrent mes conditions sur-le-champ et l'affaire débuta sous de bons auspices.

Je fis en sorte de me protéger autant que possible. Le syndicat détenait ou contrôlait environ 70 % des actions en circulation. Je leur demandai de déposer leurs 70 % avec un contrat de fiducie. Je ne me proposai pas pour faire office de décharge pour les grands détenteurs. Avec la majorité des avoirs ainsi gelés en toute sécurité, j'avais encore 30 % des propriétés disséminées à prendre en compte, mais c'était un risque que je devais courir. Les spéculateurs expérimentés ne s'attendent jamais à s'engager dans des entreprises totalement sans risque. En fait, que toutes les actions non fiduciaires soient jetées sur le marché d'un seul coup n'était pas beaucoup plus probable que tous les assurés d'une compagnie d'assurance-vie meurent à la même heure, le même jour. Il existe des tables actuarielles non imprimées sur les risques boursiers comme sur la mortalité humaine.

Après m'être protégé contre certains des dangers évitables d'une telle opération boursière, j'étais prêt à commencer ma campagne. Son objectif était de faire prendre de la valeur à mes options d'achat. Pour l'atteindre, je devais faire monter le prix et développer un marché dans lequel je pourrais vendre 100 000 actions, sur lesquelles je détenais des options.

La première chose que je fis fut de savoir combien de titres étaient susceptibles d'arriver sur le marché avec une hausse. Cela se trouva facilement grâce à mes courtiers, qui n'eurent aucune difficulté à déterminer quelles actions étaient à vendre au prix du marché ou un peu au-dessus. J'ignore si les spécialistes leur dirent quels ordres ils avaient sur leurs carnets ou non. Le prix était nominalement de 70, mais je n'aurais pas pu vendre 1 000 actions à ce prix. Je n'avais aucune preuve ne serait-ce que d'une demande modérée à ce chiffre ou même à quelques points de moins. Je dus me baser sur ce que mes courtiers avaient trouvé. Mais cela suffit à me montrer combien il y avait d'actions à vendre et combien on en voulait peu.

Dès que j'eus une ligne sur ces points, je pris tranquillement toutes les actions qui étaient à vendre à 70 et plus. Quand je dis « je », vous comprendrez que j'entends « mes courtiers ». Les ventes étaient pour le compte de certains des actionnaires minoritaires, car mes clients avaient naturellement annulé tous les ordres de vente qu'ils avaient pu donner avant de geler leurs actions.

Je n'eus pas à acheter beaucoup d'actions. De plus, je savais que la bonne sorte de hausse permettrait d'entraîner d'autres ordres d'achat et, bien entendu, également des ordres de vente.

Je ne donnai de conseils haussiers sur Imperial Steel à personne. Ce n'était pas nécessaire. Mon travail consistait à trouver un moyen de directement influencer les sentiments par la meilleure sorte de publicité possible. Je ne dis pas qu'il ne devrait jamais y avoir de propagande haussière. Il est tout aussi légitime et même souhaitable de promouvoir la valeur d'une nouvelle action que la valeur de la laine, des chaussures ou des automobiles. Des informations précises et fiables devraient être données par le public. Mais ce que je voulais dire était que la bande du téléscripteur faisait tout ce qu'il fallait pour servir ma cause. Comme je l'ai déjà dit, les journaux réputés essaient toujours d'imprimer des explications concernant les mouvements du marché. C'est de l'information. Leurs lecteurs exigent de savoir non seulement ce qu'il se passe sur le marché boursier, mais aussi pourquoi. Par conséquent, sans que le manipulateur ait à lever le petit doigt, les rédacteurs financiers imprimeront toutes les informations et les ragots disponibles et analyseront également les rapports de bénéfices, ainsi que les conditions et les perspectives du trading ; en résumé, tout ce qui peut faire la lumière sur la hausse. Chaque fois qu'un journaliste ou une connaissance demande mon avis sur une action et que j'en ai un, je n'hésite pas à l'exprimer. Je ne donne jamais de conseils spontanés ni de tuyaux, mais rester secret ne fait rien gagner à mes opérations. En même temps, je me rends compte que le meilleur de tous les analystes, le plus persuasif de tous les vendeurs, c'est le téléscripteur.

Lorsque j'eus absorbé toutes les actions qui étaient à vendre à 70 et un peu plus haut, je libérai le marché de cette pression, et naturellement, cela mit en évidence la ligne de moindre résistance sur Imperial Steel à des fins spéculatives. Le titre était manifestement à la hausse. Dès que ce fait fut perçu par les traders observateurs sur le parquet, ils supposèrent logiquement que le titre était enclin à monter ; ils ne pouvaient en connaître l'étendue, mais ils en savaient assez pour commencer à acheter. Leur demande pour Imperial Steel fut exclusivement créée par l'évidence de la tendance haussière de l'action, le tuyau haussier infaillible du téléscripteur ! Je m'exécutai sur-le-champ. Je vendis aux traders les actions que j'avais au départ achetées aux détenteurs exténués. Bien sûr, cette vente fut judicieusement menée ; je me contentai de répondre à la demande. Je ne forçais pas mes actions sur le marché et je ne voulais pas d'une hausse trop rapide. Vendre la moitié de mes 100 000 actions à ce stade du processus n'aurait pas été une bonne affaire. Mon travail consistait à créer un marché dans lequel je pourrais vendre toute ma ligne.

Mais même si je ne vendais que ce que les traders étaient impatients d'acheter, le marché était temporairement privé de mon propre pouvoir d'achat, que j'avais exercé de façon régulière jusqu'à présent. En temps voulu, les achats des traders cessèrent et le prix arrêta d'augmenter. Dès que cela se produisit, la vente commença par des haussiers déçus ou par ces traders dont les raisons d'acheter avaient disparu à l'instant où la tendance haussière s'était estompée. Mais j'étais prêt pour cette vente, et pendant la chute, je rachetai les actions que j'avais vendues aux traders quelques points plus haut. Ces achats d'actions, dont j'étais sûr qu'elles se revendraient à nouveau, freinèrent la baisse ; et lorsque le prix cessa de baisser, les ordres de vente arrêtèrent d'être émis.

Alors, je recommençai toute la manœuvre. Je pris toutes les actions qui étaient à vendre à la hausse, ce n'était pas beaucoup, et le prix commença à augmenter une seconde fois ; son point de départ était supérieur à 70. N'oubliez pas que pendant la baisse, il y a beaucoup d'actionnaires qui espèrent de tout cœur vendre leurs actions, mais qui ne le feront pas en dessous de 3 ou 4 points du sommet. De tels spéculateurs jurent toujours qu'ils vendront sans hésiter s'il y a une reprise. Ils ordonnent de vendre sur la hausse, puis ils changent d'avis lorsque la tendance du prix du titre change également. Bien entendu, il y a toujours un bénéfice à faire en jouant rapidement et de façon sécuritaire ; pour ceux-là, un profit est toujours bon à prendre.

Tout ce que j'avais à faire après cela était de répéter le processus ; alternativement acheter et vendre, mais toujours en travaillant à la hausse.

Parfois, après avoir pris toutes les actions qui sont à vendre, cela entraîne une brusque augmentation du prix et ce que l'on pourrait appeler de petites bourrasques haussières dans l'action que vous manipulez. C'est une excellente publicité, parce qu'elle fait parler d'elle et attire aussi bien les traders professionnels que la partie du grand public spéculatif qui aime l'action ; je pense que ceux-là en représentent une grande partie. C'est ce que je fis avec Imperial Steel, et quelle que fût la demande créée par ces jaillissements, je pus fournir assez d'actions. Mes ventes maintinrent continuellement le mouvement haussier autant en termes de durée que de vitesse. En achetant à la baisse et en vendant à la hausse, je faisais plus qu'augmenter le prix : je développais les perspectives de ventes d'Imperial Steel.

Après que j'avais commencé mes opérations, il n'y eut jamais un moment où un homme ne pouvait acheter ou vendre des actions librement ; j'entends par là acheter ou vendre une quantité raisonnable sans provoquer de fluctuations trop importantes du prix. La peur d'échouer s'il achetait, ou d'étouffer s'il vendait, avait disparu. La diffusion progressive parmi les professionnels et le public d'une croyance en la permanence du marché pour Imperial Steel contribua beaucoup à créer la confiance par rapport au mouvement ; et, bien entendu, l'activité mit également un terme à bien d'autres objections. Le résultat fut qu'après avoir acheté et vendu plusieurs milliers d'actions, je réussis à faire en sorte qu'elles se vendent au pair. À 100 dollars l'action, tout le monde voulait acheter Imperial Steel. Pourquoi pas ? Chacun savait à présent que c'était une bonne action ; que c'était et que ce serait toujours une bonne affaire. La hausse en était la preuve. Un titre qui partait de 70 et augmentait de 30 points pouvait encore en gagner 30 supplémentaires par rapport à la valeur nominale. C'est la façon dont bon nombre de gens raisonnent.

Lorsque je fis augmenter le prix de 30 points, je n'accumulai que 7 000 actions. Le prix sur cette ligne me coûta en moyenne pratiquement 85. Cela signifiait un bénéfice de 15 points ; mais, bien sûr, tout mon bénéfice, toujours sur papier, était beaucoup plus élevé. C'était un profit assez sûr, car j'avais un marché pour tout ce que je voulais vendre. L'action se vendrait bien plus cher grâce à une manipulation judicieuse, et j'avais des options d'achat échelonnées sur 100 000 actions, allant de 70 à 100 dollars.

Les circonstances m'empêchèrent de réaliser certains de mes plans pour convertir mes profits sur papier en argent comptant. Ce fut, si je puis dire, une magnifique manipulation, strictement légitime et à juste titre couronnée de succès. La propriété de l'entreprise avait de la valeur et le titre n'était pas cher, même au prix fort. L'un des membres du syndicat original développa l'envie d'assurer le contrôle d'une propriété, une célèbre banque avec de vastes ressources. Le contrôle d'une entreprise prospère et en pleine expansion comme Imperial Steel Corporation est peut-être plus précieux pour une banque que pour des investisseurs individuels. En tout cas, cette firme me fit une offre pour toutes mes options sur les actions. Cela représentait un énorme profit pour moi, et je l'acceptai sur-le-champ. Je suis toujours enclin à vendre quand je peux le faire en un seul paiement avec un bon profit. J'étais assez satisfait de ce que j'en avais fait.

Avant de disposer de mes calls sur les 100 000 actions, j'appris que ces banquiers avaient employé plus d'experts pour faire un examen encore plus minutieux de l'entreprise. Leurs rapports en disaient assez pour m'inciter à revenir sur l'offre qui m'avait été faite. Je gardai donc plusieurs milliers d'actions pour investir. Je croyais en elles.

Concernant ma manipulation sur Imperial Steel, il n'y avait rien d'anormal ni de malsain. Tant que le prix augmentait avec mes achats, je savais que tout allait bien. L'action ne fut jamais saturée, comme c'est parfois le cas. Lorsque vous constatez qu'elle ne répond plus à votre achat comme elle le devrait, vous n'avez pas besoin d'un meilleur conseil pour vendre. Vous savez que si l'action a de la valeur et que les conditions générales du marché sont bonnes, vous pourrez toujours la récupérer après une baisse, peu importe si elle est de 20 points. Mais je n'ai jamais été confronté à ce genre de problème avec Imperial Steel.

Dans ma manipulation des actions, je ne perds jamais de vue les principes de base du trading. Vous vous demandez peut-être pourquoi je répète cela ou pourquoi je ne cesse de dire que je ne contredis jamais le téléscripteur ou que je ne me fâche jamais contre le marché du fait de son comportement. Je présume que vous pensez que les hommes astucieux qui ont gagné des millions grâce à leurs propres affaires et qui, en plus, ont opéré avec succès à Wall Street à certains moments parvenaient à jouer de façon impartiale. Eh bien, vous seriez surpris de la fréquence à laquelle certains de nos promoteurs les plus accomplis se conduisent tels des enfants capricieux parce que le marché ne se comporte pas comme ils le souhaitent. Ils semblent prendre cela comme une offense personnelle et ils perdent de l'argent, la première raison à cela étant qu'ils s'énervent.

Il y eut beaucoup de rumeurs au sujet d'un désaccord entre John Prentiss et moi-même. Les gens furent amenés à s'attendre à un récit dramatique d'une transaction boursière qui avait mal tourné ou d'un double jeu qui m'avait coûté des millions ; ou quelque chose de ce genre. Eh bien, ce n'était pas le cas.

Prentiss et moi étions amis depuis des années. À plusieurs reprises, il m'avait confié des informations que j'avais pu utiliser pour me dégager des bénéfices, et je lui avais prodigué des conseils qu'il avait ou n'avait pas suivis. S'il l'a fait, il a dû économiser de l'argent.

Il contribua largement à l'organisation et à la promotion de la Petroleum Products Company. Après des débuts plus ou moins réussis sur le marché, les conditions générales changèrent en mal, et la nouvelle action ne s'en tira pas aussi bien que Prentiss et ses associés l'avaient espéré. Lorsque les conditions générales s'améliorèrent, Prentiss forma un pool et commença à conduire des opérations sur Pete Products.

Je ne peux rien vous dire quant à sa technique. Il ne m'a pas dit comment il travaillait et je ne le lui ai pas demandé. Mais il était clair que malgré son expérience à Wall Street et son indubitable intelligence, quoi qu'il ait fait, il ne révéla que peu d'intérêt et il ne fallut pas long-temps au pool pour découvrir qu'ils ne pouvaient pas se débarrasser de beaucoup d'actions. Il dut vraiment essayer toutes les opérations qu'il connaissait, car un gérant de pool ne demande pas à être remplacé par un étranger, à moins qu'il ne se sente pas à la hauteur de la tâche, et c'est bien la dernière chose que l'homme moyen aime admettre. Quoi qu'il en soit, il vint me voir et, après quelques banalités amicales, il me dit qu'il souhaitait que je prenne en charge le marché pour Pete Pro-ducts et que je dispose des avoirs du pool, qui s'élevaient à un peu plus de 100 000 actions. Le titre se vendait alors entre 102 et 103.

La chose me sembla suspecte et je déclinai sa proposition en le re-merciant. Mais il insista pour que j'accepte. Il porta son discours sur un plan personnel, de sorte que je finisse par y consentir. Je n'aime pas m'identifier mentalement à des entreprises dont je ne suis pas assuré du succès, mais je pense aussi qu'un homme doit quelque chose à ses amis et connaissances. Je dis que je ferais de mon mieux, mais je l'in-formai que je ne me sentais pas très confiant à ce sujet et énumérai les facteurs négatifs auxquels je devrais faire face. Mais tout ce que Prentiss me répondit fut qu'il ne me demandait pas de garantir des millions de dollars de bénéfices au pool. Il était sûr que si je m'accrochais, je m'en sortirais assez bien pour satisfaire tout être raisonnable.

Eh bien, j'étais là, engagé à faire quelque chose contre mon propre jugement. Je trouvai, comme je le craignais, une situation assez difficile, due en grande partie aux erreurs de Prentiss lui-même alors qu'il mani-pulait l'action pour le compte du pool. Mais le facteur principal qui jouait contre moi était le temps. J'étais convaincu que nous appro-chions rapidement de la fin d'un mouvement haussier et donc que l'amélioration du marché, qui avait tant encouragé Prentiss, ne se révè-lerait être qu'une reprise éphémère. Je craignais que le marché devienne définitivement baissier avant que je puisse accomplir quoi que ce soit d'intéressant sur Pete Products. Cependant, j'avais donné ma parole et je décidai de travailler aussi dur que je savais le faire.

Je commençai à faire monter le prix. J'obtins un succès modéré. Je pense l'avoir augmenté à environ 107, ce qui était assez bien, et je finis même par être en mesure de vendre quelques d'actions. Ce n'était pas grand-chose, mais j'étais content de ne pas avoir augmenté les avoirs du pool. Il y avait beaucoup de gens extérieurs au pool qui n'attendaient qu'une petite hausse pour se décharger de leurs actions, et j'étais une aubaine pour eux. Si les conditions générales avaient été meilleures, j'aurais également fait mieux. Dommage qu'on n'eût pas fait appel à mes services plus tôt. Je sentais que tout ce que je pouvais faire à présent, c'était m'en sortir avec le moins de pertes possible pour le pool.

Je fis venir Prentiss et lui partageai mon opinion, mais il commença à contester ce que je lui disais. Je lui expliquai ensuite pourquoi j'avais adopté cette position. Je dis :

— Prentiss, je peux très clairement sentir le pouls du marché. Il n'y a pas de suivi dans ton action. Ce n'est pas difficile de voir comment le public réagit à ma manipulation. Écoute : lorsque Pete Products est rendu aussi attrayant que possible pour les traders, que vous lui donnez tout le soutien nécessaire en tout temps et que, malgré tout cela, le public le laisse tomber, tu peux être sûr qu'il y a un problème, pas avec les actions, mais avec le marché. Il ne sert à rien du tout d'essayer de forcer les choses. Si tu le fais, tu vas perdre. Un gérant de pool devrait être prêt à acheter ses propres actions lorsqu'il est entouré. Mais lorsqu'il est le seul acheteur sur le marché, il serait idiot de l'acheter. Pour chaque lot de 5 000 actions que j'achète, le public devrait vouloir ou être capable d'en acheter 5 000 autres. Mais je ne vais certainement pas gérer tous les achats. Si je le faisais, tout ce que je réussirais à obtenir serait de raquer un maximum pour beaucoup d'actions que je ne veux pas. Il n'y a qu'une chose à faire : vendre. Et la seule façon de vendre, c'est évidemment de vendre.

— Tu veux dire vendre pour pouvoir récupérer tout ce que tu peux ? demanda Prentiss.

— C'est ça ! répondis-je.

Mais je pouvais voir qu'il s'apprêtait à s'y opposer.

— Si je dois vendre toutes les actions du pool, tu peux être sûr que le prix va casser la valeur nominale et…

— Oh, non ! Jamais ! hurla-t-il.

On aurait dit que je lui demandais de rejoindre un club du suicide.

— Prentiss, lui dis-je, c'est un principe fondamental de la manipulation boursière que de faire monter une action dans le but de la vendre. Mais on ne vend pas tout d'un coup pendant la hausse. C'est impossible. La majorité de la vente doit se faire sur la baisse. Je ne peux pas faire monter vos actions à 125 ou 130. J'aimerais bien, mais c'est impossible. Vous devrez donc commencer à vendre à partir de ce niveau-là. À mon avis, toutes les actions sont en baisse, et Petroleum Products ne fera pas exception. Il vaut mieux qu'elle baisse maintenant sur la vente du pool plutôt que de subir une rupture le mois prochain sur la vente de quelqu'un d'autre. Elle chutera dans tous les cas.

Je ne crois pas avoir dit quoi que ce soit de bouleversant, mais vous auriez pu entendre ses cris jusqu'en Chine. Il ne voulait tout simplement pas entendre un tel discours. Cela ne marcherait jamais. Cela reviendrait à tenter le diable avec l'historique du titre, sans parler des possibilités gênantes pour les banques où les actions étaient gardées comme garanties des prêts, etc.

Je lui répétai que, selon moi, rien au monde ne pourrait empêcher Pete Products de chuter de 15 ou 20 points, car tout le marché partait dans cette direction, et je dis une fois de plus qu'il était absurde d'attendre de ses actions qu'elles fassent exception. Mais encore une fois, mon discours ne servit à rien. Il insista pour que je soutienne les actions.

Voilà qu'un homme d'affaires astucieux, l'un des promoteurs les plus accomplis de l'époque, qui avait gagné des millions de dollars dans des transactions à Wall Street et qui s'y connaissait bien plus que la moyenne sur le jeu de la spéculation, insistait pour soutenir une action dans un marché baissier naissant. C'étaient ses actions, bien entendu, mais cela restait quand même une mauvaise affaire. Si bien que je décidai d'y aller à rebrousse-poil : je recommençai à argumenter avec lui. Mais cela ne servit à rien. Il insistait pour que je place des ordres afin de soutenir ces actions.

Bien sûr, lorsque le marché général s'affaiblit et que le déclin commença pour de bon, Pete Products suivit le mouvement. En fait, au lieu de vendre, j'achetai des actions pour le pool d'initiés sur ordre de Prentiss.

La seule explication est que Prentiss ne croyait pas que le marché baissier était juste devant nous. J'étais cependant certain que le marché haussier était terminé. J'avais vérifié ma première hypothèse par des tests, non seulement sur Pete Products, mais aussi sur d'autres actions. Je n'attendis pas que le marché baissier annonce son arrivée certaine avant de commencer à vendre. Bien sûr, je ne vendis pas une seule action de Pete Products, même si j'étais vendeur d'autres actions.

Comme je m'y attendais, le pool de Pete Products fut bloqué avec tout ce qu'il détenait au départ et tout ce qu'il dut prendre dans son effort inutile pour conserver un prix élevé. En fin de compte, ils liquidèrent tout ; mais à des prix beaucoup plus bas que ce qu'ils auraient obtenu si Prentiss m'avait laissé vendre quand et comme je l'aurais souhaité. Il n'aurait pu en être autrement. Et pourtant, Prentiss pense toujours qu'il avait raison et l'affirme encore aujourd'hui. Je crois comprendre qu'il dit que la raison pour laquelle je lui avais conseillé cela était parce que j'étais short sur d'autres titres et que le marché général était à la hausse. Cela implique, bien entendu, que la rupture de Pete Products, qui aurait résulté de la vente des avoirs du pool à n'importe quel prix, aurait aidé ma position baissière dans d'autres actions.

N'importe quoi. Je n'étais pas baissier parce que je vendais des titres à découvert. Je l'étais parce que c'était ainsi que j'avais évalué la situation, et je ne vendis des actions qu'après être passé du côté baissier. Il n'y a jamais beaucoup d'argent à gagner en attaquant les choses par le mauvais bout ; pas sur le marché boursier. Mon plan pour vendre les actions du pool était basé sur ce que seule l'expérience de 20 ans de spéculation me présentait comme étant réalisable et donc prudent. Prentiss, étant un trader lui-même, aurait dû le voir aussi clairement que moi. Mais il était trop tard pour essayer de faire autre chose.

Je suppose que Prentiss partage l'illusion de milliers de boursicoteurs qui pensent qu'un manipulateur peut tout faire. C'est faux. Le plus grand exploit de Keene fut sa manipulation d'US Steel au printemps 1901. Il a réussi, non pas parce qu'il était intelligent et ingénieux, ni parce qu'il avait un syndicat composé des hommes les plus riches du pays derrière lui. Il a réussi en partie pour ces raisons, mais surtout parce que le marché général était propice et que l'état d'esprit du public était bon.

Un homme n'obtient rien de bon en agissant contre les enseignements de l'expérience et contre le bon sens. Mais les pigeons à Wall Street ne sont pas tous des boursicoteurs. Le tort que me porte Prentiss n'est rien d'autre que ce que je viens de vous raconter. Il est irrité car j'ai conduit ma manipulation, non comme je le souhaitais, mais comme il m'avait demandé de le faire.

Il n'y a rien de mystérieux, de fourbe ou de malhonnête dans la manipulation visant à vendre des actions en lots, pourvu que de telles opérations ne s'accompagnent pas de fausses images délibérées. Une manipulation sensée doit être basée sur de solides principes commerciaux. Les gens mettent énormément l'accent sur les pratiques anciennes, comme les ventes fictives. Mais je peux vous assurer que la simple mécanique de la supercherie compte très peu. La différence entre la manipulation boursière et la vente libre d'actions et d'obligations réside dans le caractère de la clientèle plutôt que dans celui de l'attrait. J. P. Morgan & Co vend une émission d'obligations au public, c'est-à-dire à des investisseurs. Un manipulateur vend un lot d'actions au grand public, c'est-à-dire aux spéculateurs. Un investisseur recherche la sécurité et la permanence du rendement sur le capital qu'il investit. Le spéculateur recherche un profit rapide.

Le manipulateur trouve nécessairement son marché principal parmi les spéculateurs qui sont prêts à courir un risque commercial plus grand que la normale tant qu'ils ont une chance raisonnable d'obtenir un rendement élevé sur leur capital. Moi-même, je n'ai jamais cru aux paris hasardeux. Je peux aussi bien jouer gros ou acheter uniquement 100 actions. Mais dans les deux cas, je dois avoir une raison de le faire.

Je me souviens très bien comment je suis entré dans le jeu de la manipulation, c'est-à-dire dans la commercialisation des actions pour autrui. Cela me fait plaisir de rappeler cette anecdote, car elle montre à merveille l'attitude professionnelle de Wall Street à l'égard des opérations boursières. Cela arriva après mon « retour », c'est-à-dire après que mes trades sur Bethlehem Steel en 1915 m'avaient remis sur la voie de la reprise financière.

Je négociais assez régulièrement et j'avais beaucoup de chance. Je n'ai jamais cherché la publicité dans les journaux, mais je n'ai jamais fait d'efforts pour me cacher non plus. En même temps, vous savez que le Wall Street professionnel exagère à la fois les succès et les échecs de n'importe quel opérateur actif ; et, bien sûr, les journaux entendent parler de lui et publient des rumeurs. J'ai été ruiné tellement de fois, selon les ragots, ou j'ai gagné tellement de millions, selon les mêmes sources, que ma seule réaction envers ces rapports est de me demander comment et où ils ont émergé. Et comment ces mêmes ragots prennent de l'ampleur ! Chacun de mes amis courtiers, les uns après les autres, me rapportaient la même histoire, chaque fois un peu différente, améliorée, plus détaillée.

Tout ceci pour vous raconter comment, pour la première fois, j'ai entrepris la manipulation d'une action pour autrui. Les histoires publiées dans les journaux sur la façon dont j'avais intégralement remboursé les millions que je devais ont fait l'affaire. Mes grosses mises et mes gains furent tellement exagérés par les journaux que l'on parla de moi à Wall Street. L'époque était révolue où un opérateur balançant une ligne de 200 000 actions pouvait dominer le marché. Mais, comme vous le savez, le public souhaite toujours trouver des successeurs aux anciens leaders. C'est la réputation de M. Keene en tant que spéculateur compétent gagnant des millions de dollars à son propre compte qui incita les promoteurs et les banques à lui demander de vendre de gros lots de titres. En résumé, ses services de manipulateur étaient très demandés en raison des histoires que Wall Street avait entendues sur ses succès antérieurs en tant que trader.

Mais Keene partit vers ce paradis dans lequel il avait dit qu'il ne resterait pas un instant sauf si Sysonby l'y attendait. Deux ou trois autres hommes qui avaient marqué l'histoire du marché boursier pendant quelques mois étaient retombés dans l'ombre de l'inactivité prolongée. Je pense en particulier à certains de ces Occidentaux gros parieurs qui vinrent à Wall Street en 1901 et qui, après avoir gagné des millions avec leurs avoirs en Steel, y restèrent. Ils étaient en réalité de super promoteurs plutôt que des opérateurs du genre de Keene. Mais ils furent extrêmement doués, riches et prospères dans les titres des sociétés qu'eux et leurs amis contrôlaient. Ils n'étaient pas vraiment de grands manipulateurs, comme Keene ou le gouverner Flower. Pourtant, Wall Street vit en eux de quoi largement commérer, et ils étaient certainement suivis par les professionnels et les maisons de commission sportives. Après qu'ils eurent cessé de trader activement, Wall Street se retrouva sans manipulateurs ; du moins, elle ne pouvait pas en entendre parler dans les journaux.

Vous vous rappelez le grand marché haussier qui a commencé lorsque la Bourse avait repris ses activités en 1915. Au fur et à mesure que le marché s'élargissait et que les achats des Alliés dans ce pays se chiffraient en milliards, nous connûmes un boom. Concernant la manipulation, personne n'eut besoin de lever le petit doigt pour créer un marché illimité. Des dizaines d'hommes gagnèrent des millions en capitalisant des contrats ou même des promesses de contrats. Ils devinrent des promoteurs à succès, soit avec l'aide de banquiers sympathiques, soit en mettant en valeur leurs entreprises sur le Curb Market. Le public achetait tout ce qui était correctement promu.

Lorsque le boom fut étiolé par la prospérité, certains de ces promoteurs eurent besoin de l'aide d'experts en techniques de vente d'actions. Lorsque le public s'accroche à toutes sortes de titres, dont certains achetés à des prix plus élevés, il n'est pas chose aisée de se départir des actions non testées. Après un boom, le public est persuadé que plus rien n'augmentera. Ce n'est pas que les acheteurs deviennent plus sélectifs, mais que les achats à l'aveuglette soient terminés. C'est l'état d'esprit qui a changé. Les prix n'ont même pas à baisser pour rendre les gens pessimistes. Il suffit que le marché devienne ennuyeux et le reste pendant un certain temps.

Dans chaque boom, les sociétés sont formées principalement, sinon exclusivement, pour profiter de l'appétit du public pour toutes sortes d'actions. Il y a aussi des promotions tardives. La raison pour laquelle les promoteurs commettent cette erreur est qu'étant humains, ils ne souhaitent pas voir la fin du boom. De plus, il est bon pour les affaires de prendre des risques lorsque le bénéfice possible est suffisamment important. On n'aperçoit jamais le sommet quand la vision est viciée par l'espoir. L'homme moyen voit une action que personne ne voulait à 12 ou 14 dollars monter soudainement à 30 dollars, ce qui est sûrement le sommet jusqu'à ce qu'elle atteigne 50 dollars. Il s'agit forcément de la fin de la hausse. Puis elle passe à 60, 70, 75. Il devient alors certain que ce titre, qui se vendait il y a quelques semaines à moins de 15, ne peut plus augmenter. Mais il passe à 80, puis à 85. Après quoi, l'homme moyen, qui ne pense jamais aux valeurs mais aux prix, et dont les actes ne sont pas régis par les conditions mais par la peur, prend le chemin le plus facile : il cesse de penser qu'il doit y avoir une limite aux hausses. C'est la raison pour laquelle ces boursicoteurs, qui sont assez malins pour ne pas acheter au sommet, compensent en ne prenant pas leurs profits. Les grosses sommes d'argent des booms sont toujours d'abord gagnées par le public sur le papier. Et cela reste sur le papier.

22

Un jour, Jim Barnes, qui était non seulement l'un de mes courtiers principaux mais aussi un ami intime, vint me visiter. Il me dit qu'il souhaitait que je lui rende un grand service. Il n'avait jamais parlé ainsi auparavant, et je lui demandai donc de me dire quelle était cette faveur, en espérant qu'il s'agissait d'une chose qu'il me serait possible d'accomplir, car je voulais vraiment lui venir en aide. Il me dit alors que son entreprise s'intéressait à un certain titre ; en fait, ils avaient été les principaux promoteurs de la société et avaient placé la plus grande partie des actions. Des circonstances leur avaient rendu impératif de commercialiser un lot assez important. Jim voulait que j'entreprenne pour lui la commercialisation des actions. Ce titre était Consolidated Stove.

Je ne voulais pas avoir quoi que ce soit à voir avec ce titre pour diverses raisons. Mais Barnes, envers qui j'avais quelques devoirs, insista sur la nature personnelle de la faveur qu'il me demandait, qui pouvait à elle seule vaincre mes objections. C'était un bon gars, un ami, et je compris que son entreprise était très impliquée, alors je finis par consentir à faire ce que je pourrais.

J'ai toujours eu l'impression que la différence la plus pittoresque entre les booms de la guerre et les autres était le rôle qui était joué par un nouveau type dans les affaires boursières du banquier.

Le boom fut extraordinaire, et ses origines et ses causes étaient clairement à la portée de tous. Mais en même temps, les plus grandes banques et sociétés de fiducie du pays avaient certainement fait tout ce qu'elles pouvaient pour aider les promoteurs et les fabricants de munitions à devenir millionnaires du jour au lendemain à toutes sortes de conditions. C'était tel que tout ce qu'un homme avait à faire était de dire qu'il était l'ami d'un ami d'un membre d'une des commissions des Alliés, et on lui offrait tout le capital nécessaire pour avoir les contrats qu'il n'avait pas encore décrochés. J'ai entendu des histoires incroyables de greffiers qui devenaient présidents de sociétés menant des affaires de millions de dollars en empruntant de l'argent à des sociétés de fiducie, ainsi que de contrats qui laissaient une traînée de profits en passant d'un homme à un autre. Un déluge d'or se déversait dans le pays depuis l'Europe et les banques devaient trouver des moyens de le mettre à l'abri.

La façon dont les affaires se déroulaient était peut-être perçue avec quelques doutes de la part des anciens, mais ils ne semblaient pas être nombreux à le voir comme cela. La mode des directeurs de banques grisonnants valait toujours pendant les périodes calmes, mais la jeunesse était la qualité principale en ces temps ardus. Les banques obtinrent sans nul doute d'énormes profits.

Jim Barnes et ses associés, jouissant de l'amitié et de la confiance du jeune président de la Marshall National Bank, décidèrent de consolider trois Stove Companies notoires et de vendre les actions de la nouvelle entreprise au public qui, pendant des mois, avait acheté n'importe quoi qui offrait un certificat d'action certain.

L'un des problèmes fut que les affaires chez Stove étaient si prospères qu'en réalité, les trois sociétés gagnaient des dividendes sur leurs actions ordinaires pour la première fois de leur histoire. Leurs principaux actionnaires ne voulaient pas perdre le contrôle. Il y avait un bon marché pour leurs actions sur le Curb Market ; ils avaient vendu autant d'actions qu'ils estimaient vouloir délaisser et étaient satisfaits de la tournure des choses. Leur capitalisation individuelle était trop réduite pour justifier de grands mouvements de marché, et c'est là que l'entreprise de Jim Barnes intervint. Elle souligna que l'entreprise consolidée devait être suffisamment importante pour être cotée en Bourse, où les nouvelles actions pourraient avoir une plus grande valeur que les anciennes. C'est une vieille technique à Wall Street que de changer la couleur des certificats afin d'en augmenter la valeur. Disons qu'une action cesse d'être facilement vendable au pair. Eh bien, parfois, en quadruplant l'action, vous pourriez faire que les nouvelles actions se vendent à 30 ou 35. Cela équivaut à 120 ou 140 pour l'ancienne action, un chiffre qu'elle n'aurait jamais pu atteindre.

Il semble que Barnes et ses associés aient réussi à inciter certains de leurs amis qui détenaient, à titre spéculatif, quelques blocs de Gray Stove Company à vouloir entrer dans la consolidation sur la base de quatre actions de Consolidated pour chaque action de Gray. Puis la Midland et la Western suivirent leur grande sœur et y entrèrent sur la base d'une pour une. Les leurs avaient été cotées sur le Curb Market entre 25 et 30, et Gray, qui était la plus connue et payait des dividendes, se situait autour de 125.

Afin de réunir l'argent pour racheter les détenteurs qui insistaient pour vendre comptant, et aussi pour fournir des fonds de roulement supplémentaires pour les améliorations et les dépenses de promotion, il devint nécessaire de récolter quelques millions. Barnes vit donc le président de sa banque, qui prêta gentiment 3 500 000 dollars à son syndicat. La garantie était de 100 000 actions de la société nouvellement constituée. Le syndicat assura au président – en tout cas, c'est ce que l'on m'a rapporté – que le prix ne descendrait pas en dessous de 50. Ce serait une affaire très rentable, car il y avait là une grande valeur en jeu.

La première erreur des promoteurs porta sur la rapidité. Le point de saturation des nouvelles émissions d'actions avait été atteint par le marché, et ils auraient dû le voir. Mais même à ce moment-là, ils auraient pu tout de même obtenir un profit raisonnable s'ils n'avaient pas essayé de reproduire les énormes gains déraisonnables que d'autres promoteurs avaient obtenus au plus fort du boom.

Cela dit, ne croyez pas que Jim Barnes et ses associés étaient des imbéciles ou des gamins inexpérimentés. C'étaient des hommes malins. Ils connaissaient tous les méthodes de Wall Street, et certains d'entre eux étaient des spéculateurs au succès exceptionnel. Mais ils firent bien plus que surestimer la capacité d'achat du public. Après tout, cette capacité était quelque chose qu'ils ne pouvaient déterminer que par des tests réels. Ils commirent une erreur plus coûteuse en s'attendant à ce que le marché haussier dure plus longtemps que ce ne fut le cas. Je suppose que la raison en était que ces mêmes hommes avaient si rapidement rencontré un tel succès qu'ils ne doutaient pas qu'ils en auraient fini avec l'affaire avant que le marché haussier ne se retourne. Ils étaient tous bien connus et jouissaient d'une grande popularité auprès des traders professionnels et des maisons de courtage.

L'opération fut extrêmement bien promue. Les journaux furent très généreux concernant la place qu'ils lui allouèrent. Les inquiétudes passées furent associées à la Stove Industry of America et leur produit était connu partout dans le monde. Il s'agissait là d'un amalgame patriotique, et l'on trouvait un tas d'écrits au sujet des conquêtes mondiales dans les quotidiens. Les marchés asiatique, africain et sud-américain étaient un jeu d'enfant.

Les directeurs de l'entreprise étaient tous des hommes dont les noms étaient connus de tous les lecteurs des pages financières. Le travail publicitaire avait été si bien géré et les promesses d'initiés anonymes quant à ce que le prix allait faire étaient si précises et convaincantes qu'une grande demande pour la nouvelle action fut créée. Il en résulta que lorsque les carnets furent arrêtés, il s'avéra que les actions offertes au public à 50 dollars chacune avaient été sursouscrites de 25 %.

Pensez-y ! La meilleure situation à laquelle les promoteurs auraient dû s'attendre était d'arriver à vendre les nouvelles actions à ce prix après des semaines de travail et après avoir fait monter le prix à 75 ou plus afin d'atteindre une moyenne de 50. De plus, cela signifiait une augmentation d'environ 100 % des anciens prix des actions des sociétés constituantes. C'était la crise, et ils ne la subissaient pas comme ils l'auraient dû. Cela vous montre que chaque affaire a ses propres difficultés. Le bon sens général est moins précieux que la jugeote spécifique. Les promoteurs, ravis de la sursouscription inattendue, conclurent que le public était prêt à payer n'importe quel prix pour n'importe quelle quantité d'actions de ce titre. Et, en réalité, ils furent assez stupides pour délaisser les actions. Après que les promoteurs avaient décidé d'être cupide, ils auraient dû essayer de l'être intelligemment.

Ce qu'ils auraient dû faire, bien sûr, c'était d'offrir la totalité des actions. Cela les aurait rendus shorts à hauteur de 25 % du montant total offert à la souscription du public, ce qui, bien entendu, leur aurait permis de soutenir l'action si nécessaire et sans frais pour eux. Sans aucun effort de leur part, ils auraient été dans la forte position stratégique dans laquelle j'essaie toujours de me retrouver lorsque je manipule un titre. Ils auraient pu empêcher le prix de descendre, inspirant ainsi confiance en la stabilité du prix de la nouvelle action et envers le syndicat de garantie qui la soutenait. Ils auraient dû se rappeler que leur travail n'était pas terminé lorsqu'ils avaient vendu les actions mises à disposition du public. Ce n'était qu'une partie de ce qu'ils devaient commercialiser.

Ils pensaient qu'ils avaient très bien réussi, mais il ne fallut que peu de temps avant que les conséquences de leurs deux bavures deviennent évidentes. Le public n'achetait plus de nouvelles actions, car l'ensemble du marché développait des tendances réactionnaires. Les initiés eurent la frousse et ne soutinrent pas Consolidated Stove ; et si les initiés n'achètent pas leurs propres actions pendant les récessions, qui le fera ? L'absence de soutien interne est généralement reconnue comme un assez bon tuyau baissier.

Il n'est pas nécessaire d'entrer dans les détails statistiques. Le prix de Consolidated Stove fluctua avec le reste du marché, mais il ne dépassa jamais les cotations initiales du marché, qui n'étaient qu'une fraction au-dessus de 50. Barnes et ses amis durent finalement s'improviser acheteurs afin de le maintenir au-dessus de 40. Il est regrettable de ne pas avoir soutenu ce titre à ses débuts sur le marché. Mais ne pas avoir vendu toutes les actions souscrites par le public était bien pire.

En tout cas, l'action était dûment cotée à la Bourse de New York et son cours ne cessa de baisser jusqu'à ce qu'il s'établisse nominalement à 37. Et il restait là parce que Jim Barnes et ses associés devaient le garder à ce niveau, car la banque leur avait alors prêté 35 dollars par action sur 100 000 actions. Si la banque essayait un jour de liquider ce prêt, on ne pouvait dire jusqu'où le prix pourrait chuter. Le public qui avait hâte de l'acheter à 50, à présent, n'y portait aucun intérêt à 37, et n'en voudrait probablement pas à 27.

Au fil du temps, les excès des banques en matière d'extensions de crédits firent réfléchir tout le monde. Le temps du banquier était révolu. Les activités bancaires semblaient être au bord du gouffre, près d'une rechute soudaine vers le conservatisme. Les amis intimes étaient maintenant invités à rembourser des prêts, pour le monde entier, comme s'ils n'avaient jamais joué au golf avec le directeur.

Il était inutile pour le prêteur de menacer ou pour l'emprunteur d'implorer pour obtenir un délai. La situation était très inconfortable pour les deux. Par exemple, la banque avec laquelle mon ami Jim Barnes faisait affaire était encore bien disposée. Mais voilà ce dont il s'agissait : « Pour l'amour du ciel, remboursez ce prêt ou nous nous retrouverons tous dans un beau pétrin ! »

Le caractère du désastre et ses possibilités explosives suffirent à Jim Barnes pour venir me voir afin de me demander de vendre les 100 000 actions pour pouvoir rembourser le prêt de 3 500 000 dollars de la banque. À présent, Jim ne cherchait plus à obtenir un profit sur ces actions. Si le syndicat n'affichait qu'une petite perte sur cette opération, ils lui en seraient plus que reconnaissants.

Cela semblait être une tâche sans espoir de réussite. Le marché général n'était ni actif ni fort, bien qu'il y eût parfois des reprises, lorsque tout le monde reprenait du poil de la bête et essayait de croire que le mouvement haussier était sur le point de reprendre.

Je répondis à Barnes que j'allais examiner la question et lui dire dans quelles conditions j'entreprendrais le travail, ce que je fis sans attendre. Je n'analysai pas le dernier rapport annuel de l'entreprise. Mes études se limitèrent aux phases boursières du problème. Je n'allais pas vendre l'action pour une hausse de ses bénéfices ou de ses perspectives, mais pour disposer de ce bloc dans le libre marché. Tout ce que je prenais en considération était ce qui devrait ou pourrait m'aider ou m'entraver dans cette tâche.

D'une part, je découvris qu'il y avait trop d'actions détenues par trop peu de gens, c'est-à-dire trop pour la sécurité et bien trop pour le confort. Clifton P. Kane & Co, banquiers et courtiers, membres de la Bourse de New York, portaient 70 000 actions. Ils étaient des amis intimes de Barnes et avaient grandement influencé la mise en œuvre de la consolidation, car ils s'étaient spécialisés dans les actions Stove pendant des années. Leurs clients avaient été mis sur la bonne voie. L'ex-sénateur Samuel Gordon, qui était l'associé spécial de la société de ses neveux, Gordon Bros., était propriétaire d'un deuxième bloc de 70 000 actions ; et le célèbre Joshua Wolff en détenait 60 000. Cela donnait un total de 200 000 actions de Consolidated Stove détenues par cette poignée de professionnels vétérans de Wall Street. Ils n'avaient pas besoin d'une personne aimable pour leur dire quand vendre leurs actions. Si je faisais quoi que ce soit dans la ligne de manipulation pour enclencher les achats publics, c'est-à-dire si je rendais les actions fortes et actives, je verrais Kane, Gordon et Wolff décharger leurs actions, et certainement pas en doses homéopathiques. La vision de leurs 200 000 actions dans le marché n'était pas vraiment enchanteresse. N'oubliez pas que le succès ne résidait pas dans le mouvement haussier et qu'aucune demande importante n'allait être entraînée par mes opérations, aussi habilement conduites qu'elles soient. Jim Barnes ne nourrissait aucune illusion quant au travail qu'il m'évitait modestement. Il m'avait donné une action saturée à vendre dans un marché haussier qui était sur le point de pousser son dernier souffle. Bien sûr, les journaux ne parlèrent pas de la fin du marché haussier, mais je le savais, tout comme Jim Barnes, et vous pouvez parier que la banque le savait aussi.

J'avais tout de même donné ma parole à Jim, alors je fis venir Kane, Gordon et Wolff. Leurs 200 000 actions représentaient l'épée de Damoclès. Je pensais qu'il me faudrait éviter qu'elle ne s'abatte sur moi. Il me semblait que la façon la plus facile de le faire était par une sorte d'accord de réciprocité. S'ils m'aidaient passivement en attendant que je vende les 100 000 actions de la banque, je les aiderais activement en tentant de créer un marché où nous pourrions tous nous décharger. En l'état actuel des choses, ils ne pouvaient pas vendre un dixième de leurs avoirs sans que Consolidated Stove ne connaisse une grande chute, et ils le savaient si bien qu'ils n'avaient jamais ne serait-ce qu'envisagé d'essayer. Tout ce que j'exigeais d'eux était l'appréciation de vendre au bon moment et un désintéressement intelligent pour ne pas être des égoïstes stupides. Cela ne paie jamais d'être têtu à Wall Street, ni ailleurs. Je désirais les convaincre qu'un déchargement prématuré ou irréfléchi en empêcherait un complet. Le temps pressait.

J'espérais que ma proposition leur conviendrait, car ils étaient des hommes expérimentés de Wall Street et ne nourrissaient aucune illusion quant à la demande réelle pour Consolidated Stove. Clifton P. Kane était à la tête d'une maison de commission prospère avec des filiales dans onze villes et des clients par centaines. Par le passé, son entreprise avait géré plus d'un pool.

Le sénateur Gordon, qui détenait 70 000 actions, était un homme extrêmement riche. Son nom était aussi connu des lecteurs de la presse métropolitaine que s'il avait été poursuivi en justice pour rupture de promesse par une manucure de seize ans possédant un manteau en vison à 5 000 dollars et 132 lettres de l'accusé. Il avait introduit ses neveux dans les affaires en tant que courtiers et était un associé spécial de leur cabinet. Il avait fait partie de dizaines de pools. Il avait hérité d'un important intérêt dans la Midland Stove Company et avait obtenu 100 000 actions de Consolidated Stove pour cela. Il en portait assez pour ignorer les conseils haussiers de Jim Barnes et avait vendu 30 000 actions avant que le marché ne s'essouffle. Il dit plus tard à un ami qu'il en aurait vendu plus si les autres grands détenteurs, qui étaient de vieux amis proches, ne l'avaient pas supplié de ne plus vendre, et par respect pour eux, il s'était arrêté. En prime, comme je l'ai dit, il n'avait aucun marché sur lequel se décharger.

Le troisième homme était Joshua Wolff. Il était probablement le plus connu de tous les traders. Pendant 20 ans, tout le monde le connaissait comme l'un des plus gros flambeurs du parquet. En termes de surenchère des actions ou d'offres à la baisse, il n'avait que peu d'égaux, car pour lui, 10 000 ou 20 000 actions ne comptaient pas plus que 200 ou 300. Avant que j'arrive à New York, j'avais entendu parler de sa réputation. À cette époque, il suivait une clique sportive qui jouait sans limites, que ce soit sur le terrain ou le marché boursier.

Ils l'accusaient de n'être qu'un joueur, mais il avait une réelle capacité et une aptitude développée pour le jeu de la spéculation. En même temps, sa fameuse indifférence envers les passe-temps intellectuels en fit le héro de nombreuses anecdotes. L'une des histoires qui avaient été les plus largement répandues était celle où Joshua était invité à ce qu'il appelait un dîner *sensas*, et à cause de quelque oubli de la part de l'hôtesse, de nombreuses personnes parmi les autres invités commencèrent à parler littérature avant qu'ils ne puissent être arrêtés. Une fille qui était assise à côté de Josh, et qui n'avait pas entendu un son sortir de sa bouche sauf pour mâcher sa nourriture, se tourna vers lui et, impatiente d'entendre l'opinion du grand financier, lui demanda :

— Oh, M. Wolff, que pensez-vous de Balzac ?

Par souci de politesse, Josh cessa de mastiquer, avala ce qu'il avait dans la bouche et répondit :

— Je trade jamais les actions du Curb !

Voilà qui étaient les trois plus importants détenteurs individuels de Consolidated Stove. Lorsqu'ils vinrent me voir, je leur dis que s'ils formaient un syndicat pour lever un peu d'argent et qu'ils me donnaient une option d'achat sur leurs actions un peu au-dessus du marché, je ferais ce que je pourrais pour créer un marché. Ils me demandèrent rapidement combien il faudrait d'argent.

Je répondis alors :

— Vous avez ce titre depuis longtemps et vous ne pouvez rien en faire. À vous trois, vous avez 200 000 actions, et vous savez très bien que vous n'avez pas la moindre chance de vous en débarrasser à moins de créer un marché pour elles. Il faut qu'il y ait un marché pour absorber ce que vous avez à lui donner, et il serait judicieux d'avoir assez d'argent pour payer des actions qu'il peut être nécessaire d'acheter au départ. Il ne sert à rien de commencer et de devoir ensuite s'arrêter parce qu'il n'y a pas assez d'argent. Je vous suggère de former un syndicat et de lever 6 millions en liquide. Ensuite, donnez au syndicat une option d'achat sur vos 200 000 actions à 40 et mettez toutes vos actions en main tierce. Si tout se déroule bien, vous vous débarrasserez de votre poids mort et le syndicat gagnera un peu d'argent.

Comme je vous l'ai déjà dit, il y avait eu toutes sortes de rumeurs à propos de mes gains en bourse. Je suppose que cela aida, car rien ne réussit mieux que le succès. En tout cas, je n'eus nul besoin d'argumenter auprès de ces types. Ils savaient exactement jusqu'où ils iraient s'ils essayaient de la jouer solitaire. Ils pensaient que mon plan était bon. Lorsqu'ils partirent, ils me dirent qu'ils formeraient le syndicat sans attendre.

Ils n'eurent pas vraiment de difficultés à inciter quelques-uns de leurs amis à les rejoindre. Je suppose qu'ils parlèrent avec plus d'assurance que moi des profits du syndicat. D'après ce que j'ai entendu dire, ils y croyaient vraiment, alors ce n'étaient pas des tuyaux inconscients. En tout cas, le syndicat fut formé en quelques jours. Kane, Gordon et Wolff donnèrent des options d'achat sur les 200 000 actions à 40 et je veillai à ce que les parts elles-mêmes soient mises en main tierce, de sorte qu'aucune de ces actions ne soit mise sur le marché si je devais en augmenter le prix. Je devais me protéger. Plus d'une affaire prometteuse n'avait pas donné les résultats escomptés car les membres du pool ou de la clique n'avaient pas su garder confiance les uns envers les autres. À Wall Street, un loup n'a absolument rien contre le fait d'en dévorer un autre. À l'époque où les seconds American Steel et Wire Company avaient été mis en valeur, les initiés s'accusaient les uns les autres de trahison et d'essayer de décharger. Il y avait eu un accord de gentlemen entre John W. Gates et ses amis et les Seligmans et leurs associés bancaires. Eh bien, dans le bureau d'un courtier, j'ai entendu quelqu'un réciter ce quatrain, que l'on disait avoir été composé par John W. Gates :

La tarentule sauta sur le dos du mille-pattes
Et gloussa avec une joie macabre :
« Je vais empoisonner ce meurtrier fils de garce.
Si je ne le fais pas, c'est lui qui m'empoisonnera ! »

Attention, je ne veux pas insinuer un seul instant que mes amis de Wall Street feraient ne serait-ce que rêver de me doubler dans une opération boursière. Mais en se basant sur des principes généraux, il vaut mieux se préparer à toutes les éventualités. C'est du bon sens.

Après que Wolff, Kane et Gordon me dirent qu'ils avaient formé leur syndicat pour réunir 6 millions de dollars, je n'avais plus qu'à attendre que l'argent arrive. J'avais insisté sur le besoin vital qu'il soit rapidement transféré. Néanmoins, l'argent arriva par petites vagues. Je crois qu'il fallut quatre ou cinq versements. Je ne sais pas pourquoi, mais je me souviens que je dus appeler Wall, Kane et Gordon à l'aide.

Cet après-midi-là, je reçus de gros chèques qui me permirent de détenir environ 4 millions de dollars et la promesse de recevoir le reste un jour ou deux plus tard. Il semblait enfin que le syndicat pourrait faire quelque chose avant que le marché haussier ne s'effondre. Même dans le meilleur des cas, ce ne serait pas facile, et le plus tôt je commencerais à travailler, le mieux ce serait. Le public n'avait pas été particulièrement motivé par les nouveaux mouvements du marché dans les actions inactives. Mais un homme pouvait faire beaucoup pour éveiller un intérêt pour n'importe quelle action avec 4 millions en liquide. C'était assez pour absorber toutes les offres rentables. Même si le temps pressait, comme je l'ai dit, il ne servait à rien d'attendre les 2 autres millions. Plus tôt l'action monterait à 50, mieux ce serait pour le syndicat. C'était évident.

Le lendemain matin, à l'ouverture, je fus surpris de voir qu'il y avait des transactions inhabituellement importantes dans Consolidated Stove. Comme je vous l'ai déjà dit, l'action était saturée depuis des mois. Le prix avait été fixé à 37, Jim Barnes veillant à ne pas le laisser baisser en raison de l'important emprunt bancaire à 35. Mais concernant le fait qu'il monte, il s'attendait autant à voir Consolidated Stove grimper sur le téléscripteur que le rocher de Gibraltar se dandiner dans le détroit.

Eh bien, Monsieur, ce matin-là, il y eut une assez forte demande pour ces actions, et le prix grimpa jusqu'à 39. Pendant la première heure du trading, les transactions furent plus importantes que pendant la moitié de l'année qui venait de s'écouler. C'était la sensation du jour et elle affecta l'ensemble du marché dans un sens haussier. J'entendis dire par la suite qu'on ne parlait plus que de cela dans les maisons de commission.

Je ne savais pas ce que cela signifiait, mais cela ne me perturba pas spécialement de voir Consolidated Stove reprendre du poil de la bête. En règle générale, je n'ai pas à me renseigner sur quelque mouvement inhabituel que ce soit d'un titre, car mes amis courtiers sur le parquet, qui gèrent des affaires pour moi, ainsi que mes amis personnels parmi les traders me tiennent au courant. Ils supposent que j'aimerais savoir et ils me téléphonent pour me raconter toutes les nouvelles ou les ragots qu'ils apprennent. Ce jour-là, tout ce que j'entendis fut qu'il y avait manifestement des achats internes dans Consolidated Stove. Il n'y avait aucune manipulation. Tout était authentique. Les acheteurs prirent toutes les offres de 37 à 39, et lorsqu'on les importunait pour connaître leurs raisons ou qu'on les suppliait de donner un tuyau, ils refusaient catégoriquement de répondre quoi que ce soit. Les traders rusés et attentifs en conclurent que quelque chose se préparait ; quelque chose de grand. Lorsqu'une action monte grâce à l'achat d'initiés qui refusent d'encourager une grande partie du public à leur emboîter le pas, les obsédés du téléscripteur se demandent ouvertement quand l'avis officiel sera émis.

Je ne fis rien par moi-même. Je regardais, m'interrogeais et suivais les transactions. Mais le lendemain, les achats étaient non seulement plus importants en volume, mais aussi d'un caractère plus agressif. Les ordres de vente qui se trouvaient dans les carnets des spécialistes depuis des mois à un prix supérieur à celui fixé à 37 furent absorbés sans problème, et il n'y eut pas assez de nouveaux ordres de vente pour contrôler la hausse. Naturellement, le prix augmenta. Il franchit la barre des 40. À présent, il touchait les 42.

À ce moment précis, je sentis qu'il était justifié de commencer à vendre les actions que la banque détenait en garantie. Bien sûr, je compris que le prix baisserait avec ma vente, mais si ma moyenne sur l'ensemble de la ligne était de 37, je n'aurais rien à me reprocher. Je savais quelle action valait le coup et j'avais réussi à avoir une idée du caractère vendable en me basant sur les mois d'inactivité. Eh bien, Monsieur, je les laissai prudemment prendre mes actions jusqu'à ce que je me sois débarrassé de 30 000 d'entre elles. Et la hausse n'en fut même pas freinée !

Cet après-midi-là, on m'expliqua la raison de cette hausse opportune mais déroutante. Il semble que les traders avaient été avertis après la fermeture la veille au soir et aussi le lendemain matin avant l'ouverture que j'étais vivement haussier sur Consolidated Stove et que j'allais faire grimper le prix de 15 ou 20 points sans réaction, comme à mon habitude, en tout cas selon les personnes qui n'avaient jamais jeté un œil à mes carnets d'ordres. L'informateur en chef n'était autre que Joshua Wolff. C'étaient ses propres achats internes qui avaient initié la hausse de la veille. Ses amis parmi les spéculateurs sur le parquet n'étaient que trop disposés à suivre son conseil, car il en savait bien trop pour donner de mauvais conseils à ses confrères.

En fait, il n'y avait pas autant de titres qui se pressaient sur le marché qu'on le craignait. Prenez en considération que j'avais bloqué 300 000 actions et vous vous rendrez compte que mes anciennes craintes étaient bien fondées. À présent, il s'avérait moins difficile de faire monter l'action que je ne l'avais prévu. Après tout, le gouverneur Flower avait raison. Chaque fois qu'on l'accusait de manipuler les titres de son entreprise, comme Chicago Gas, Federal Steel ou B. R. T., il disait : « Le seul moyen que je connaisse pour faire grimper une action, c'est de l'acheter. » C'était également la seule façon pour les spéculateurs en bourse, et le prix réagissait.

Le lendemain, avant le petit-déjeuner, je lus dans les journaux du matin ce qui était lu par des milliers de personnes et était sans doute transmis à des centaines de filiales et de bureaux à l'extérieur de la ville : *Larry Livingston était sur le point de commencer des opérations haussières actives sur Consolidated Stove.* Les détails supplémentaires étaient différents. Une version avançait que j'avais formé un pool d'initiés et que j'allais malmener l'intérêt trop important de la position courte. Une autre faisait allusion à des annonces de dividendes dans un proche avenir. Une troisième rappelait au monde que ce que je faisais habituellement à une action sur laquelle j'étais haussier était chose à retenir. Encore une autre accusait la société de dissimuler ses actifs afin de permettre leur accumulation par des initiés. Et toutes ces versions s'accordaient sur le fait que la hausse n'avait pas commencé de façon équitable.

Le temps que j'arrive à mon bureau et que je lise mon courrier avant l'ouverture du marché, je fus informé que Wall Street était inondée de conseils sensationnels pour acheter Consolidated Stove sur-le-champ. Mon téléphone sonnait sans cesse et le commis qui répondait aux appels entendit la même question posée cent fois d'autant de façons ce matin-là : « Est-ce vrai que Consolidated Stove va monter ? » Je dois dire que Joshua Wolff, Kane, Gordon et peut-être Jim Barnes gérèrent très bien cette petite affaire de tuyaux.

J'ignorais complètement que j'avais de tels fans. En tout cas, ce matin-là, les ordres d'achat vinrent de tout le pays pour acheter des milliers d'actions d'un titre dont personne ne voulait trois jours auparavant, quel que fût le prix. Et n'oubliez pas qu'en définitive, le public se fiait uniquement à la réputation de joueur à succès que j'avais héritée des journaux ; une chose pour laquelle je devais remercier un ou deux journalistes pleins d'imagination.

Eh bien, Monsieur, sur ce, le troisième jour de la hausse, je vendis Consolidated Stove ; et le quatrième, et le cinquième ; et la première chose que je sus fut que j'avais vendu pour Jim Barnes les 100 000 actions que la Marshall National Bank détenait en garantie du prêt de 3 500 000 dollars qu'il fallait rembourser. Si la manipulation la plus réussie est celle qui permet d'atteindre le but final à un moindre coût pour le manipulateur, l'affaire Consolidated Stove est sans conteste la plus réussie de toute ma carrière à Wall Street, car je n'eus à aucun moment besoin d'acheter la moindre action. Je n'eus pas à acheter en premier lieu afin de vendre plus facilement par la suite. Je n'augmentai pas non plus le prix au point le plus élevé possible avant de commencer ma vente réelle. Je ne conduisis même pas ma vente principale dans la baisse, mais dans la hausse. C'était un paradis que de trouver un pouvoir d'achat adéquat créé pour vous sans que vous ayez à lever le petit doigt pour le provoquer, en particulier quand vous étiez pressé. Une fois, j'ai entendu un ami du gouverneur Flower dire que dans l'une des opérations d'un grand leader haussier pour le compte d'un pool dans B. R. T., ce dernier avait vendu 50 000 actions du titre avec bénéfice, mais Flower & Co avait obtenu des commissions sur plus de 250 000 actions, et W. P. Hamilton dit que pour distribuer 220 000 actions d'Amalgamated Copper, James R. Keene avait dû trader au moins 700 000 actions du titre pendant la manipulation nécessaire. Quelles commissions ! Réfléchissez à cela et prenez en considération que les seules commissions que je dus payer étaient celles sur les 100 000 actions que j'avais en réalité vendues pour Jim Barnes. J'appelle cela une belle économie.

Ayant vendu le nombre d'actions pour lequel je m'étais engagé auprès de mon ami Jim, tout l'argent que le syndicat avait accepté de réunir n'ayant pas été envoyé, et n'éprouvant aucune envie de racheter les actions que j'avais vendues, je pensais plutôt partir quelque part pour de courtes vacances. Je ne me souviens pas exactement où. Mais je me rappelle très bien avoir laissé l'action tranquille, et qu'il ne fallut pas bien longtemps avant que le prix ne commence à baisser. Un jour, alors que tout le marché était faible, un haussier déçu voulut se débarrasser rapidement de ses Consolidated Stove, et avec ses offres, l'action chuta en dessous du prix de rachat, qui était de 40. Personne n'avait l'air d'en vouloir. Comme je vous l'ai déjà dit, je n'étais pas haussier sur la situation générale et cela me rendit plus reconnaissant que jamais pour le miracle qui m'avait permis de disposer des 100 000 actions sans avoir à en augmenter le prix de 20 ou 30 points en une semaine, comme l'avaient prédit les aimables fournisseurs de tuyaux.

Ne trouvant aucun soutien, le prix développa l'habitude de baisser régulièrement jusqu'à ce qu'un jour, il chute assez violemment et atteigne 32. C'était le prix le plus bas qu'on ait jamais enregistré sur cette action, car, comme vous vous en souvenez, Jim Barnes et le syndicat original l'avaient fixé à 37 afin de ne pas voir leurs 100 000 actions jetées sur le marché par la banque.

J'étais dans mon bureau ce jour-là, en train d'étudier paisiblement le téléscripteur, lorsque Joshua Wolff fut annoncé. Je dis que j'allais le recevoir. Il se précipita dans mon bureau. Ce n'était pas un homme très grand, mais il semblait assurément gonflé de colère, comme je le découvris immédiatement.

Il courut à l'endroit où je me trouvais et hurla :

— Eh ! Qu'est-ce que c'est que cette histoire ?

— Asseyez-vous, M. Wolff, lui dis-je poliment avant de m'asseoir moi-même pour l'encourager à parler calmement.

— Je ne veux pas m'asseoir ! Je veux savoir ce que ça veut dire ! s'écria-t-il.

— Qu'est-ce que quoi veut dire ?

— Que diable êtes-vous en train de lui faire ?

— Qu'est-ce que je fais à quoi ?

— À cette action ! À cette action !

— Quelle action ? lui demandai-je.

Mais cela le fit seulement voir rouge, car il cria :

— Consolidated Stove ! Qu'est-ce que vous lui faites ?

— Rien ! Absolument rien. Quel est le problème ?

Il me dévisagea cinq secondes avant d'exploser :

— Regardez le prix ! Regardez-le !

Il était dans une colère noire. Alors, je me levai et regardai le téléscripteur. Je dis :

— Le prix est maintenant de 31 ¼.

— Oui ! 31 ¼, et j'en ai un paquet.

— Je sais que vous avez 60 000 actions. Vous les avez depuis longtemps, car quand vous avez acheté vos Gray Stove au départ…

Mais il ne me laissa pas finir. Il enchaîna :

— Mais j'en ai acheté beaucoup plus. Une partie m'a coûté jusqu'à 40 dollars ! Et je les ai encore !

Il me fixait si hostilement que je répondis :

— Je ne vous ai pas dit de les acheter.

— Vous n'avez pas quoi ?

— Je ne vous ai pas dit de vous charger d'autant d'actions.

— Je n'ai pas dit le contraire. Mais vous alliez la faire monter.

— Pourquoi aurais-je fait cela ?

Il me regarda, sa colère l'empêchant de parler correctement. Lorsqu'il retrouva sa voix, il reprit :

— Vous alliez la faire monter. Vous aviez l'argent pour l'acheter.

— Oui. Mais je n'ai pas acheté d'actions, lui répondis-je.

Ce fut la goutte d'eau qui fit déborder le vase.

— Vous n'avez pas acheté d'actions alors que vous aviez plus de 4 millions de dollars pour cela ? Vous n'en avez pas acheté ?

— Pas une ! répétai-je.

À présent, il était tellement furieux qu'il ne pouvait parler clairement. Finalement, il réussit à articuler :

— À quel jeu vous jouez ?

En son for intérieur, il m'accusait de toutes sortes de crimes épouvantables. Je pouvais en voir une longue liste dans ses yeux. Cela me fit lui dire :

— Ce que vous souhaitez vraiment me demander, Wolff, c'est pourquoi je n'ai pas acheté au-dessus de 50 l'action que vous avez achetée en dessous de 40. N'est-ce pas ?

— Non. Vous aviez une option à 40 et 4 millions de dollars pour faire monter le prix.

— Oui, mais je n'ai pas touché à l'argent et le syndicat n'a pas perdu un centime dans mes opérations.

— Regardez, Livingston, commença-t-il.

Mais je ne le laissai pas en dire plus.

— Écoutez-moi, Wolff. Vous saviez que les 200 000 actions que Gordon, Kane et vous déteniez étaient bloquées et qu'il n'y aurait pas un nombre mirobolant d'actions flottantes qui arriveraient sur le marché si je faisais monter le prix comme j'aurais dû le faire pour deux raisons : premièrement, pour créer un marché pour les actions ; et deuxièmement, pour faire un profit sur l'option d'achat à 40. Mais vous n'étiez pas satisfait d'obtenir 40 pour les 60 000 actions que vous traîniez depuis des mois ni de votre part des profits du syndicat, s'il devait en avoir ; vous avez donc décidé de prendre beaucoup d'actions à moins de 40 afin de décharger sur moi lorsque j'aurais augmenté le prix avec l'argent du syndicat, comme vous étiez certain que j'allais le faire. Vous auriez acheté avant moi et vous auriez vendu de la même façon ; selon toute probabilité, j'aurais été celui sur qui décharger. Je soupçonne que vous pensiez que je devrais faire monter le prix à 60. C'était tellement facile que vous avez sans doute acheté 10 000 actions uniquement dans le but de les décharger, et pour vous assurer que quelqu'un tienne le sac si je ne le faisais pas, vous avez informé tout le monde aux États-Unis, au Canada et au Mexique sans penser aux difficultés supplémentaires que vous m'imposiez. Tous vos amis savaient ce que j'étais censé faire. Entre leurs achats et les miens, tout serait allé comme sur des roulettes pour vous. Eh bien, les amis intimes à qui vous avez refilé le tuyau l'ont transmis à leurs amis après qu'ils avaient acheté leurs lignes, et la troisième strate de preneurs de conseils prévoyait de fournir les quatrième, cinquième et peut-être sixième strates de pigeons, de sorte que lorsque j'en suis finalement venu à faire quelques ventes, je me suis retrouvé devancé par quelques milliers de spéculateurs rusés. Votre idée partait d'un bon sentiment, Wolff. Vous ne pouvez pas imaginer ma surprise lorsque Consolidated Stove a commencé à grimper avant même que j'aie songé à acheter une seule action, ni ma reconnaissance, aussi, lorsque le syndicat de garantie a vendu 100 000 actions à environ 40 à un public qui allait me vendre ces mêmes actions à 50 ou 60. J'ai certainement été idiot de ne pas utiliser les 4 millions pour en retirer encore plus d'argent, n'est-ce pas ? Cette somme était fournie pour acheter des actions, mais seulement si je le jugeais nécessaire. Eh bien, ce n'était pas le cas.

Joshua était à Wall Street depuis assez longtemps pour ne pas laisser la colère interférer avec les affaires. Il se calma en m'écoutant, et lorsque j'eus fini de parler, il dit d'un ton amical :

— Larry, mon ami, qu'est-ce qu'on fait ?

— Faites ce qui vous plaît.

— Voyons, soyez chic. Que feriez-vous si vous étiez à notre place ?

— Si j'étais à votre place, dis-je solennellement, savez-vous ce que je ferais ?

— Quoi ?

— Je vendrais tout ! lui assénai-je.

Il me regarda un instant, et sans un mot de plus, il tourna les talons et sortit de mon bureau. Il n'y est jamais revenu depuis.

Peu de temps après, le sénateur Gordon appela également. Lui aussi était assez irrité et me blâmait pour leurs problèmes. Puis Kane se joignit au chœur pesant. Ils avaient oublié que leurs actions avaient été invendables en lots lorsqu'ils avaient formé le syndicat. Tout ce dont ils se souvenaient était que je n'avais pas vendu leurs avoirs lorsque j'avais les millions du syndicat et que le titre était actif à 44, et qu'il se trouvait à présent à 30 et ennuyeux comme la pluie. Selon eux, j'aurais dû vendre avec un énorme profit.

Bien sûr, ils finirent également par se calmer en temps utile. Le syndicat n'avait pas perdu un centime, et le principal problème restait le même : vendre leurs actions. Un jour ou deux plus tard, ils revinrent et me demandèrent de les aider. Gordon fut particulièrement insistant, et je finis par les obliger à mettre leurs actions du pool en commun.

Mes honoraires pour mes services s'élevaient à la moitié de tout ce que je pouvais avoir au-dessus de 30, prix auquel s'était déroulée la dernière vente.

Je me retrouvais donc là, avec leurs actions à liquider. Compte tenu des conditions générales du marché et plus particulièrement du comportement de Consolidated Stove, il n'y avait qu'une seule façon de le faire, et c'était bien sûr de vendre à la baisse et sans essayer d'abord de faire grimper le prix, et alors j'aurais certainement des actions à la hausse. Mais dans la baisse, je pourrais atteindre ces acheteurs qui soutiennent toujours qu'une action est bon marché quad elle se vend 15 ou 20 points en dessous du sommet du mouvement, en particulier quand ce sommet relève d'une période récente. Il doit y avoir une reprise, selon eux. Après avoir vu Consolidated Stove se vendre jusqu'à près de 44, il était certain qu'il s'agissait d'une bonne affaire en dessous de 30.

Cela fonctionna comme d'habitude. Les chasseurs de bonnes affaires l'achetèrent en volume suffisant pour me permettre de liquider les avoirs du pool. Mais pensez-vous que Gordon, Wolff ou Kane m'aient témoigné de la gratitude ? Pas le moins du monde. Ils sont toujours en colère contre moi, du moins c'est ce que me disent leurs amis. Ils racontent parfois ce que je leur ai fait. Ils ne peuvent pas me pardonner de ne pas avoir fait monter le prix moi-même, comme ils s'y attendaient.

En fait, je n'aurais jamais pu vendre les 100 000 actions de la banque si Wolff et les autres n'avaient pas fait circuler leurs tuyaux haussiers à sensation. Si j'avais opéré comme d'habitude, c'est-à-dire de façon logique et naturelle, j'aurais dû accepter n'importe quel prix que je pouvais obtenir. Je vous ai dit que nous nous dirigions vers un marché en déclin. La seule façon de vendre sur un tel marché n'est pas nécessairement de vendre imprudemment, mais bien indépendamment du prix. Il n'y avait pas d'autre moyen, mais je suppose qu'ils ne voient pas les choses du même œil. Ils sont toujours en colère ; pas moi. S'énerver ne mène personne nulle part. Plus d'une fois, je me suis rendu compte qu'un spéculateur qui perd son sang-froid est fichu. Dans cette affaire, il n'y a eu aucune suite à ces reproches. Mais je vais vous raconter quelque chose de curieux. Un jour, Mme Livingston se rendit chez une couturière qui lui avait été chaudement recommandée. La femme était compétente, aimable et avait une personnalité très agréable. Lors de sa troisième ou quatrième visite, lorsque la couturière se sentait plus à l'aise, elle dit à Mme Livingston :

— J'espère que M. Livingston va bientôt faire monter Consolidated Stove. Nous avons acheté quelques actions parce qu'on nous a dit qu'il allait le faire grimper, et nous avons toujours entendu dire que toutes ses opérations étaient couronnées de succès.

Je vous le dis, ce n'est pas agréable de penser que des gens innocents ont peut-être perdu de l'argent en suivant un tuyau de ce genre. Vous comprenez peut-être pourquoi je n'en donne jamais moi-même. Cette couturière m'a fait sentir qu'en termes de griefs, j'en avais réellement un à l'encontre de Wolff.

La spéculation sur les actions ne disparaîtra jamais. Ce n'est d'ailleurs pas souhaitable. Elle ne peut pas être endiguée par les avertissements quant à ses dangers. Vous ne pouvez empêcher les gens de faire de mauvaises suppositions, peu importe à quel point ils sont compétents ou expérimentés. Des plans attentivement élaborés ne se dérouleront pas correctement car l'imprévu et même l'imprévisible arrivera. Le désastre peut venir d'une convulsion de la nature ou du temps, de votre propre avidité ou de la vanité d'un homme ; de la peur ou de l'espoir incontrôlé. Mais au-delà de ce que l'on pourrait appeler ses ennemis naturels, un spéculateur en bourse doit faire face à certaines pratiques ou abus qui sont indéfendables tant sur le plan moral que commercial.

Quand je regarde en arrière et que je me penche sur ce qu'étaient les pratiques courantes il y a vingt-cinq ans, lorsque je suis arrivé à Wall Street pour la première fois, je dois admettre qu'il y a eu de nombreux changements pour le mieux. Les bookmakers à l'ancienne ont disparu, bien que les maisons de courtage « de racket » continuent à prospérer aux dépens des hommes et des femmes qui persistent à jouer au jeu de s'enrichir rapidement. La Bourse fait un excellent travail non seulement en poursuivant ces parfaits escrocs, mais aussi en insistant sur le strict respect de ses règles de la part de ses propres membres. De nombreuses règlementations et restrictions saines sont maintenant strictement imposées, mais il y a encore lieu d'apporter des améliorations. Le conservatisme inébranlable de Wall Street plutôt que l'insensibilité éthique est à blâmer pour la ténacité de certains abus.

Aussi difficile et rentable que la spéculation boursière ait toujours été, elle devient de plus en plus compliquée chaque jour. Il n'y a encore pas si longtemps, un véritable trader pouvait avoir une bonne connaissance pratique de presque tous les titres cotés en Bourse. En 1901, lorsque J. P. Morgan a mis en valeur la United States Steel Corporation, qui n'était qu'une consolidation d'autres moins importantes dont la plupart avaient moins de deux ans, la Bourse comptait 275 actions sur sa liste et environ 100 dans son « département non coté » ; et cela comprenait beaucoup de choses qu'un homme n'avait pas besoin de connaître, car il s'agissait d'émissions pas assez importantes, ou bien inactives en raison de leur nature d'actions minoritaires ou garanties, et donc à qui il manquait un attrait spéculatif. En fait, une accablante majorité était des actions pour lesquelles il n'y avait pas eu de vente depuis des années. Aujourd'hui, il y a environ 900 actions sur la liste normale, et environ 600 émissions distinctes ont été tradées dans nos marchés actifs récents. De plus, les anciens groupes ou classes d'actions étaient plus faciles à suivre. Non seulement elles étaient moins nombreuses, mais la capitalisation était également plus petite, et les nouvelles qu'un trader devait guetter ne couvraient pas un champ aussi vaste. Mais aujourd'hui, un homme trade dans tous les domaines ; presque toutes les industries dans le monde sont représentées. Cela nécessite plus de temps et de travail pour se tenir au courant et, dans cette mesure, la spéculation boursière est devenue bien plus difficile pour ceux qui opèrent intelligemment.

Il y a plusieurs milliers de personnes qui achètent et vendent des actions de façon spéculative, mais le nombre de ceux qui spéculent de façon rentable est faible. Comme le public est toujours « dans » le marché, dans une certaine mesure, il s'ensuit qu'il y a toujours des pertes pour le public. Les ennemis mortels du spéculateur sont : l'ignorance, la cupidité, la peur et l'espoir. Tous les codes des lois du monde et toutes les règles de toutes les Bourses sur terre ne peuvent les éliminer de l'animal humain. Les accidents qui frappent les plans les plus soigneusement élaborés sont également hors de portée de la règlementation établie par les masses d'économistes sans pitié ou de philanthropes chaleureux. Il reste une autre source de perte, à savoir la désinformation délibérée, par opposition aux simples tuyaux. Et par le fait qu'elle est capable de se présenter à un trader sous divers déguisements et camouflages, elle est la plus insidieuse et dangereuse.

Bien sûr, le boursicoteur moyen trade soit sur des tuyaux, soit sur des rumeurs, entendus ou lus, directs ou indirects. Vous ne pouvez pas vous protéger contre les tuyaux ordinaires. Par exemple, un ami de longue date souhaite sincèrement vous rendre riche en vous disant ce qu'il a fait, c'est-à-dire acheter ou vendre des actions. Cela part d'une bonne intention. Si le tuyau tourne mal, que pouvez-vous faire ? Également, le public est protégé contre le revendeur de tuyaux professionnel ou malhonnête à peu près autant que contre les lingots d'or ou l'alcool méthylique.

Mais contre les rumeurs typiques de Wall Street, le public spéculateur n'a ni protection ni réparation. Les vendeurs d'actions en gros, les manipulateurs, les pools et les individus lambda ont recours à divers systèmes pour les aider à vendre leur surplus d'avoirs aux meilleurs prix possible. La diffusion d'informations haussières par les journaux et les téléscripteurs est le tuyau le plus malveillant de tous.

Regardez les titres des agences de presse financière tous les jours et vous serez surpris de voir combien de déclarations de nature sous-entendue semi-officielle elles publient. L'autorité est généralement un « initié de premier plan », un « directeur connu », un « haut fonctionnaire » ou encore quelqu'un « qui a du pouvoir » et qui sait donc vraisemblablement de quoi il parle. Voici les titres du jour. Je choisis un article au hasard. Écoutez cela :

« Un banquier de premier plan dit qu'il est encore trop tôt pour s'attendre à un déclin du marché. »

Est-ce qu'un banquier de premier plan l'a vraiment dit, et si tel est le cas, pourquoi l'a-t-il dit ? Pourquoi ne permet-il pas que son nom soit imprimé ? A-t-il peur que les gens le croient s'il le fait ?

En voici un autre à propos d'une entreprise dont le titre a été actif cette semaine. Cette fois-ci, l'homme qui a fait cette déclaration est un « directeur connu ». Maintenant, si c'est bien le cas, lequel des dix directeurs de la compagnie s'exprime ? Il est clair qu'en gardant l'anonymat, personne ne peut être blâmé pour quelque dégât qui puisse résulter de cette affirmation.

En dehors de l'étude intelligente de la spéculation à tous endroits, le trader d'actions doit considérer certains faits en lien avec le jeu à Wall Street. En plus de tenter de déterminer comment gagner de l'argent, il faut aussi essayer d'éviter d'en perdre. Il est presque aussi important de savoir ce qu'il ne faut pas faire que ce qu'il faut faire. Il est donc bon de se rappeler qu'une manipulation de quelque genre que ce soit entre dans pratiquement toutes les hausses des titres individuels, et que de telles hausses sont conçues par des initiés avec un seul et unique objectif en tête : vendre au meilleur profit possible. Cependant, le client moyen d'un courtier croit lui-même être un homme d'affaires du Missouri s'il insiste sur le fait qu'on lui dise pourquoi une certaine action grimpe. Naturellement, les manipulateurs « expliquent » la hausse d'une façon calculée dans le but de faciliter la distribution. Je suis fermement convaincu que les pertes du public seraient grandement réduites si l'on ne permettait pas la publication de déclarations anonymes de nature haussière ; j'entends par là des déclarations calculées dans le but d'inciter le public à acheter ou à détenir des actions.

L'écrasante majorité des articles haussiers imprimés sous l'autorité d'administrateurs ou d'initiés anonymes communiquent des impressions peu fiables et trompeuses au public. Ce dernier perd de nombreux millions de dollars chaque année en acceptant de telles déclarations comme étant semi-officielles et donc dignes de confiance.

Disons par exemple qu'une entreprise ait traversé une période de dépression dans son secteur d'activité particulier. L'action est inactive. La cotation représente la croyance générale et vraisemblablement exacte de sa réelle valeur. Si l'action était trop bon marché à ce niveau, quelqu'un le saurait, l'achèterait et la ferait monter. Si elle était trop chère, quelqu'un estimerait que c'est une raison suffisante pour la vendre, et le prix baisserait. Comme rien ne se passe d'une façon ou d'une autre, personne n'en parle ni ne fait quoi que ce soit.

Le tournant vient dans le secteur d'activité dans lequel la compagnie est engagée. Qui sont les premiers à le connaître, les initiés ou le public ? Vous pouvez parier que ce n'est pas le public. Que se passe-t-il ensuite ? Eh bien, si l'amélioration se poursuit, les bénéfices augmenteront et la société sera en position de reprendre les dividendes sur les actions ; ou, si les dividendes ne sont pas interrompus, de payer un taux plus élevé, c'est-à-dire que la valeur des actions augmentera.

Disons que l'amélioration se poursuive. Est-ce que la direction rend cet heureux fait public ? Le président le dit-il aux actionnaires ? Un directeur philanthropique émet-il une déclaration signée à l'intention de la partie du public qui lit la page financière dans les journaux et les titres des agences de presse ? Est-ce qu'un modeste initié suivant sa politique habituelle d'anonymat lance une déclaration non signée clamant que l'avenir de l'entreprise est des plus prometteurs ? Pas cette fois-ci. Pas un mot n'est dit par qui que ce soit et aucune déclaration n'est publiée par les journaux ou les téléscripteurs.

L'information de la création de valeur est soigneusement cachée au public pendant que les « initiés importants » désormais taciturnes entrent sur le marché et achètent toutes les actions bon marché qu'ils peuvent trouver. Alors que ces achats bien informés mais non ostentatoires se poursuivent, l'action monte. Les journalistes financiers, sachant que les initiés doivent sans doute connaître la raison à cette hausse, posent des questions. Les initiés anonymes déclarent à l'unanimité qu'ils n'ont aucune information à donner. Ils ne voient rien qui puisse justifier la hausse. Parfois, ils affirment même qu'ils ne sont pas particulièrement préoccupés par les caprices du marché boursier ou des actions des spéculateurs boursiers.

La hausse se poursuit et il arrive un jour heureux où ceux qui savaient ont toutes les actions qu'ils veulent ou peuvent posséder. Wall Street commence alors immédiatement à entendre toutes sortes de rumeurs haussières. Les téléscripteurs disent aux traders que l'entreprise a « de source sûre » définitivement passé le cap. Le même modeste directeur qui n'avait pas souhaité que son nom soit utilisé lorsqu'il disait qu'il ne connaissait aucune raison justifiant la hausse du titre est maintenant cité, bien sûr, sans toutefois livrer son nom, en disant que les actionnaires ont toutes les raisons du monde de se sentir grandement encouragés par les perspectives.

Poussé par le déluge d'informations haussières, le public commence à acheter l'action. Ces achats aident à faire grimper le prix encore plus haut. En temps voulu, les prédictions des administrateurs tous anonymes se réalisent et la société reprend le paiement des dividendes, ou augmente le taux, selon le cas. Avec cela, les articles haussiers se multiplient. Ils sont non seulement plus nombreux que jamais, mais suscitent également bien plus d'enthousiasme. Un « directeur éminent », à qui l'on a demandé sans détour une déclaration sur les conditions, informe le monde entier que l'amélioration est plus qu'en bonne voie. Un « initié de premier plan », après de nombreux encouragements, est finalement incité par une agence de presse à avouer que les revenus sont tout à fait phénoménaux. Un « banquier connu », qui est affilié à l'entreprise sur le plan commercial, est amené à dire que la croissance du volume des ventes est tout simplement sans précédent dans l'histoire du trading. Si aucun ordre supplémentaire ne lui parvenait, l'entreprise continuerait à travailler nuit et jour pour dieu sait combien de mois. Un « membre du comité des Finances », à travers un manifeste à double tranchant, exprime son étonnement devant la stupéfaction du public face à la hausse du titre. La seule chose étonnante est la modération des actions dans la hausse. Quiconque analysera le prochain rapport annuel pourra facilement imaginer combien la valeur comptable de l'action est supérieure au prix du marché.

Mais en aucun cas le nom du philanthrope qui a communiqué la chose n'est donné.

Tant que les bénéfices restent bons et que les initiés ne perçoivent aucun signe d'amélioration de la prospérité de l'entreprise, ils gardent les actions qu'ils ont achetées à des prix bas. Il n'y a rien qui puisse faire descendre le prix, alors pourquoi devraient-ils vendre ? Mais dès que les affaires de l'entreprise subissent un mauvais coup, que se passe-t-il ? Émettent-ils des déclarations, des avertissements ou de légères allusions ? Pas vraiment, non. La tendance est maintenant à la baisse. Tout comme ils achetaient sans le crier sur tous les toits quand les affaires de la compagnie s'amélioraient, ils vendent maintenant en silence. Sur cette vente interne, naturellement, l'action chute. Puis le public commence à recevoir les « explications » bien connues. Un « initié de premier plan » affirme que tout va bien et que la baisse est simplement le résultat de ventes à découvert par des baissiers qui essaient d'affecter le marché général. Si un beau jour, après que l'action a baissé depuis un certain temps, le titre connaît une chute brutale, la demande de « raisons » ou d'« explications » gronde. À moins que quelqu'un ne dise quelque chose, le public redoutera le pire. Alors, les journaux publient quelque chose comme ceci : « Lorsque nous avons demandé à un important directeur de l'entreprise d'expliquer la faiblesse du titre, il nous a répondu que la seule conclusion à laquelle il pouvait arriver était que la baisse d'aujourd'hui a été causée par un mouvement baissier. Les conditions sous-jacentes restent inchangées. Les affaires de la société n'ont jamais été aussi bonnes qu'en ce moment et il est probable qu'à moins qu'il ne se produise quelque chose de totalement imprévu entre-temps, il y ait une augmentation du taux de dividende à la prochaine assemblée générale où il en sera question. La partie baissière du marché est devenue agressive, et la faiblesse du titre vient clairement d'un raid destiné à faire bouger les actions détenues sans conviction. » Les journaux, souhaitant faire bonne mesure, en toute probabilité, vont poursuivre en affirmant qu'ils savent « de source sûre » que la plupart des actions achetées le jour de la baisse ont été rentabilisées par les intérêts internes, et que les baissiers découvriront qu'ils se sont eux-mêmes coupé l'herbe sous le pied. Il faudra bien rendre des comptes un jour.

En plus des pertes subies par le public en croyant à des déclarations haussières et en achetant des actions, il y a celles entraînées en étant dissuadé de vendre. La seconde meilleure chose à faire pour que les gens achètent les actions que « l'initié important » souhaite vendre est de les empêcher de vendre les mêmes actions quand il ne souhaite pas les soutenir ou les accumuler. Que doit croire le public après avoir lu la déclaration du « directeur important » ? Que peut penser l'étranger moyen ? Bien sûr que le titre n'aurait jamais dû baisser, qu'il a été descendu de force par les ventes baissières, et que dès que les baissiers arrêteront, les initiés vont planifier une hausse punitive pendant laquelle les vendeurs à découvert seront amenés à couvrir à des prix élevés. Le public le croit bien, car c'est exactement ce qu'il se passerait si le déclin avait réellement été causé par un raid baissier.

L'action en question, malgré toutes les menaces ou promesses d'une immense pression causée par une position courte trop étendue, ne remonte pas. Elle continue de chuter. Rien ne vient l'en empêcher. Bien trop d'actions ont été données au marché par les initiés pour pouvoir être digérées.

Et cette action interne qui a été vendue par les « directeurs importants » et les « initiés de premier plan » devient un ballon parmi les traders professionnels. Elle continue de baisser. Il semble qu'il n'y ait aucune limite à sa chute. Les initiés qui savent que les conditions commerciales affecteront défavorablement les bénéfices futurs de l'entreprise n'osent pas soutenir cette action jusqu'au prochain retournement positif pour les affaires de la société. Ensuite, il y aura des achats internes et un silence complet de la part des initiés.

J'ai eu mon lot d'opérations boursières et suis resté assez bien positionné sur le marché pendant de nombreuses années, et je peux dire que je ne me rappelle pas un exemple où un raid baissier aurait provoqué la chute considérable d'une action. Ce que l'on appelait un « raid baissier » n'était rien d'autre qu'une vente basée sur une connaissance précise des conditions réelles. Mais cela ne servirait à rien de dire que l'action a chuté parce que des initiés l'ont vendue ou parce qu'ils ne l'ont pas achetée. Tout le monde s'empresserait de vendre, et lorsque tout le monde vend et que personne n'achète, c'est un carnage.

Le public doit bien comprendre un point : la vraie raison d'un déclin prolongé n'est jamais un raid baissier. Lorsqu'une action continue de baisser, vous pouvez parier qu'il y a quelque chose qui ne va pas, que ce soit au niveau du marché auquel elle est destinée ou de l'entreprise. Si la baisse n'était pas justifiée, le titre se vendrait bientôt en dessous de sa valeur réelle et cela enclencherait des achats qui enrayeraient la baisse. En fait, le seul moment où un baissier peut gagner beaucoup d'argent en vendant une action, c'est lorsque ladite action est trop élevée. Et vous pouvez parier toute votre fortune sur la certitude que les initiés ne clameront pas ce fait au monde.

Bien sûr, l'exemple classique est celui de New Haven. Tout le monde sait aujourd'hui ce que seuls quelques-uns savaient à l'époque. L'action se vendait à 255 en 1902 et fut le premier investissement ferroviaire de la Nouvelle-Angleterre. Un homme de cette région du pays estimait sa respectabilité et sa réputation dans la communauté comme étant proportionnelles au nombre d'actions New Haven qu'il possédait. Si quelqu'un avait dit que la compagnie était sur la voie de l'insolvabilité, il n'aurait pas été envoyé en prison pour avoir dit cela. On l'aurait enfermé dans un asile psychiatrique avec d'autres fous. Mais lorsqu'un nouveau président plus agressif fut mis à la tête de l'entreprise par M. Morgan et que la débâcle commença, il n'était pas évident dès le départ que les nouvelles politiques allaient la mener à sa perte. Mais au fur et à mesure que les biens commençaient à être échangés les uns après les autres à la Consolidated Road à des prix gonflés, quelques observateurs perspicaces commencèrent à douter de la sagesse des politiques Mellen. Un système de chariot fut acheté pour 2 millions de dollars et vendu à New Haven pour 10 millions, après quoi un ou deux hommes imprudents commirent un crime de lèse-majesté en disant que la direction agissait de façon imprudente. Laisser entendre que même New Haven ne pouvait se permettre une telle extravagance était comme remettre en question la force de Gibraltar.

Bien entendu, les premiers à voir les signaux d'alarme furent les initiés. Ils prirent conscience de la condition réelle de l'entreprise et réduisirent leurs avoirs du titre. Tant sur leurs ventes que sur leur absence de soutien, le prix des actions dorées sur tranche des chemins de fer de la Nouvelle-Angleterre commença à céder. Des questions furent posées et des explications demandées, comme toujours ; et les éclaircissements habituels affluèrent rapidement. Des « initiés importants » déclarèrent que rien de négatif n'avait été porté à leur connaissance et que le déclin était dû à la vente de baissiers imprudents. Ainsi, les « investisseurs » de la Nouvelle-Angleterre conservèrent leurs actions New York, New Haven et Hartford. Pourquoi s'en débarrasser ? Les initiés n'avaient-ils pas dit qu'il n'y avait rien à craindre et seulement blâmé les ventes baissières ? Les dividendes ne continuaient-ils pas d'être annoncés et payés ?

Toujours est-il que la pression promise par les baissiers ne vint pas, mais de nouveaux taux plus faibles encore, si. La vente interne devint plus insistante et moins dissimulée. Néanmoins, à Boston, des hommes dévoués à leurs prochains furent dénoncés comme étant des agioteurs et des démagogues pour avoir exigé une véritable explication au déclin déplorable de l'action, ce qui signifiait des pertes affligeantes pour tous ceux de la Nouvelle-Angleterre qui avaient souhaité un investissement sûr et un dividende régulier.

Cette chute historique de 255 à 12 dollars n'a jamais été et n'aurait jamais pu être une action baissière. Elle n'a été ni initiée ni poursuivie par des opérations baissières. Les initiés vendirent sur-le-champ et toujours à des prix plus élevés que s'ils avaient dit la vérité ou permis que la vérité soit formulée. Peu importait que le prix fût de 250, 200, 150, 100, 50 ou 25, il était encore trop élevé pour cette action, et les initiés le savaient ; pas les autres. Le public pourrait considérer de façon rentable les inconvénients qu'il subit lorsqu'il essaie de gagner de l'argent en achetant et en vendant les actions d'une compagnie dont seuls quelques hommes sont en position de connaître toute la vérité sur ses affaires.

Les actions qui ont connu les pires déclins au cours des vingt dernières années n'ont pas chuté à cause de raids baissiers. Mais le fait de facilement accepter cette sorte d'explications a été responsable de pertes s'élevant à des millions et millions de dollars pour le public. Cela a empêché des gens de vendre, ceux-là même qui n'aimaient pas la façon dont se comportaient leurs actions ou qui les auraient liquidées s'ils ne s'étaient pas attendus à ce que le prix remonte juste après que les baissiers auraient mis un terme à leur raid. J'ai souvent entendu qu'on blâmait Keene dans le passé. Avant lui, on accusait généralement Charley Woerishoffer ou Addison Cammack. Plus tard, je suis devenu le responsable de la chute des actions.

Je me souviens du cas Intervale Oil. Il y avait un pool qui fit grimper l'action et trouva quelques acheteurs à la hausse. Les manipulateurs firent monter le prix à 50. À ce moment-là, le pool vendit et il y eut rapidement une baisse. La demande habituelle d'explications suivit. Pourquoi Intervale Oil était-elle si faible ? Assez de gens posèrent cette question pour que la réponse soit considérée comme étant une information importante. L'un des journaux financiers passa un coup de fil aux courtiers qui étaient les mieux informés sur la hausse d'Intervale Oil, et donc sans aucun doute aussi bien renseignés sur la baisse. Que dirent ces courtiers, membres du pool haussier, lorsque l'agence de presse leur demanda de leur donner une raison qui pourrait être publiée et diffusée dans tout le pays ? Eh bien, que Larry Livingston était en train de mener un raid sur le marché ! Et ce n'est pas tout ; ils ajoutèrent qu'ils allaient « l'avoir ». Mais, bien entendu, le pool d'Intervale Oil continua de vendre. L'action ne se trouvait alors qu'à environ 12 dollars et ils pouvaient la vendre au rabais jusqu'à 10 ou moins et leur prix de vente moyen serait toujours supérieur au coût.

Il était judicieux et approprié pour les initiés de vendre sur le déclin. Mais pour les étrangers qui avaient payé 35 ou 40, c'était une autre histoire. En lisant ce que les financiers publiaient, ces mêmes étrangers tenaient bon et attendaient que Larry Livingston obtienne ce qui l'attendait de la part du pool d'initiés indignés.

Dans un marché haussier, et en particulier dans les booms, le public gagne d'abord de l'argent, qu'il perd ensuite simplement en restant plus longtemps sur ce marché. Ce discours sur les « raids baissiers » les aide à s'y tenir plus longtemps. Le public devrait se méfier des explications qui n'éclairent que ce que les initiés anonymes souhaitent que le public croie.

<h1 style="text-align:center">24</h1>

Le public veut toujours être informé. C'est ce qui rend universelles les pratiques de donner et prendre des tuyaux. Il convient que les courtiers prodiguent des conseils de trading à leurs clients par l'intermédiaire de leurs lettres de marché autant que du bouche-à-oreille. Mais les courtiers ne devraient pas trop s'attarder sur les conditions actuelles, car le cours du marché est toujours en avance de 6 à 9 mois sur ces dernières. Les bénéfices d'aujourd'hui ne justifient pas que les courtiers conseillent à leurs clients d'acheter des actions à moins d'avoir une quelconque garantie que 6 ou 9 mois plus tard, les perspectives commerciales justifieront de croire que le même taux de bénéfices sera maintenu. Si, en regardant aussi loin dans l'avenir, vous pouvez raisonnablement et clairement voir que des conditions qui changeront la puissance réelle actuelle se développent, l'argument selon lequel les actions sont bon marché aujourd'hui disparaîtra. Le trader doit voir loin dans l'avenir, mais le courtier se préoccupe d'obtenir des commissions au moment présent ; d'où l'erreur inévitable de la lettre de marché moyenne. Les courtiers gagnent leur vie grâce aux commissions venant du public, et pourtant, ils tenteront d'inciter le public, par le biais de leurs lettres de marché ou du bouche-à-oreille, à acheter les mêmes actions pour lesquelles ils ont reçu des ordres de vente de la part d'initiés ou de manipulateurs.

Il arrive souvent qu'un initié se présente à la direction d'un cabinet de courtage et dise :

— J'aimerais que vous créiez un marché dans lequel vendre 50 000 de mes actions.

Le courtier demande plus de détails. Disons que le prix coté de cette action soit de 50. L'initié lui dit :

— Je vous donnerai des options d'achat sur 5 000 actions à 45 et de nouveau 5 000 actions à chaque hausse d'un point pour les 50 000 actions. Je vous donnerai également une option sur 50 000 actions au marché.

À ce moment-là, c'est de l'argent assez facile pour le courtier s'il a beaucoup d'adeptes, et, bien sûr, c'est précisément le genre de courtier que l'initié recherche. Un cabinet avec des lignes directes vers ses filiales et autres relations dans diverses régions du pays peut habituellement obtenir un grand nombre d'adeptes dans une affaire de ce genre. Rappelez-vous que quoi qu'il arrive, le courtier joue la sécurité absolue en raison de l'option. S'il parvient à faire suivre son public, il pourra disposer de l'ensemble de sa ligne avec un gros profit en plus de ses commissions régulières.

Je pense aux exploits d'un « initié » bien connu à Wall Street.

Il appelle directement le responsable clients d'une grande maison de courtage. Parfois, il va même plus loin et fait appel à l'un des associés juniors du cabinet. Il dit quelque chose comme ceci :

— Dites, mon vieux, je veux vous montrer que j'apprécie ce que vous avez fait pour moi à plusieurs reprises. Je vais vous donner une chance de réellement gagner de l'argent. Nous formons une nouvelle société pour absorber les actifs de l'une de nos compagnies et nous allons faire monter ce titre bien plus haut que les cotations actuelles. Je vais vous envoyer 500 actions de Bantam Shops à 65 dollars. L'action est maintenant cotée à 72.

L'initié reconnaissant raconte la chose à une dizaine de chefs dans diverses grandes maisons de courtage. Maintenant que ces bénéficiaires de la générosité de l'initié sont à Wall Street, que vont-ils faire lorsqu'ils obtiendront ces actions qui leur montrent d'ores et déjà un profit ? Bien entendu, conseiller à chaque homme et chaque femme qu'ils trouveront d'acheter ces actions. L'aimable donateur le savait. En faisant cela, ils aideront à créer un marché dans lequel le gentil initié pourra vendre toutes ses bonnes choses à des prix élevés au pauvre public.

D'autres techniques de vente d'actions appliquées par les promoteurs devraient être éliminées. Les Bourses ne devraient pas autoriser le trading d'actions cotées qui sont extérieurement offertes au public sur la base du paiement partiel. Le fait que le prix soit officiellement coté apporte une sorte d'approbation à n'importe quelle action. De plus, l'indice officiel d'un libre marché, et parfois la différence des prix, est le seul encouragement dont le public ait besoin.

Une autre technique de vente courante qui coûte plusieurs millions de dollars au public irréfléchi et n'envoie personne en prison parce qu'elle est parfaitement légale est celle qui consiste à augmenter le capital d'actions exclusivement en raison des exigences du marché. Ce procédé revient à peu près à changer la couleur des certificats d'actions.

Le jonglage dans lequel 2, 4 ou même 10 actions d'un nouveau titre sont données en échange de l'une d'un ancien est généralement motivé par un désir de rendre l'ancienne marchandise plus facile à vendre. L'ancien prix s'élevait à 1 dollar la livre et était difficile à faire bouger. À 25 centimes pour un quart de livre, cela pourrait mieux partir ; ou peut-être à 27 ou 30 centimes.

Pourquoi le public ne se demande-t-il pas pour quelle raison l'action est rendue facile à acheter ? C'est un cas où le philanthrope de Wall

Street opère à nouveau, mais le trader prudent se méfie de ceux qui apportent des cadeaux, tout comme les Grecs à Troie. C'est tout l'avertissement qu'il leur faut. Le public n'en tient pas compte et perd des millions de dollars chaque année.

La loi punit quiconque émet ou fait circuler des rumeurs ayant pour but de nuire au crédit ou aux affaires d'individus ou de sociétés, c'est-à-dire qui tendent à faire baisser la valeur des titres en incitant le public à vendre. À l'origine, l'intention principale était peut-être de réduire le danger d'une panique en punissant quiconque douterait ouvertement de la solvabilité des banques en périodes de stress. Mais, bien sûr, elle sert aussi à protéger le public de la vente d'actions en dessous de leur valeur réelle. En d'autres termes, la loi du pays punit le diffuseur d'articles baissiers de ce genre.

Comment le public est-il protégé du danger d'acheter des actions au-dessus de leur valeur réelle ? Qui punit le distributeur d'informations haussières injustifiées ? Personne ; et pourtant, le public perd plus d'argent en achetant des actions sur des conseils d'initiés anonymes lorsqu'elles sont trop élevées qu'en vendant des actions en-dessous de leur valeur à la suite de conseils baissiers lors de soi-disant « raids ».

Si une loi était mise en place pour punir les menteurs haussiers comme la loi punit aujourd'hui les menteurs baissiers, je crois que le public économiserait des millions.

Naturellement, les promoteurs, les manipulateurs et les autres bénéficiaires de l'optimisme anonyme vous diront que quiconque spécule en se basant sur des rumeurs et des déclarations sans signature n'a que lui-même à blâmer pour ses pertes. Autant dire que celui qui est assez bête pour être toxicomane n'a pas droit à la protection.

La Bourse devrait apporter son aide. Elle a un intérêt vital à protéger le public des pratiques injustes. Si un homme en position de savoir des choses souhaite faire accepter ses déclarations de faits ou même ses opinions au public, qu'il y appose son nom. Signer des articles haussiers ne les rendrait pas nécessairement vrais ; mais cela mènerait les « initiés » et les « directeurs » à se montrer plus prudents.

Le public devrait toujours garder en tête les fondamentaux de la spéculation boursière. Lorsqu'une action monte, aucune explication détaillée n'est nécessaire pour justifier la raison de sa hausse. Il faut des achats continus pour qu'un titre poursuive sa progression. Tant que tel est le cas, avec seulement de petites réactions naturelles de temps en temps, c'est une offre assez prudente que de suivre le mouvement. Mais si, après une longue hausse régulière, une action subit un tournant et commence progressivement à baisser, avec seulement de faibles reprises occasionnelles, il est évident que la ligne de moindre résistance est passée du haut au bas. Dans ce cas, pourquoi qui que ce soit demanderait des explications ? Il y a probablement de très bonnes raisons pour lesquelles elle devrait baisser, mais ces raisons ne sont connues que de quelques personnes, soit qui les gardent pour elles, soit qui, en réalité, disent au public que l'action est bon marché. La nature du jeu auquel ils se livrent est telle que le public doit se rendre compte que la vérité ne peut être dite par les quelques âmes qui savent.

Bon nombre des soi-disant déclarations attribuées à des « initiés » ou à des officiels n'ont en fait aucun fondement. Parfois, on ne demande même pas aux initiés de faire une déclaration, anonyme ou signée. Ces histoires sont inventées par une personne ou une autre qui trouve un grand intérêt dans le marché. À un certain stade d'une hausse du prix d'un titre, les initiés importants ne sont pas opposés à obtenir l'aide des éléments professionnels pour trader cette action. Mais alors que l'initié peut communiquer au flambeur invétéré le bon moment pour acheter, vous pouvez parier qu'il ne dira jamais quel est le bon moment pour vendre. Cela place le grand professionnel dans la même position que le public, à la condition qu'il ait un marché assez grand pour pouvoir s'en sortir. C'est alors que vous obtenez les « informations » les plus trompeuses. Bien sûr, il y a certains initiés en qui on ne peut avoir confiance à aucun stade du jeu. En règle générale, les hommes qui sont à la tête de grandes entreprises peuvent agir sur le marché en se basant sur leurs renseignements privilégiés, mais ils ne racontent pas vraiment d'histoires. Ils se contentent de ne rien dire, car ils ont découvert qu'il est des moments où le silence est d'or.

Je l'ai dit à maintes reprises et je ne le répèterai jamais assez : l'expérience de plusieurs années en tant qu'opérateur boursier m'a convaincu qu'aucun homme ne peut battre le marché boursier ni invariablement ni continuellement, même s'il peut gagner de l'argent sur certaines actions à certaines occasions. Peu importe à quel point un trader est expérimenté, la possibilité qu'il fasse des paris qui ne payent pas est toujours présente, car la spéculation ne peut être sûre à 100 %. Les professionnels de Wall Street savent qu'agir sur la base de tuyaux « d'initiés » brisera un homme plus rapidement que la famine, la peste, les mauvaises récoltes, les rajustements politiques ou ce que l'on pourrait appeler des accidents normaux. La route n'est pas toute tracée pour réussir à Wall Street, ni ailleurs. Pourquoi en prime bloquer le trafic ?

Suivez **JDH Éditions** sur les réseaux sociaux
pour en savoir plus sur les auteurs,
les nouveautés, les projets…

Inscrivez-vous à notre Newsletter sur
www.jdheditions.fr
Pour recevoir l'actualité de nos nouvelles
parutions